저울 위의 목민관

—명대 지방관의 인사고과와 중국사회

서강학술총서
021

저울 위의 목민관

명대 지방관의 인사고과와 중국사회

차혜원 지음

서강대학교출판부

'SHEPHERD MAGISTRATE' ON THE SCALE
by CHA, HYEWON

서강학술총서 021

저울 위의 목민관

—명대 지방관의 인사고과와 중국사회

초판발행 | 2010년 10월 6일
지 은 이 | 차혜원
발 행 인 | 이종욱
편 집 인 | 우찬제
발 행 처 | 서강대학교 출판부
등록번호 | 1978년 9월 28일 제313-2002-170호

주 소 | 서울특별시 마포구 신수동 1번지
전 화 | (02) 705-8212
팩 스 | (02) 705-8612

ISBN 978-89-7273-172-6 94910
ISBN 978-89-7273-139-9(세트)

값 18,000원

* '서강학술총서'는 SK SUPEX 기금의 후원으로 제작됩니다.

저자의 말

돌이켜보면 전통 중국관료제, 그 중에서도 관료를 평가하는 인사고과 방식을 연구주제로 삼은 데는 『고만사적책』(考滿事蹟冊)이라는 독특한 자료와의 만남이 결정적 계기가 된 것 같다. 이십여 년 전, 박사과정 지도교수인 후마 스스무(夫馬進) 선생을 처음 뵈었을 때, 어떤 분야를 공부하고 싶은지가 아니라 지금까지 감명 깊게 읽은 '자료'가 무엇이냐는 질문을 받았다. 첫 대면에서 그럴듯한 멋진 대답을 하고 싶은데 공부는 부족한 터, 떨리는 순간이었다. 문득 떠오른 것은 석사과정에서 읽었던 청나라 때 강골의 언관(言官) 사제세(謝濟世)라는 인물의 평가와 관련된 사료였다. 그 중에서도 특히 사제세가 관직에서 쫓겨날 위기에 처했을 때, 지방 백성들이 그를 보호하려고 벌인 '항불'시위 광경은 선명하게 기억에 남아 있었다. 왜 외딴 지역 촌사람들이, 당시 필자의 생각으로는, 봉건적 압제와 착취의 대리자인 한 지방관을 위해 나라에서 금지하는 집단행동에 나선 것일까.

짧은 한문 실력에도 유독 그 장면이 술술 읽히며 머릿속에 남은 것은 역동적으로 변화하던 당시 한국 사회의 현실이 겹쳐졌기 때문이리라. 안정적이며 고정된 요소보다는 균열을 일으키며 움직이는 것들이 가장 마음을 사로잡던 때였다. 선생께서 어떤 반응을 보이셨는지는 기억이 나지 않지만, 얼마 후 『고만사적책』이라는 재미있는 자료가 있다는 이야기를 지나가는 말처럼 던지셨다.

교토대학 인문과학연구소에서 찾아낸 이 희귀한 자료의 복사본은 지금은 너덜너덜해진 채 서가의 맨 앞에 꽂혀 있다. 나에게는 어려운 도전이었다. 이 자료가 공문서가 아니라 일종의 선전문이라는 것, 그리고 백성의 자발적 시위와 공권력에 대한 도전이 일상화된 명대(明代) 말기 '천붕지괴'(天崩地壞)의 시대가 낳은 산물임은 분명했다. 그러나 한편 '고만'(考滿)이라는 연공서열형의 인사고과제도가 왜, 이 시점에서 등장하는지 도무지 알 수 없었다. 자연히 명대의 인사고과제라는 생각지도 않던 분야로 공부 방향이 옮겨졌다.

이 과정에서 찾아낸 인사이동을 맞은 지방관에게 주는 방대한 양의 '증서문'(贈序文)들도 수수께끼의 문서였다. 결국 고만사적책도, 증서문도 '고찰'(考察)이라는 여론 수렴형의 평가 방식과 관련짓지 않고서는 이해할 수 없는 현상이었다. 마침내 명대 전반에 걸쳐 병존했던 고찰과 고만, 그리고 명대 말기에 나타난 고성(考成)이라는 업적 위주의 고과 방식이 조금씩 머릿속에 정리되어갔다. 이 책은 이런 의문들을 풀기 위해 착수했던 몇 편의 논문들을 모아 종합한 것이다.

어쩌다 보니 연구 주제가 되어버린 '평가'라는 문제는 그 뒤 나 자신, 많은 평가의 저울들을 거치는 동안 어느새 일상의 삶과 밀착된 것으로 느껴지기 시작했다. 낯설었던 자료 구절들이 때로 자신의 이야기처럼 감정이입이 되는 순간들도 적지 않았다. 사실 타인의 평가에 스스로를 내맡긴다는 것은 실존적 두려움을 안겨주는 일이다. 교편을 잡은 필자에게는 매 학기말, 학생 대중들의 직접평가와 대면하는 순간이 닥쳐온다. 그들의

'고찰'의 눈초리는 매섭다. 강의 내용이나 방법뿐만 아니라 때로는 인간 됨됨이를 가늠하는 날카로운 평가 고어(考語)들은 가슴을 에는 듯하다. 또한 정년보장과 연공서열의 파괴 현상은 비단 오늘날의 거대 관료제 조직에서만 발생하는 것이 아니었다. 고만이라는 임기제가 무너지는 시점에서 몇 백 년 전 명대 지식인들 역시 우려와 비탄을 금치 못한 터였다. 그런가하면 눈으로 확인할 수 있는 계량화된 '실적'을 요구하는 고성법 앞에서 '선정'의 무게도 달아달라는 문인관료의 호소 역시 무심한 마음으로 지나치기는 어려웠다.

나로서는 오랜 시간이 투여된 작업이긴 했지만 책으로 엮어내는 데는 많은 주저가 따랐다. 막 공부를 시작할 무렵에 썼던 논문들을 대폭 수정하고 자료를 보충하는 작업을 하는 동안, 허술한 게 아닌지, 책의 뼈대가 잘못 세워진 게 아닌지 고민에 빠졌다. 그럼에도 단행본으로 발표하기로 마음먹은 것은 여기서 다룬 지방관 인사고과를 둘러싼 역사상이 그 중요성에 비해 지금까지 너무 과소평가 받은 게 아닐까라는 생각에서였다. 앞으로 보다 세밀하고 균형 있게 이 분야 연구가 이루어지는 데 있어 이 책의 문제제기가 작은 디딤돌이 될 수 있기를 바랄 따름이다.

보잘것없는 결과물이지만 이 책이 나오기까지 헤아릴 수 없는 은혜를 입었다. 먼저 박사과정 지도교수인 후마 선생님께 감사드린다. 원자료를 통해 역사를 구성하도록 지도해주신 것은 물론, 여러모로 부족한 필자가 공부를 포기하지 않도록 끝까지 격려해주셨다. 글로써 생계를 삼는 사람들은 세상에 빚을 지고 있는 거라던 말씀 그대로 평생을 한결같이 공부에 매진하시는 모습에서 나태해지려는 자신을 가다듬곤 했다. 학부와 석사 시절의 은사이신 고(故) 황원구 선생님께는 그립고도 송구스러운 마음을 전하고 싶다. 몇 년 전 홀연히 세상을 떠나시기까지 제자로서 든든하고 믿음직한 모습은 별로 보여드리지 못했다. 자상하신 가르침과 배려에 보답하지 못한 점, 늘 후회로 남는다. 박영재 선생님께도 감사드린다. 학부 때는 동양사의 매력과 깊이를 알게 해주셨고 석사과정에서는 예의 엄격한 지도로 공부의 기초를 다듬어주셨다.

그리고 원고 교정을 도와준 연세대 대학원의 신주현 · 양진성 군에게 고마움을 전한다. 흩어져 있는 사료들의 페이지를 재확인하고 일일이 읽어주느라 귀한 시간을 많이 빼앗았다. 책의 바탕이 된 여러 논고들을 읽어주고 부족함을 일깨워준 명청사학회의 여러 선생님과 동학들께 무엇보다도 깊이 감사드린다. 혹 누가 될까 일일이 밝히지 않았지만, 미완의 초고를 읽고 귀중한 지적과 비평을 해준 몇 분 선생님에게도 감사드린다. 이런 귀한 도움에도 불구하고 보정되지 못한 이 책의 부족함과 한계는 전적으로 필자에게 책임을 돌려야 할 것이다.

마지막으로 언제나 힘이 되어주는 사랑하는 가족들에게 감사드리며, 온힘을 다해 나를 지탱해주셨던 어머니 영전에 이 책을 바친다.

차례

서론

1. 지방관 평가제도와 사회

이 책은 중국 명왕조(1368~1644)의 관료조직에서 시행되었던 승진과 처분을 결정짓는 인사고과 제도의 성격과 변화, 그리고 그 사회적 영향력을 검토한 연구이다. 14세기 후반부터 약 삼백 년간, 현재 중국의 수도인 북경을 중심으로 제국을 영위했던 명나라는 체계적인 관료 선발제도와 업무 분담에 근거한 위계조직, 감찰제도를 완비한 관료제 국가였다. 최고 인사권자인 황제는 특정 선발과정을 거친 관료들을 중앙과 지방 관직에 임용하여 체제 유지에 필수불가결한 행정 · 사법업무를 담당하도록 했다. 이들 관료 집단은 대부분 유교적 교양과 문필 능력을 시험하는 과거제를 통해 충원되어 먼저 피라미드 형태로 구성된 관료조직의 최하 단계에 배치되었다. 이들 구성원들은 행정법전인 『회전』(會典)과 황제 명의로 공포된 법령에 의거한 인사고과 과정을 거쳐 피라미드의 상단부로 올라갈지 혹은 탈락될지를 판정받도록 정해졌다. 황제와 만민, 중앙과 지방을 연결하는 이들의 업무 역시 문서주의에 의해 유지되었다.

명조 체제가 안정기로 접어든 15세기 후반경이 되면 지방행정의 최하 단위인 주(州) · 현(縣)의 책임자인 지주(知州) · 지현(知縣) 등의 지방관은 막 관료조직에 들어온 신참자들이 주로 임용되는 직책이었다. 과거시험을 통과한 엘리트 문인관료들은 대부분 한 지방의 수령으로 관료로서의 부침을 결정하는 첫 번째 관문에 들어섰다. 이들 하급 지방관에 대한 인사고과와 이동, 승진과 도태의 과정은 다음과 같은 측면에서 당시 사회상과 밀접하게 연결되어 있었다.

첫 번째는 이들 지주 · 지현 등 주현관(州縣官)급 지방관들이 포진한 관료 피라미드의 최하층부가 바로 사회로부터 관료조직으로 진입하는 관문이었다는 점이다. 건국 초기, 관료 지망 후보들의 숫자가 적었던 시기에는 관료조직의 진입로는 비교적 넓게 열려 있었고 일단 조직에 합류한 구성원들의 유동성 역시 크지 않았다. 그 뒤, 명조가 과거시험을 통해 끊임없이 새로운 관료들을 보충하는 과정에서 전국적으로 방대한 관료예비군 집단이 형성되었다. 과거의 상급시험을 통과한 거인(擧人)과 진사(進士), 국립교육기관인 국자감(國子監) 학생 등 시험과 학교 입학을 통해 임관 자격을 얻은 관료예비군은 점차 증가하는 추세였다.

이 때문에 관료조직은 자체 내부의 수요뿐 아니라 사회 전반에 분포된 관료 후보들의 진입 요구를 일정 부분 충족시켜야 하는 과제를 안게 되었다. 이것은 과거제도를 통해 관료 충원의 기회를 사회로 개방한 이래, 체제 측에서 묵시적으로 지켜나가야 할 일종의 약속이기도 했다. 명대의 인사제도는 관료 충원과 관련된 이런 사회적 요구에서 결코 자유로울 수 없었던 것으로 보인다. 주현관직을 맡은 신임 관료들은 관료조직에 편입됨과 동시에 다양한 방식의 인사고과 과정을 통해 승진과 퇴출을 결정짓는 경주 트랙에 들어서게 된다. 그 주변에는 많은 임용 대기자들이 결원이 생기기를 기다리고 있었고 그 숫자는 점점 더 늘어나는 추세였다. 이 문제는 명대에 시행된 인사고과의 규정과 변화들이 대부분 하급 지방관을 대상으로 했던 사실을 해명해줄 주요한 단서가 될 수 있을 것이다.

두 번째는 지방관과 지역사회와의 상호작용이라는 측면이다. 관료조직의 말단에 위치한 주현관들은 행정 · 사법 · 치안 · 교육 등을 총괄하는 행정관료임과 동시에 지역 백성의 어버이라는 독특한 역할을 부여받았다. 이들이 '읍부모'(邑父母) 혹은 '부모관'(父母官)이라는 별칭으로 불렸던 것은 이 때문이었다. 그러나 높은 이상주의로 수식되었음에도 불구하고 이들의 현실적인 위치는 대단히 불안정했다. 행정업무 면에서 볼 때, 지방관들이 실제로 수행하는 임무는 국가 재정 유지를 위한 조세 행정과 사법, 치안 유지 등 다양한 방면에 걸쳐 있었다. 이런 업무들을 처리하기 위해서는 기한에 맞춰 주어진 과제를 해결할 수 있는 실무 능력과 효율성이 요구됨은 당연한 일이다. 행정 담당자로서의 실적과 업무 능력 등이 관료 평가의 잣대로 제시되어야 한다는 원칙 면에서 명대의 관료제는 이른바 '근대관료제'와 대단히 유사한 과제를 안고 있었다.[1] 이런 차원에서 본다면 서민보다 우월한 도덕적 능력을 지닌 유덕자가 반드시 유능한 관료라

---

1 근대관료제란 개념은 독일 사회학자 베버(M.Weber, 1864~1920)가 19세기 말 이래, 서유럽의 자본주의 발달이라는 역사적 조건 속에서 추출해낸 합리적 · 합법적 지배유형의 모델이다. 이 지배형태는 신속 · 정확하며 일관된 직무 처리가 가능하다는 점에서 이전 단계에 나타난 가산관료제나 봉건제 등의 여타 관리모델에 비해 필연적으로 우위를 점한다고 보았다. 근대관료제의 특징으로는 첫째 공적으로 정해진 합리적 규칙에 의한 운영과 탈인격적이며 보편적인 업무수행, 둘째 상급기관과 하급기관 간의 상명하복의 위계질서체계, 셋째 전문지식과 기술에 기초한 책임과 권한의 세분화, 넷째 규격화된 문서로 행정처리가 이루어지는 문서주의의 채택 등을 꼽는다. 베버는 전통 중국관료제를 인도와 함께 근대관료제 이전에 나타난 미성숙, 미발전상태의 가산관료제 형태로 지목한 바 있다. Max Weber, 1921~1922/1978, *Economy and Society* (2 volumes), ed. G. Roth and C. Wittich. Berkeley University of California Press; 박성환 역, 『경제와 사회 1』(서울: 문학과지성사, 1997), pp. 408~426; *Wirtschaft und Gesellschaft* 제9장 "Soziologie der Herrshaft", 금종우 · 전남석 공역, 『지배의 사회학』(서울: 한길사, 1981), pp. 9~72, pp. 124~131.

고 할 수는 없었다. 현실에서는 민생 보호의 이상이 국가의 행정 목표와 마찰하는 경우도 불가피하게 발생하게 마련이었다.

한편 지방관들에게 지방 민생을 보호해주는 목민관의 역할을 요구하는 전통적 이념은 단순히 명분 차원에 그치는 것이 아니라 현실적인 힘을 발휘하는 경우도 많았다. 중국 관료제 운영에서 정치와 행정을 유교이념에 부합시키려는 도덕주의적 경향은 시종 뚜렷한 위상을 갖고 있었다. 일례로 '중국'의 문화적 정체성을 유지하는 데 커다란 역할을 했던 역대 왕조들의 정사(正史)에는 이상적인 지방관상을 담은 '순리전'(循吏傳)이 반드시 포함되어 있다. 어진 부모의 이름에 걸맞게 백성을 사랑하고 이들의 삶을 지켜주고자 헌신하는 목민관의 모습은 예로부터 관료 지배의 정당성을 유지시켜준 필수불가결의 요소였다. 한대(漢代)부터 마지막 왕조인 청조에 이르기까지 이런 도덕관료의 이상은 면면히 전승되며 관료제를 둘러싼 문화적 공감대를 형성했다.

또한 유교이념에 의하면 추천이나 시험을 통해 덕성을 인정받은 문인관료 개개인 역시 행정을 위한 도구가 아니라 군자로서의 완성을 지향하는 인격체여야 마땅하다. 비록 현실의 지방관들은 이와는 거리가 먼 실망스러운 모습이더라도 이런 도덕주의는 오랜 세월에 걸쳐 형성된 사회적 공감의 산물이었다. 그러나 이런 가치들은 결코 객관적·계량적으로 평가되기 어렵다. 이상적인 목민관에게 요구되는 인품과 덕성은 현실의 인사평가에는 과연 어떤 식으로 적용시켜야 할 것인가? 이 문제는 비단 명조만이 아니라 유교를 체제 이념으로 선택한 왕조들에게 공통된 과제였다고 본다.

명조 건국 후 약 150여 년이 지나면서, 초기에 반(半)자치적 행정 보조단체로 운영했던 이갑(里甲) 제도가 급격히 붕괴되어갔다. 이로 인해 지방관들의 징세행정 책임은 점점 커졌고 여기에 대한 정부의 관리 방침도 강화되는 추세였다. 사회적 유동성이 증가하면서 치안유지와 사법행정 수요도 날로 커져갔다. 지역사회와 지방관은 현실 행정지표 달성과 지방의 이익 보호라는 대립각 속에서 점점 더 많은 갈등요소를 안게 되었다. 목민관 · 부모관이라는 이상적 관료상에 대한 기대가 지역사회의 요구나 이해관계와 연결되면서, 현실적인 압력으로 변할 가능성도 커져갔다. 이 책에서 검토할 여러 사례들, 지방관에 대한 평가가 지역사회의 주요 관심사로 떠올랐던 사실들은 인사고과제와 당시 지역사회의 길항관계를 보여주는 중요한 단서들로 본다.

이처럼 다양한 요소들이 혼재하는 가운데 지방관들을 평가하는 방법과 절차, 원칙 등이 명대 전반에 걸쳐 주요한 정치 현안으로 떠올랐다. 관료조직은 끊임없는 신진대사를 통해서만 활성화되는 속성을 갖고 있다. 관료제 국가인 명조는 인사고과제 운영을 통해 신인 등용과 인원 교체를 수행, 관료조직의 노화와 경직을 방지하고 조직을 유지하는 역할을 유지해야 했다.[2] 도덕적 관료상이 사회적으로 여전히 주요한 위치를 차지하더라도 관료조직, 나아가 체제의 유지와 발전을 위해서는 새롭게 부가적인 요소들이 대두될 수밖에 없었다.

명대 건국 이래 관료를 평가하는 저울은 공정성과 실용성, 도덕주의 사이에서 끊임없이 흔들리고 있었다. 지방관을 평가하는 '저울 만들기'는 정부와 지방관, 지역사회의 집단의 이해관계가 얽혀 있었고 목민관의 이

2 감사제, 승진제 및 신인등용제는 중국 왕조체제와 같은 전통 관료제가 생명력을 유지하며 성공을 거둘 수 있었던 주요 조건으로 꼽힌다. John R. Hicks, *A Theory of Economic History*, Clarendon Press, Oxford, 1969; 김재훈 역, 『경제사 이론』(서울: 새날, 1998), pp. 36~37. 힉스는 유럽에서 로마제국의 붕괴와 함께 관료제가 자취를 감추고 봉건제가 출현한 것을 중국의 경우와 반대되는 사례로 제시했다. 로마의 고대 관료제는 중국만큼의 내구성을 갖추지 못한 까닭에 제국의 기반이 붕괴되는 데 대해 성공적으로 대응하지 못했고 결국 더 열악한 체제인 봉건제가 이를 대신했다는 것이다.

상주의라는 무게추는 언제라도 저울을 뒤흔들 비중을 갖고 있었다. 본 연구는 바로 이런 상반되는 요소들 사이에서 명대의 인사고과 정책이 만들어지고 다시 사회와 상호 영향을 주고받는 과정에 관심을 갖고 진행되었다.

2. 연구 대상과 범위

인사고과라는 영역은 원래 전통적인 중국 관료제 연구에서 크게 주목을 받지 못했던 분야였다. 중국 근세관료제 연구의 핵심은 분명 관료가 되기 위한 자격시험인 과거제에 집중되어 있었다. 과거제는 단순히 제도적 차원을 넘어 중국문화를 특징짓는 문인 엘리트 집단의 형성이라는 중요한 역사 변화를 유발한 것으로 평가된다. 거기에 비해 일단 관료가 된 이후의 승진과 퇴출을 가늠하는 인사규칙과 이념은 대체로 지배조직 내부에 국한된 문제로 인식되었고 상대적으로 관련 연구도 희소한 편이다. 관료의 평가라는 문제가 해당 사회에서 보다 심층적인 의미와 영향을 가질 수 있는지에 대해서는 한 걸음 더 나간 문제의식과 방법론의 개발이 필요하다.

이 연구는 과거제가 거의 완전히 정착된 명대 사회의 경우, 관료조직에 합류한 신참자들에 대한 인사이동 관련의 조건과 규칙이 커다란 사회적 논란을 일으키고 있었던 점에 주목했다. 명대는 건국 초기부터 치세의 마지막에 이르기까지 인사고과의 원칙과 목적, 방식을 놓고 전례 없이 다양한 정책이 펼쳐진 시대였다. 각 제도의 장단점을 쟁점으로 삼아 여러 차원에서 논쟁에 참여한 주체는 현직 인사담당자에만 국한되지 않고 광범

위한 엘리트층에 걸쳐 있었다. 더욱이 지방의 '부모관'에 대한 평가와 인사고과의 향방은 일반 서민들과 지역사회에까지 관심의 대상이 되었던 것으로 보인다.

이런 점에서 명대의 주현관급 지방관이 어떤 기준으로 평가되었는지 제도의 형성과 이념적 측면, 시행 과정 등은 명대 관료제의 특성을 밝혀 줌과 동시에 당시 사회와 관료제도의 접점을 조명해 줄 연구 주제라고 본다. 먼저 명대 전반에 걸쳐 고만(考滿)·고찰(考察)·고성(考成)이라는 각각 다른 성격의 세 제도가 나타난 사실에 주목했다. 건국 초기, 명대의 인사고과제는 고만과 고찰을 중심으로 전개되었는데 고만이 전통적인 고과 방식을 계승한 반면, 고찰은 명대에 새로 창안된 것으로 감찰관의 권한을 대폭 강화시킨 고과 방식이었다. 두 제도의 성격과 특징을 검토함과 동시에 고만과 비교해서 고찰이 어떤 이념적·현실적 바탕 위에서 만들어지고 변화했는지 두 제도를 비교하는 작업이 요구된다.

또 체제의 위기가 심화되는 16세기 말에 고성이라는 새로운 고과방식이 시행되면서 관료조직 내부에서 엄청난 반향을 불러일으킨 점에 주목하였다. 고성제는 특히 업적을 중시하는 새로운 형태의 인사고과 방식이라는 점, 그리고 그 속에서 근대관료제와의 접점을 찾을 수 있다는 주장들이 제기되면서 가장 활발한 주목을 받고 있는 제도이다. 이 연구에서는 고만과 고찰이라는 기존 인사고과제와의 연관성과 차별성이라는 각도에서 이 제도의 성격과 영향력을 함께 검토하고자 한다. 고만과 고찰은 제1부에서, 가장 늦게 도입된 고성법에 대해서는 제3부에서 각각 다루기로 한다.

한편 당시 정부가 간행한 회전 등의 행정법 및 율례(律例) 등의 형법 법전류에는 인사고과제도에 관련된 규정과 시행 세칙, 정부의 입장이 기술되어 있다. 그러나 이념과 방법을 달리하는 고과방식들이 새롭게 고안되어야 했던 이유는 정부 측의 공식 발표 내용을 담은 율령만으로는 이해하기 어렵다. 게다가 명태조가 반포한 초기의 인사 방식, 즉 고만과 고찰의 병행은 조법(祖法)으로서의 권위를 갖고 있었기 때문에 후대의 위정자가 마음대로 폐기를 선언할 수는 없었다. 따라서 이들 세 방식은 어느 것도 폐지되지 않은 채, 각각의 원칙과 규정들이 서로 갈등을 빚으며 병존하는 복잡한 과정이 펼쳐졌다. 각 인사 방식이 변화하고 새로운 방법이 제기되어 도입되는 과정과 함께 이 문제와 관련된 동시대의 정치평론들을 같이 다루면서 당시 이 문제가 사회적으로 어떤 영향력을 가지고 있었는지 검토하고자 한다.

두 번째는 주현관급 지방관의 평가 문제를 둘러싼 지역사회의 움직임과 그 위상을 살펴보고자 한다. 지방관에 대한 지방의 호오(好惡)의 평판이 특히 중요한 의미를 갖게 된 것은 순회 감찰관을 파견하여 지방관에 대한 현지 감찰을 강화시킨 고찰 제도가 전면적으로 시행되는 과정과 병행한 것으로 보인다. 이에 제2부에서는 주현관의 인사고과 문제를 둘러싼 지역사회의 움직임에 대해서, 인사와 관련된 다양한 성격의 문서들을 통해 그 실상을 추적해본다. 여기서 지방관 자신의 입장은 또 하나의 주요한 변수로 등장한다고 본다. 관료 피라미드의 초입에 막 들어선 주현관 개개인에게 부임지에서의 인사고과는 사활이 걸린 중대사였다. 지역의 부모관인 한편, 초임 관료인 지방관은 어떤 식으로 이 과정에 대응했는지 명대 말기 한 목민관의 사례를 살펴본다.

제3부에서는 명대 말기에 고성법이라는 실적 위주의 고과 방식이 창안, 시행되면서 나타난 현상들에 주목했다. 고성법의 시행을 놓고 당시 관료사회는 물론 지식인 집단까지 찬반의 커다란 논란에 휩싸였다. 뿐만 아니라 고성법이 근대 관료제의 형식적 합리성과 전문성에 접근한 것인지 여부를 놓고 연구자들 사이에서도 논의가 끊이지 않는다. 고성법이 과

연 기존의 자의적 · 인격적 판단으로부터 단절을 의미했을까. 고성법이 지방관과 지역사회의 요구, 목민관의 도덕주의적 이상과 성공적으로 결별할 수 있었는지 여부는 전통 관료제의 최종 향방을 가늠할 수 있는 중요한 주제라고 본다.

중국의 긴 역사 속에서 관료제는 여타 어떤 통치 형태로도 대체된 적이 없고 또 대체될 수도 없었던 현실적 선택이었다. 끊임없이 변화하는 역사상 속에서 관료제를 유지하는 여러 요소들은 어떤 식으로 사회와 대응해 간 것일까. 명대 인사고과제도를 둘러싼 체제와 사회, 사람들의 움직임을 통해 이 문제를 재조명할 수 있기를 바란다.

끝으로 독자의 이해를 돕기 위해 이 연구가 진행된 순서와 바탕이 된 기존 논문들을 밝혀둔다.[3] 제2부의 두 논문이 순서로는 가장 먼저 구상, 발표되었고 3부의 바탕이 된 논문이 2004년에 발표되기까지 약 십여 년의 시간이 흘렀다. 처음부터 명대 인사고과제도라는 커다란 그림을 염두에 두고 연구가 단계적으로 진행된 것은 아니었다. 지역사회의 관행과 관련된 특이한 자료들을 분석하여 거기서 고과제도의 영향력을 추적하는 방식의 개별 연구들이 모여서 단행본을 이루게 되었다. 자연히 인사행정 과정을 세밀하게 추적한 정밀화가 아니라 고만과 고찰, 고성이라는 상이한 인사고과 방식의 성격 그리고 세 방식이 혼합되어 나타난 윤곽을 그리는 식의 결과로 나타나게 되었다. 지방관 개개인들이 지역별, 그리고 각 직급별로 어떤 인사 과정을 통해 평가받았는지 구체적으로 밝혀줄 통계

3 「嘉善縣 知縣 李陳玉: 明末의 한 地方官과 地方社會」, 『黃元九敎授定年紀念論叢, 東아시아의 人間像』(서울: 혜안, 1995. 6); 「明末, 地方官の人事異動と地方輿論」, 『史林』 79-1(京都: 史學研究會 1996. 1); 「明代における人事考課政策の變化: 考滿と考察の關係を中心として」, 『東洋史研究』 55-4(京都: 東洋史研究會, 1997. 3); 「崇禎年間(1627~1644), 州縣官人事와 考成法」, 『中國史研究』 33(중국사학회, 2004. 12).

적 접근은 앞으로의 과제로 돌려야 할 것 같다.

그러나 한편 통시적으로 명대 고과제도의 운영 실태 전모를 밝히기에는 사료의 비균질성과 편중이 문제가 될 수 있음은 밝혀둔다. 뒤이은 청대의 경우, 관료들의 이력 당안(檔案)과 『대청진신전서』(大淸縉紳全書)와 같은 관료명부, 지방지(地方志)의 임관 · 이임 자료 등이 비교적 정비되어 있는 데 반해, 16세기 이전의 명대 기록은 많지 않다. 관료의 이력과 인사 관계의 정보가 실린 명대의 관료 명부는 필자가 아는 한, 만력(萬曆) 15년(1587) 경에 간행된 자료가 유일하다.[4] 이 때문에 명대의 인사고과는 보통 기존 규정에 새 규정이 겹쳐지는 식으로 운영되었지만, 지방관 개개인의 인사가 구체적으로 어느 규정에 의해 결정되었는지 통계 정보를 얻기는 어렵다. 이를테면 필자가 1부 2장에서 이용했던 이부고공사(吏部考功司) 당안은 지방에서 올라온 평가보고서를 기초로 인사를 결정한 문서들을 모은 것으로 인사행정의 구체적 추세를 알아볼 수 있는 귀중한 자료이다. 그러나 현재 입수할 수 있는 간행본은 불과 2, 3년에 걸친 한정된 기록에 불과하다. 또한 2부와 3부에서 제시한 인사고과 관련 증서문(贈序文), 선전문서들 역시 문화와 경제적 기반이 갖춰진 위에 문인사회의 네트워크가 활성화되었던 지역과 시대에 집중되어 남아 있었다.

그러나 시기를 거슬러 올라갈수록 역사 연구에서 이런 정도의 사료의 결핍과 누락을 문제 삼을 수는 없을 터이다. 문제는 자료에서 발견해낸 각 사례들이 얼마나 함축적으로 역사상을 대표해줄 수 있을지 여부일 것이다. 이 책에서 제시한 사례들이 여기 대한 관심을 열어주어 연구가 부

4 필자가 확인할 수 있었던 명대의 관료 명부는 萬曆 12年(1584) 봄에 內閣 · 詹事府 · 翰林院 · 六部 및 五城兵馬司 등 중앙관료의 성명, 자호, 본적, 임관 자격, 과거급제 연도 등을 기록한 (明)萬曆12年本, 『新刊眞楷大字全号縉紳便覽』(中華再造善本, 國家圖書館所藏, 北京: 國家圖書館出版社, 2009. 9)이 거의 유일하다.

족했던 이 분야에 대해 앞으로 보다 균형 잡힌 역사상이 제시될 수 있기를 바랄 뿐이다.

제1부

감찰권의 강화와 고과제

본래 고찰의 처음 목표는 대개 조사와 규찰, 탄핵이 미치지 못한 부분을 보충하여 인사이동의 적체를 소통하기 위한 것이었다. 만약 앞서 관직을 얻은 자들이 오랫동안 봉록과 지위를 향유하여 대기자들의 진로를 막지 않는다면 뒤에 관료가 되려는 자들 역시 공평하게 혜택을 입어 누추한 집에서 늙어죽는 일은 없을 것이다.

—(明)朱健, 『古今治平略』, 卷17, 國朝考課

시작하며

제1부에서는 명조가 건국 초기에 편성한 인사고과제도의 구성과 성격을 살펴보고 그 이념적 바탕을 검토한다. 명조체제의 기반이 형성된 홍무연간(洪武: 1368~1398)에는 고만(考滿)과 고찰(考察)이라는 상이한 성격의 고과제도가 거의 동시에 만들어졌다. 고만은 연공서열에 중점을 둔 전통적 방식의 평가 방법인데 비해, 고찰은 관료들에 대한 감찰을 강화시켜 그 결과를 인사고과에 반영한 제도로 명대에 처음 시행되었다. 선행 연구들에 의하면 16세기 초반 경을 경계선으로 고찰은 고만을 대신해서 인사행정을 주도한 것으로 나타났다.[1] 이런 경향은 고찰제가 감찰관에게 인사고과의 주요 권한을 부여한 제도였다는 점에서 주목을 끈다.

정치제도사의 측면에서 볼 때, 명대는 감찰제의 영향력이 극대화된 시기로 평가할 수 있다. 정부는 계속 감찰관의 위상을 높이는 한편, 중앙 감

1 谷光隆, 『明代銓政史序說』(『東洋史硏究』 23-2, 1964) pp. 88~90에서는 "명대 중기 이후 考滿의 법은 엄수되지 않고 오히려 考察에 중점이 두어졌다"라고 분석했다. 和田正宏, 『明清官僚制の研究』(東京: 汲古書院, 2002), 第3編, 「官僚考課制と腐敗」, pp. 460~488에서도 유사한 결론이 제시되었다.

찰기관인 도찰원(都察院)에서 정기적으로 각 성에 순안어사(巡按御史)를 파견하여 특히 지방관료에 대한 감찰을 크게 강화시켰다. 명대 감찰제도에 관한 초기 연구들에서 순안어사가 지방관을 평가하는 고찰 업무는 정교하게 조직된 감찰활동으로 자리매김 되고 있다.[2] 역대의 예와 비교한다면 당대(唐代, 618~907)에도 순안어사가 파견된 일이 있고, 원대(元代, 1260~1368)에는 행어사대(行御史臺)가 설치된 데서 알 수 있듯이 명대 이전에도 감찰관이 지방을 순시하거나 혹은 지방에 상주했던 예가 전무했던 것은 아니다.[3] 그러나 순안어사와 도찰원 소속의 지방장관 순무(巡撫)가 전 지방관의 인사를 좌우할 정도로 강력한 권한을 행사한 것은 이때 시작된 일이었다.

인사고과와 감찰제의 융합으로 볼 수 있는 이 현상에 대해 고찰을 다룬 기존의 논고에서는 그 원인을 주로 관료집단의 기강 이완에서 찾았다. 즉 명대 중반 이후 관료들의 부정부패와 오직(汚職)이 심각해지면서 농민반란이 빈발했고 이로 인해 엄격한 감찰과 처벌에 비중을 둔 고찰제가 강화되었다는 것이다.[4] 이것은 고찰이 관료조직의 숙정과 민생 안정을 목표

---

2 Hucker, Charles O., *The Censorial System of Ming China* (Stanford Univ. Press, Stanford, 1966); 조영록, 『중국근세정치사연구』(서울: 지식산업사, 1989); 小川尙, 『明代地方監察制度研究』(東京: 汲古書院, 1999); 張治安, 『明代監察制度研究』(臺北: 五南圖書出版有限公司, 2000) 등의 연구는 순안어사를 포함하여 감찰제 전체의 발전에 주목한 것이다. 명대에 특히 발달했던 감찰제도에 관련된 연구는 현재도 지속적으로 진행되고 있다. 王世華, 「論明代地方監察制度的演變」, 『明史研究』 2集, 1992; 路遠志, 「明代監察制度特点的歷史思考」, 『河北大學學報』[哲學社會科學版] 2006~1 참조. 인사고과제와 감찰권을 연결시킨 문제의식에서 진행된 연구는 南宋 시기를 다룬 青木敦, 「淳熙臧否とその失敗: 南宋の地方監察制度の二つの型」(東京: 『東洋文化研究所紀要』 132, 1997)을 들 수 있다.

3 원대의 감찰제도는 전국적인 확산 규모나 강도 높은 중앙 집중 구조라는 면에서 역대 최고 수준이라고 평가된다. 명대 감찰제는 바로 이전에 시행된 원조 감찰체계의 영향을 강하게 받았다. Hucker 1966, pp. 25~28.

4 和田正宏 2002, p. 461, pp. 524~539 참조.

로, 특히 지방관에 대한 감찰을 강화시킨 제도라는 점에서는 설득력을 얻을 수 있다. 그러나 탐관오리의 발호와 관료들의 부정부패 문제는 중국의 여타 왕조는 물론, 거대 관료조직에서 일반적으로 나타나는 현상으로 특별히 명대 중기에 한정된 일로 단정하기는 어렵다. 일례로 관료들의 기강 숙정 면에서 보다 엄격한 면모를 보였던 청대에는 오히려 전통적인 감찰권이 축소, 제한되는 현상을 보였다.[5]

왜 명대에 이르러 유독 감찰관이 지방관의 인사고과를 좌우할 정도로 영향력을 발휘했는지, 그리고 이것이 관료들의 위치와 평가제 전반에 어떤 영향을 미쳤는지 등의 문제는 지금까지 감찰과 인사고과 연구 어느 쪽에서도 크게 주목받지 못했다. 더욱이 기강숙정을 표방했던 고찰제가 동시대의 지식인과 관료들 사이에서 대단히 부정적 평가를 받았던 사실을 감안하면 문제는 더욱 복잡해진다. 명대 사정에 정통했던 역사가 조익(趙翼, 1727~1814)은 다음과 같이 고찰제에 대해 비판적인 평가를 내렸다.

> 가정(嘉靖) · 융경(隆慶) 연간(1501~1537~1572)에 이르러 이부(吏部)의 고찰법은 완전히 사문화되었고 사람들은 스스로 삼가는 바가 없어졌다. 순무와 순안어사의 권한이 지나치게 강해졌고 천거와 탄핵은 오로지 뇌물로 좌우되었으며 모두 부정하게 얻은 재물로 상관(上官)을 받들었다. 여기서 관료정치는 나날이 붕괴되고 민생도 나날이 피폐해져 마침내 나라가 멸망하기에 이르고 말았다.[6]

5 인사고과와 연결된 청대 감찰권의 약화에 대해서는 이 책의 결론 부분 pp. 249~256에서 개략을 다루었다. 자세한 내용은 차혜원, 「淸初 考課제도의 성격 변화: 巡按어사의 폐지를 전후하여」(서울: 『東洋史學硏究』 66집, 1999년 4월호); 「18世紀, 淸朝의 언론통제와 관료사회: 言官 謝濟世案의 意味」(서울: 『東方學志』 125, 2004. 3) 참조.

6 (淸)趙翼, 『廿二史箚記』(臺北: 洪氏出版社, 1978) 卷33, 明初吏治, p. 487.

왕조 말기의 극심한 혼란상이 인사고과제에서 기인한 바가 크며 이 경우 그 책임은 고찰제에 있다고 본 관점은 특기할 만하다. 고찰제를 명대 체제의 위기를 불러온 주범으로까지 간주한 역사 인식은 사실 명말청초의 지식인 사회에서 널리 공감대를 형성하고 있었다. 감찰활동을 바탕으로 한 고찰은 왜 체제 붕괴의 장본인으로 역사의 단죄를 받게 되었을까? 이것은 인사고과가 체제 측에서 공식적으로 밝힌 명분이나 제도적 차원을 벗어나 복잡한 사회문제와 연결되어 있음을 시사해준다. 고찰이 표방했던 관료 기강숙정의 명분들은 당시의 역사적 조건과 사회적 변화를 고려하는 가운데 그 의의를 제대로 평가할 수 있을 것이다.

제1부에서는 이런 문제의식을 통해 명대의 고과정책이 어떤 식으로 전개되는지 다음 주제들을 통해 검토한다. 먼저 1장에서는 고찰과 동시에 출현한 고만의 위상 및 변화 과정을 살펴본다. 고찰이 인사행정을 주도하는 가운데서도 고만이 소멸되지 않고 명대 말기까지 지속된 사실과 그 이유, 여기에 대한 당시의 반응 등은 지금까지 크게 주목받지 못했다.[7] 고만의 영향력은 약화되지만 뒤의 본문에서 살펴보듯이 고찰과는 대조적으로 긍정적 평가를 얻고 있었다. 그러므로 고찰제와 감찰권의 확대는 고만과의 비교를 통해 그 의의가 보다 분명해질 것으로 본다. 2장에서는 고찰의 영향력을 여러 측면에서 살펴보면서 앞서 조익의 고찰제 비판이 어떤 역사적 맥락에서 나타난 것인지 그 의미를 되짚어본다.

이러한 두 제도의 연혁과 초기의 구체적인 시행 과정은 이미 기존 연구들에서 검토된 바 있다. 또 이 시대에는 『대명회전』(大明會典) 등의 법전류를 통해 제도의 변화 과정이 시대순으로 제시되어 있기 때문에 본 연구에

7 앞의 '각주 1'과 '각주 4'의 谷光隆, 1964; 和田正宏 2002 참조. 두 연구 모두 고찰의 강화 현상을 지적한 바 있지만 고만과의 관계는 주목하지 않았다. 한편 『明史』 卷71, 選擧3에는 "고만과 고찰 양 제도는 상호보완적으로 실행되었다"(考滿考察二者,相輔而行)라고 기술되었다.

서는 그 과정 자체를 하나하나 재현하지는 않는다. 그 대신 두 제도의 상호관계와 이념적 배경, 그리고 여기에 대해 엇갈리는 사회적 인식 등을 소개하면서 인사고과제와 당시 사회와의 연결점에 초점을 맞추어 검토하고자 한다.

제1장
명조 건국 초기의 이상주의

1. 고만의 성격

14세기 말, 명조 건국 초기는 종종 후대 지식인들에 의해 이상적 관료정치가 실현된 황금시기로 묘사되곤 했다. 『명사』(明史)의 '순리전'(循吏傳)에서는 건국 초기의 홍무연간 이래 백여 년 동안 관료들의 정치는 깨끗하고 공정했으며 탐관오리들이 근절되어 시국이 불안정해도 민심이 붕괴되지 않았다고 평가했다.[8] '순리전'은 실제로 이런 역사 인식을 바탕으로 건국 초기에 집중해서 압도적으로 많은 수의 순리들을 선정했다. 전기에 실린 전체 120명의 순리들 가운데 1368년에서 1449년에 이르는 건국 초기의 80여 년간, 전체 인원의 91.7%에 달하는 110명이 순리의 반열에

8 (淸)張廷玉等撰 『明史』(中華書局本) 卷281, 列傳169, 循吏傳. 순리전은 일찍이 체계적인 관료제를 정비했던 한대부터 이상적인 관료상을 구현한 인물들의 전기로 『漢書』에서 처음 등장하여 이후 역대 정사 편찬에 반드시 포함된 주요 구성요소였다. 순리는 실적을 위해 가혹하게 백성을 몰아세우는 '酷吏'와 대조되는 이상정치의 상징으로 목민관 · 부모관과 동일시되는 존재였다.

올랐다. 반면 명대 후반기 1583~1644년까지의 60년간은 단 한 명만이 순리전에 실릴 수 있었다.[9]

위의 평가는 사실 명대 건국 초기의 역사 사실들과 대응시켜볼 때 기묘한 역설로 느껴진다. 명조 개창기인 14세기 후반은 왕조 교체를 불러온 대규모 동란과 자연재해로 얼룩진 재앙의 시기였다. 뿐만 아니라 남경에서 북경으로 천도하는 대역사의 계기가 된 '정난(靖難)의 변'(1399)과 몽골족에게 황제가 포로가 된 '토목(土木)의 변'(1449)으로 대표되는 대외적 위기가 잇달았다. 적어도 건국 후 백 년간은 군사적 · 정치적 불안이 이어져 안정된 지방정치가 이루어지기가 불가능한 실정이었다. 그럼에도 이 시기를 바로 이상적인 목민관의 시대라고 평가한 것은 어떤 이유에서였을까?

명조가 채택한 인사고과 방식에서 이런 역사 인식을 가능하게 한 요소는 대체로 고만제도의 제 규정에 귀결된다. 건국 직후, 홍무제 정부에서 최초로 구상한 관료들의 인사고과 방식은 고만이라는 전통적 방법에 기반을 두었다. 홍무 9년(1376)에 공포된 고만제도는 기본적으로 관료 개개인의 부임을 기점으로 일정 기간을 복무하게 하는 연공서열(年功序列) 형의 인사 방식이었다.[10] 고만이란 용어 자체는 명대 이전부터 정해진 임기를 마친 후 업무를 결산하는 '임기만료 보고'와 그에 따른 인사고과를 뜻한다. 과거 당대(唐代)의 경우, 대개 일 년 임기를 마칠 때마다 한 번씩 성적을 평가하는 '일년일고'(一年一考)를 원칙으로 삼아서 삼고(三考) 혹은

---

9 이 통계는 高壽仙, 「明代官員考核標準與內容考析」, 『明史論文集』(第五屆明史國際學術討論會暨中國明史學會第三屆年會論文集, 合肥: 黃山書社, 1994), pp. 273~280 참조.

10 고만 임기 결정은 (明)『太祖實錄』 卷110, 洪武 9年 12月 己未, pp. 1830~1831 참조. 여기에 의하면 매해 말에 布政司는 中書省으로, 감찰어사 및 按察司에서는 都察院의 전신인 御史臺로 보고문을 보내 이를 吏部에서 기록하도록 했다.

사고(四考)에 의해 인사이동을 실시했다.[11] 송대(宋代)에도 역시 임기 만료와 거기에 따른 성적 평가에 고만이라는 용어를 사용했다.[12]

명조는 이런 전통적인 흐름을 계승하면서도 9년이라는 전례 없이 긴 임기를 설정했다. 이것은 곧 '3년에 한 번 업적을 평가하고 세 번 평가하여 진퇴를 결정한다'(『서경』[書經], 「순전」[舜典])는 유교 경전 속의 평가 방식을 그대로 채용한 것이었다. 명태조 자신도 "요순시절과 같이 들에는 남겨진 현자가 없고 모든 정치 업적이 잘 드러나도록 하기 위해" 이 방식을 도입했음을 분명히 했다.[13] 따라서 명대의 고만은 과거 중국왕조에서 채택했던 어떤 제도보다도 유교적 이상에 가장 근접한 것이었다. 이 방식에 의하면 모든 관료는 3년 임기를 마친 후 스스로 『사적공업문책』(事蹟功業文册) 및 『기공문부』(紀功文簿), 즉 자신의 업무처리와 공적을 기록한 보고서를 작성해서 임기 만료를 보고하도록 했다. 해당 관료의 상관은 이를 기초로 적합(稱職: 칭직)·보통(平常: 평상)·부적합(不稱職: 불칭직)이라는 세 종류의 평가를 내렸다.

지방관의 경우 각 성의 행정 계통을 따라 평가가 이루어지며 중앙의 이부와 도찰원은 이를 최종 결재하는 역할을 맡았다. 즉 주현관(州縣官)은 직속 상급자인 지부(知府)에게, 또 지부는 민정담당 상관인 포정사(布政使)로부터 평가를 받고 사법·감찰기관인 안찰사(按察司)에서 그 결과를 심

11 (宋)王溥, 『唐會要』(臺北: 世界書局, 1967) 卷69, 「都督刺史已下雜錄」, pp. 1213~1214. "寶應二年七月十一日勅文, 自今已後, 改轉刺史, 三年爲限, 縣令四年爲限. 至貞元元年十一月十一日勅文, 自今已後, 刺史·縣令, 未經三考, 不得改移. 至六年十一月八日勅文, 自今已後, 刺史·縣令, 以四考爲滿"; 同卷, 「丞簿尉」 p. 1222, "寶應元年, 五月十九日制, 州縣官自今已後, 三考一替, 其考滿, 皆令待. 替人不到, 宜校四考後亭."

12 (宋)吏部七法司, 『慶元條法事類』(靜嘉堂文庫所藏, 東京: 古典研究會, 1968) 卷5, 職制門2, 考任(勅令), pp. 46~47; 『宋史』 卷160, 選擧6, '考課', p. 3757, "[……] 宋初循舊制, 文武常參官各, 以曹務閒劇爲月限, 考滿即遷."

13 (明)『太祖實錄』 卷163, 洪武 17年 秋7月 壬子, p. 2526.

의하여 중앙에 보고하게 된다.[14] 여기서 고만 보고서는 일정 기한 내에 제출하도록 형률로 규정되었다.[15] 인사고과의 기준은 홍무 원년(1368)에는 건국 당시의 사정을 반영하여 호구 증가와 경지 확대에 중점을 두었으며, 그 뒤 고만을 맞은 지방관은 보고서에 반드시 농업, 양잠 및 학교 관련 업적을 기록하도록 했다. 각 지방관들의 고만 보고서는 세 번의 기한이 종료되는 9년째에 3회의 평가 자료들을 수합하는데 '보통' 및 '적합' 판정을 받은 관료는 동일 품급 내에서 이동하며 부적합자는 강등시키도록 했다. 한편 중앙관료의 경우, 종5품 이하의 관료는 해당 부서의 직속 상관이 이부에 보고서인 '급유'(給由)를 제출하지만 5품 이상은 스스로 임기 만료를 보고하도록 했다.[16]

명대 초기, 고만 업무보고는 대부분 '적합' 판정을 받았고 징계처분 규정은 그다지 엄격하게 시행되지 않았다.[17] 앞서 홍무 9년의 고만 임기 설정 때의 규정에 의하면 공무와 사적인 범죄 양쪽 모두 태형(笞刑)은 죄를 속해주었고, 도형(徒刑)·유형(流刑)·장형(杖刑)에 해당하는 자는 매해 한 차례 보고하는 문서에 기록해서 그 사실을 남기도록 했다. 즉 원칙상으로는 9년 임기 동안은 면직까지 이르는 처벌은 크게 고려되지 않았다. 한편 지방관의 필수 임무인 세금 징수의 경우, 관련 법전에는 반드시 징수 업무를 완료해야만 고만을 인정하도록 되어 있다. 그러나 이 규정이 실제로 일관된 효력을 발휘했다고 보기는 어렵다.[18] 역대 몇 차례나 똑같

14 앞의 '각주 13' 참조. 이 시기 고만의 원형은 『諸事職掌』(續修四庫全書本, 史部 職官類, 748冊) 吏部, 考功部, 考覈에도 기재되었다. '續修四庫全書本'은 이하 '續修本'으로, '文淵閣四庫全書本'은 '文淵閣本'으로 약칭한다.

15 『大明律釋義』(續修本, 863冊) 卷2, 吏律, 職制, 官吏給由, pp. 35~36.

16 여기 정리된 내용은 주로 『諸事職掌』과 (萬曆)『大明會典』의 관련 규정을 참조했다. 고만의 성적 평가는 (明)『太祖實錄』 卷139, 洪武 14年 10月 壬申, pp. 2197~2199 참조.

17 이 시기 고과제도의 추이에 대해서는 高壽仙, 1994; 和田正宏, 2002, pp. 363~368 참조.

은 명령이 되풀이되었지만, 전임자 결손분에 대한 규정은 물론이고 전년도 결손분에 대한 추급 조치가 이루어진 사례는 거의 없었다.[19] 세금징수 성적이 본격적으로 인사평가의 주요 요소로 등장한 것은 나중에 5장에서 언급하듯이 만력(萬曆) 2년(1574), 고성법(考成法)이 시행된 이후로 보아야 한다. 명대 말기의 기록에서 당시의 고만 평가는 으레 '적합'으로만 판정된다고 기술되었듯이 후대로 갈수록 이 제도의 사문화 현상은 뚜렷해졌다.[20]

한편 고만은 관료 개개인이 성공적으로 해당 직책을 끝마쳤다는 완결의 의미도 갖는다. 따라서 명대 전반에 걸쳐 고만은 임무를 무사히 완료한 관료 개개인에게 대한 황제의 격려와 포상으로 이어지는 경우가 많았다. 3품 이상의 중앙관료들은 고만에서 업적이 두드러진 경우 음서(蔭敍)를 청해 자손 한 명이 감생(監生) 신분을 얻을 수 있었다.[21] 16세기 중반, 명대 가정(嘉靖)연간(1522~1566)을 분수령으로 지방관 임기가 차츰 단축되는 추세였지만, 이처럼 '고만의서'(考滿議敍), 즉 고만을 맞이한 관료가 황제에게 사연(賜宴) · 사여(賜與) · 가급(加級) · 추증(追贈) · 음자(蔭子) 등 각종 포상을 받는 관례가 중단된 일은 없었다. 뚜렷한 업적을 남긴 고위 관

18 일례로 宣德 5년(1430)에는 府州縣官이 임기 내에 세량을 완납하고 고만보고를 하게 되면 인사행정에 지체가 발생하므로 상경하여 고만을 보고한 이후 세금징수 임무를 마치도록 허용한 사례도 발견된다. (明)『宣宗實錄』 卷71, 宣德 5年 冬10月, 癸酉, pp. 1662~1663.

19 (萬曆)『大明會典』(續修本, 789册) 卷12, 吏部十一, '凡府州縣官考滿' p. 203.

20 (明)『光宗實錄』 卷3, 泰昌 元年 8月 丙午, p. 62. 1620년에 작성된 이 기사에는 "내외 문관들의 고만에는 원래 稱職 · 平常 · 不稱職의 구분이 있었으나 이것은 모두 옛이야기이다. 근래는 모두 칭직을 받으니 비교의 의미가 없어졌다"(內外文職官考滿, 原有稱職平常不稱職之分, 此係舊例. 近來一概考稱, 殊非明試之義)는 내용이 실려 있다.

21 (萬曆)『大明會典』(續修本, 789册) 卷2, 蔭叙, p. 117. "在京三品以上, 滿考著績, 方得請蔭, 謂之官生. 出自特恩者, 不限官品, 謂之恩生, 或即與職事, 或送監讀書."

료의 경우, 자손이 고만을 맞으면 다시 추증되기도 했다.[22] 이와 같은 은사(恩賜)로서의 고만은 명말까지 변함없이 유지되었다.

다른 한편 일정 등급 이상 승진이 제한된 하급 관료의 경우, 고만은 일종의 강제 규정으로 적용되기도 했다. 명대 초기에 출간된 법전에 규정된 바, '오래 재직한 관원이 고만을 이행하지 않으면 구금한다'(久任官員, 不行考滿拏問), '임기가 만료된 관원이 개인적 탐욕으로 고만 보고를 하지 않으면 직위를 해제한다'(滿官貪戀不考者, 冠帶閑住) 등의 조항은 바로 여기 관련되어 만들어진 것으로 판단된다. 이 조항들은 각각 헌종(憲宗) 성화(成化) 14년(1478)과 21년(1485)에 발생했던 9년 임기 만료를 숨기고 계속 재임한 관원들의 처벌 사례였다.[23] 이때 적발된 관원은 9품의 대사(大使)로 경제적으로 풍요한 지역에서 각각 과세와 역전(驛傳)의 임무를 맡아 임기를 연장하기 위해 고만을 회피하려고 했다. 즉 임기가 길면 길수록 이득이 되는 일부 하급 관료에게는 고만은 행정명령의 역할을 한 것이다. 고만은 관직의 높고 낮음, 혹은 임지와 임무에 따라 시행 목적과 성격에 차이가 있었고 대상자들의 반응 역시 달라질 수밖에 없었다.

여기서 다시 이 장의 처음에서 제기했던, 고만제가 왜 건국 초기 목민관의 시대를 연 이상적인 인사고과 방식으로 인식되었는가라는 문제로 되돌아가본다. 앞서 예를 든 청대학자 조익(趙翼)의 비평이나 역시 청대에 편찬된 '순리전' 기사를 제쳐두더라도, 명대 당시에도 역시 고만의 쇠퇴와 함께 정치의 파탄이 시작되었다는 견해는 지배적이었다. 일례로 강직

22 (明)『神宗實錄』 卷221, 萬曆 18年 3月 丁未, p. 4128. 명대 중기 이후에도 고만을 맞이한 관료가 상을 받는 예는 흔히 볼 수 있다. 일례로 원임대학사 趙貞吉이 아들 景柱의 考滿으로 追贈받은 예 등을 들 수 있다. (明)『神宗實錄』 卷225, 萬曆 18年 7月 己酉, p. 4182.

23 (明)戴金, 『皇明條法事類纂』(東京大學附屬圖書館藏, 古典研究會, 1966), 「久任官員不行考滿拏問」, p. 460; 「滿官貪戀不考者冠帶閑住」, p. 462(이 항목들의 제목은 卷9에 올라 있지만 原文은 책 마지막 부록에 실려 있다).

한 관료로 이름 높았던 육찬(陸粲, 1494~1551)은 명대 초반, 효종(孝宗) 홍치연간(弘治: 1488~1505) 이전까지는 관료들이 장기간 근무하며 지방 민생이 안정되었지만, 그 뒤 환관과 권신의 전횡이 심해지면서 이런 풍조가 무너졌다고 탄식했다.[24] 비록 고만에 대한 평가는 명조 초반 정치를 이상화시키는 역사 인식과 혼재되기는 했지만, 고과제도 운영에서 지켜져야 할 가치들이 포함되어 있었던 것으로 보인다. 그리고 이런 요소들이 다음과 같이 독특한 이상주의로 이어졌다.

2. 이상론으로서의 고만

고만 자체는 '재직기간에 의한 승진과 임용'(循資陞授), 즉 연한에 따른 연공서열형 인사제도로서 그 자체가 커다란 장점을 가지고 있다고 보기는 어렵다. 후대의 평자들이 공통적으로 인정하는 명대 고만의 가장 큰 장점은 한결같이 '구임'(久任), 즉 장기근속에 있었다. 태조 홍무제가 제정한 규정대로라면 '보통' 이상의 평가를 받은 관료들은 9년이라는 긴 임기와 세 차례에 걸친 복수의 재평가 기회를 부여받았다. 지방관의 장기근속은 전통적 유교 이념에 따르자면 바로 지방사회와 관료가 조화를 이뤘다는 가장 확실한 증거였다. 오래전 한대부터 지방을 장기간 통치하면서 백성을 휴양케 하는 것이야말로 이상적인 목민관의 전형적인 모습이었다.[25]

24 (明)陸粲, 「去積弊以振作人材疏」, 『明經世文編』(陳子龍輯, 北京: 中華書局, 1962) 卷289, p. 3048.

25 『漢書』 卷89, 循吏傳 59. 여기서는 특히 前漢 중기인 宣帝 시기, 지방장관인 太守가 오랫동안 이임하지 않는다는 것을 알아야 백성들이 속지 않고 그 교화에 복종하게 되므로 이들을 장기근속하게 했고 良吏는 각종 포상으로 격려하여 순리들이 속출했다고 논평했다.

그러나 명조의 고만제도와 같이 장기근속을 곧바로 현실정치에 도입한 평가제가 실제로 실현되었던 적은 없었다. 사실 3년 임기 보장과 9년 평가라는 이례적 규정은 명조 건국 초기, 관료조직의 미비, 그리고 불안정한 지역 사정으로 인한 관료부족 현상과 태조 주원장의 이상주의가 빚어낸 산물이었다. 주지하는 바와 같이 홍무제의 지방 통치는 민간 공동체의 자생력과 자치를 기반으로 한 이갑제(里甲制) 설치에서 알 수 있듯이, 관료정치의 비용과 영향력을 최대한 억제하는 데 중점을 두었다. 그 자신 극빈층 출신이었던 황제는, "예전 민간에서 주현의 관리가 백성을 긍휼히 여기지 않고 왕왕 재물을 탐하고 음주로 일을 그르치며 민간의 고통은 돌보지 않아 마음속으로 이를 크게 노여워했다"는 자신의 경험을 토로하며 지방관료들에 대한 불신을 표시한 바 있다.[26]

황제는 민생 안정을 위해서는 무엇보다 지역민 스스로 지방관을 평가하여 이들로부터 선정(善政)을 인정받은 목민관을 장기근속시키는 것을 이상적인 방법으로 꼽았다. 그리고 이를 위해서 지방관 인사평가에 끊임없이 백성들의 여론과 평가를 반영시키고자 했다. 지방 부주현(府州縣) 행정관료의 자질과 행적에 대해서는 지역의 유지들과 사민(士民)이 연명으로 의견을 진술할 수 있도록 허용했다.[27] 홍무 18년(1385)에는 '민간의 화근을 근절시키기 위해' 향리 연장자의 주도하에 수십 명에서 많게는 천여 명까지 무리를 지어 황제를 직접 만나러 오도록 장려하는 조서가 공포되기까지 했다.[28]

---

26 (明)『太祖實錄』 卷39, 洪武 2年 2月 甲午, p. 800.

27 (明)『御製大誥』(明太祖朱元璋敕定, 洪武 26年 3月 內府刊印, 續修本, 862冊), 第36, '民陳有司賢否', pp. 253~254. 『御製大誥』는 明太祖 朱元璋이 스스로 제정한 刑典으로 「御製大誥」, 「續編」, 「三編」 등 세 부분으로 구성되었다. 洪武 18年(1385)에 『御製大誥』 74조를 반포했고, 19年에 47조를 반행했다.

28 (明)『御製大誥』 第45, '耆民奏有司善惡', p. 256. 이외에도 지방관이 지역사회에 폐해를 끼치

홍무제는 이들로부터 얻은 지방관 개개인의 정보에 입각해서 관료의 포상과 처분을 결정하고자 했다. 또한 이를 적극적으로 장려하기 위해 각 지방 경계에 설치된 관문과 경비초소에 명령해서 상경하는 백성들은 통행 증명이 없더라도 무조건 통과시키도록 했다. 이것은 백성의 직접 평가에 의해서만 진정한 지역사회의 '부모관'을 가려낼 수 있으며, 행동에 나선 백성의 수가 많으면 많을수록 진정한 민의가 발현된 것이라는 정치관을 곧바로 현실화시킨 것이었다. 이후 실제로 백성들이 집단으로 상경하는 일이 잦아졌다.

홍무 26년(1393), 산동성(山東省) 제동현(濟東縣)의 지현 정민(鄭敏)이 투옥되자 읍민 수십 명이 상경하여 황제에게 그의 현명함을 호소하고 무죄 방면을 청원했다. 황제는 그 죄를 경감시키고 돈과 의복을 내리는 한편 연회를 베풀고 복직시켰다. 그가 고만을 맞자 지역 유지들이 다시 조정에 가서 유임을 간청하여 허락을 얻었을 뿐 아니라 황제는 이번에도 연회와 포상으로 이들의 행동을 치하했다.[29] 이후에도 똑같은 사례가 몇 번이나 그대로 재현되었다.[30] 홍무 29년(1396), 사천성(四川省) 정원현(定遠縣)의 지현 고두남(高斗南)이 상관과의 알력으로 투옥되자 지방 유지와 백성들이 무리를 지어 수도로 올라가 억울함을 호소했다. 황제는 곧 처벌을 취하하고 복직시켰을 뿐 아니라 그가 '민심을 얻은 점을 치하하여' 포상을 내리기까지 했다.

다음의 사례 역시 백성들의 집단 민원이 어느 정도까지 영향력을 발휘했는지 잘 보여준다. 호남성(湖南省) 영주(永州) 지부(知府) 여언성(余彦成)은 세금 납부 기한을 지키지 못해서 체포·구금되었다. 지역 부로(父老)들

지 못하게 자체 내에서 제어하는 행위도 허용했다.

29 (明)『太祖實錄』 卷227, 洪武 26年 夏4月 丁酉 p. 3314.

30 (淸)趙翼, 「因部民乞留而留任且加擢者」, 같은 책, 卷33, pp. 478~479.

이 상경해서 황제에게 지현의 유임을 간청했다. 황제는 여언성이 납부 기한을 넘긴 것이 '백성을 아끼고 동정하는 마음에 강제로 세납을 종용하지 못했기 때문'이라고 판정하여 전격적으로 복직시켰고 상경한 부로들과 지현을 위한 연회와 포상을 베풀었다. 여기서 징세 행정보다 지역의 민의를 우선시하는 황제의 모습이 덕정의 상징으로 묘사된 것은 주목할 만하다. 이처럼 백성의 집단행동에 의해 지방관이 승진, 유임 또는 처벌 면제 등 혜택을 입은 사례는 홍무연간 동안 자주 발견된다.[31]

백성의 지지를 받는 목민관을 장기근속시킨다는 건국 초기의 구상은 이후 선정을 위한 필수조건으로 간주되었다. 실제로 9년 고만이 어느 정도 비중으로 지켜졌는지 명대 지방관 임기를 조사한 연구에서는 홍무연간 지현의 임기를 평균 8.6년으로 산정해낸 바 있다.[32] 이것은 실제로 9년 고만이 지켜진 것으로 볼 수 있지만, 당시의 지방지 임관 기록은 누락이 많았기 때문에 지역별 오차는 감안해야 할 것이다. 다만 건국 초기부터 15세기 말 홍치연간(1488~1505)까지 길게는 이삼십 년 동안 같은 지방에 재임한 지방관들이 다수 존재했던 것은 분명하다.[33] 그리고 9년 고만을 넘기고도 재직하는 관료들은 대부분 백성들에게 목민관이라는 평판을 얻은 인물들이었다.

---

31 (清)趙翼은 같은 책, 「因部民乞留而留任且加擢者」에서 명태조가 백성의 청원을 받아들여 복직 · 승진시킨 지방관 15명의 예를 들었다. 위의 주 30 참조.

32 미국 학자 J. B. Parsons는 일찍이 명대 관료들의 임기를 중앙과 省, 府, 繁要缺의 현, 簡小缺의 현 등 다섯 종류로 분류하여 각 황제의 통치 시기별로 통계표를 만든 바 있다. James B. Parsons, *The Ming Dynasty Bureaucracy: Aspects of Background Forces*, edited by Charles O. Huncker, *Chinese Government in Ming Times* (Columbia University Press, 1969), p. 178.

33 永樂연간(1403~1424), 19년 동안 東莞縣 지현으로 재임한 盧秉安 등이 대표적 예로 꼽힌다. (明)張萱, 『西園聞見錄』(民國29年 北京哈佛燕京學社 排印本) 卷31, 久任; (清)趙翼, 「明初吏治」, 같은 책, p. 477 참조.

이런 초기의 장기근속은 후대의 평자들에게는 민의가 반영된 이상적인 통치 형태로 평가받았다. 명청 교체기, 자신이 소장한 방대한 전적(典籍)을 바탕으로 명대 제도사를 집대성한 손승택(孫承澤, 1592~1676)은 건국 초 백 년간은 3회 고만, 9년 임기제가 시행되어 관료들이 안심하고 자신의 경륜을 펼칠 수 있었다고 평가했다. 또 16세기 전반기의 관료 한방기(韓邦奇, 1479~1555)의 말을 인용해 홍치연간 이전에는 고만이 법대로 준수되다가 그 이후 고만과 구임, 즉 장기근속의 원칙이 깨어졌다고 강조했다.[34] "장기근속이 불가능해진 데서 백 가지 폐단이 생기고 장기근속에 의해 백 가지 이득이 생긴다"라는 말처럼 고만의 임기 보장은 인사 실무 담당자들 사이에도 포기할 수 없는 원칙으로 회자되고 있었다.

나아가 명대 말기에 활발하게 제기된 지방자치론의 입장에서도 지방관의 장기 근무는 지방사회의 권익을 보장하는 이상적인 방책의 하나였다. 명말 청초의 사회변동기를 겪은 후 새로운 정치 · 사회 개혁을 꿈꾸던 사상가 고염무(顧炎武, 1613~1682)는 정치개혁안 가운데서 지방 수령의 임기에 대해 이런 주장을 폈다.

> 지현은 최초 단계에는 시령(試令), 곧 임시수령이라고 칭하고 3년이 지나 적합하다는 판정이 내려지면 본관으로 삼는다. 다시 3년이 지나 성적을 평가해서 그대로면 조서를 내려 노고를 치하하고 다시 3년이 지나도 직분을 잘 이행했으면 위계를 올려 봉록을 인상시키고 종신토록 그 직책에 임명한다.[35]

---

34 (淸)孫承澤, 『春明夢餘錄』(北京: 北京古籍出版社, 1992) 卷34, 吏部, 考課, p. 558. 이 책은 당시 孫承澤이 모은 명대 제도, 연혁 관련의 방대한 자료를 활용한 것으로 유명하다.

35 (淸)顧炎武, 「郡縣論二」, 『亭林文集』(四部叢刊本), "其說曰, 改知縣爲五品官, 正其名曰縣令. 任是職者, 必用千裏以內習其風土之人. 其初曰試令, 三年, 稱職, 爲眞, 又三年, 稱職, 封父母, 又三年, 稱職, 璽書勞問, 又三年, 稱職, 進階益祿, 任之終身." 이 논의는, "지현은 지역에서

이 구상은 지방관을 지역에 밀착시켜서 지방사회의 이익을 위해 봉사하는 존재로 설정했던 고염무의 유명한 지방자치제 이론인 '봉건론'(封建論)의 한 부분이다. 여기 제시된 3년 임기를 보장하고 복수 평가를 거쳐 지역에 적합한 관료를 종신 지역 지도자로 삼는다는 발상은 바로 고만제의 구상과 중첩된다. 지역을 위해 최선을 다하는 목민관은 오랜 기간 지역과의 상호 적응을 통해 양성될 수 있다는 것이다. 이처럼 고만과 장기근속은 명말청초라는 사회변동기에 나타난 개혁적 성격을 띤 지방자치론의 흐름 속에서 적극적으로 그 의의를 인정받았다.

그러나 현실에서 고만에 의한 장기근속이 실현되기에는 여러 측면에서 무리가 따랐다. 사실 고만이 주로 적용되었던 명조 개창기는 체계적 인사행정이나 지방관 개개인에게 대한 감찰과 평가가 순조롭게 이루어질 수 있는 상황이 아니었다. 그리고 초기의 장기근속은 관료의 선발 · 임용 · 이동이 모두 미정착된 상태에서 불가피하게 발생한 현상이기도 했다. 관료 개개인의 고만 보고만으로 인사이동을 결정할 경우, 어떤 견제나 제재 조치 없이 오랜 기간에 걸쳐 같은 임지에서 상주하는 것이 가능하다. 후대 평자들에게 목가적 풍경으로 간주된 9년의 장기근속은 사실 관료조직이 정상적으로 가동하게 되면 그대로 유지되기 힘든 행정의 방치 상태를 의미하기도 했다.

한편 백성을 상경시켜 그 목소리를 직접 정치에 반영하겠다는 홍무제의 구상 역시 현실에서는 오래 지속되기 어려웠다. 특히 성조(成祖) 영락 연간(永樂: 1403~1424), 북경으로 천도한 이후에는 황제가 상경한 백성들과 직접 대면하는 것은 어쩌다 발생하는 특수 사례에 불과했다. 선덕(宣

千里 이내 출신으로 지역의 사정을 잘 아는 사람으로 임명한다. 또한 總督 · 巡撫와 司道(布政司, 按察司, 道臺) 등의 상급관은 모두 폐지한다"는 내용을 함께 담고 있다.

德)연간(1426~1435)이 되면 백성들이 상경하여 지방관 유임을 청하는 사례에 대해 일정한 제한을 가하게 되었다. 당시 이부상서 곽진(郭璡)은 9년 고만 이후에 지방민이 유임을 간청하면 품급을 높여 임기를 연장하는 사례에 허위나 문제점이 있을 수 있음을 지적하며 이를 정지시켰다.[36]

이때 정부는 해당 부서에서 백성들이 주장하는 바의 사실 여부를 먼저 조사하도록 명령을 내림으로써 민심을 그대로 수용하겠다는 건국 초의 입장을 사실상 부정했다. 더욱이 지방관의 유임 요청에 대해, '임기가 길어지면 폐단이 생기니 어쩔 수 없이 수시로 변통해야 한다'라고 하면서 기존 인사고과 방식의 개정이 불가피하다고 밝힌 점은 주목할 만하다.[37] 결국 지방관을 평가하기 위해서는 정착된 행정단위를 중심으로 광범위한 지역에서 일관되게 시행될 수 있는 인사정책이 요구되었던 것이다.

이처럼 건국 초기에 시행된, 황제가 직접 백성의 여론을 청취한다는 고과 방식은 온전히 지속될 수 없었다. 그러나 민평(民評), 곧 백성들의 평가를 중시한 홍무제의 도덕주의적 구상은 결코 소멸되지 않고 명대 말기까지 다른 방식을 통해 유지되었다. 이것은 고만의 범주가 아니라 감찰권의 영역, 즉 고찰 속에 적극적으로 반영되었다. 홍무제는 일찍이 감찰기관인 도찰원에 내린 『헌강사류』(憲綱事類)를 통해 백성의 소리를 관료 평가에 직접 반영하겠다는 뜻을 밝혔다.[38] 뿐만 아니라 민간의 사정을 조정에 직접 전달하기 위해, "모든 관료들과 온갖 직능, 기술에 종사하는 자들은 응당히 말할 바가 있으면 바로 어전에 나가 아룀을 허락한다. 그 말이 이치에 합당하면 곧 해당 부서에 내려 시행하게 한다. 모든 관청은 이를 막거

---

36 『明史』 卷157, 列傳45, 郭璡, p. 4291.

37 (明)『宣宗實錄』 卷106, 宣德 8年 9月 乙酉, pp. 2358~2359.

38 (明)『皇明制書』(萬曆七年張卤刻本, 續修本 788冊), 卷15, 「憲綱事類」, 憲體(十五條), p. 560.

나 체류시킬 수 없으며 위반하는 자는 죄로 다스린다. 이것은 이목을 넓혀 막히고 은폐됨을 방지하고 서민의 사정을 위로 전달하게 하려는 것이다"라는 명령을 내렸다. 이 규정은 『회전』에 조훈(祖訓)으로 올라 후대에까지 영향을 미쳤다.[39]

그 뒤 순무와 순안어사가 인사행정의 주체가 된 고찰제가 정착되는 과정에서 지방의 모든 사람들에게 널리 정보를 얻는다는 이 조항은 감찰관의 실제 행정지침으로서 효력을 발휘했다. 이것은 특히 순안어사가 황제를 대신하는 눈과 귀가 되어 지방 실정을 중앙에 그대로 전달한다는 명분 위에서 가능한 일이었다. 시대의 변화에도 불구하고 건국 초기의 원칙론은 국가를 유지하는 기본 방침으로 나름 일정한 구속력을 가지게 되었다. 그 결과 고찰은 고만과 마찬가지로 명초의 도덕주의의 유산 일부분을 물려받았다. 그럼에도 불구하고 다음에서 살펴보는 바와 같이 고찰은 현실적으로 커다란 영향력을 발휘하는 반면, 관료제를 지탱하는 명분이나 이상과는 점점 더 멀어진 것으로 인식되었다. 3절에서는 고찰의 등장과 변화 속에서 이 문제에 접근하기로 한다.

3. 감찰관의 등장과 고찰

1) 초기 중앙정부의 고찰

건국 초기, 고만과 거의 같은 시기에 평가 주체 및 방법을 달리하는 고찰이라는 인사 방식이 모습을 드러냈다. 초기에는 3년 주기로 황제를 알현하는 '조근'(朝覲)이라는 의례가 중심이었고 인사제도로서의 성격은 크

---

39 (萬曆)『大明會典』(萬曆內府刻本, 續修本, 790冊), 卷80, 禮部38, 建言, p. 429.

게 두드러지지 않았다.[40] 이 행사는 참석 관료들에 대한 감찰이 장려되면서 조근고찰(朝覲考察)로 병칭되기 시작했고, 그 뒤 여러 차례 변화를 겪으면서 점차 감찰관들이 중심이 된 일상적 평가방식으로 변모했다. 한편 경찰(京察)이란 제도는 중앙관료를 대상으로 황제와의 면접과 인사평가를 시행하는 것으로 원래 조근고찰과는 계통이 달랐지만 나중에 같은 범주로 통합되기 시작했다.

조근의례에 고찰을 겸한 것은 홍무 11년(1378) 3월에 시작되어, 7년 뒤인 1385년에는 후대까지 지속된 전형적 모델이 출현했다. 그 해 정월에 시행된 조근고찰에서 대상 지방관 4,117명을 일괄적으로 평가하여 출척(黜陟), 즉 승진과 퇴출이 이루어졌다.[41] 이때 대상자 중 적합 판정인 칭직(稱職)은 435명, 평상은 2,897명, 부적합자인 불칭직은 471명, 탐오(貪汚)는 171명, 무능을 가리키는 탑용(闒茸)은 143명으로 판정받았다. 평상으로 판정받은 자가 70.4%로 가장 많았고 칭직은 10.6%로 8할가량은 변동없이 유임이 허락되었다. 나머지 불칭직자는 부적합 판정으로 강등되었고 탐오, 곧 탐관오리는 범죄로 판정되어 사법기관에 넘겨졌으며 탑용은 관직을 박탈했다.[42] 그 뒤에는 홍무 21년(1388), 27년(1394)에 두 차례 더 조근고찰이 실시된 것으로 볼 때 이 시기의 고찰이 정기적인 성격의 것은 아니었다.

한편 조근고찰을 맞아 상경하는 지방관들은 징세를 비롯한 행정 실적

---

40 (明)『諸司職掌』(續修本, 748冊), 吏部, 考功部, 朝覲, p. 616; (正德)『大明會典』 卷15, 吏部14, 朝覲.

41 명대 實錄의 朝覲考察 관련 기록은 참여 인원 및 결과에 누락이 심하며 일정한 기준을 찾기 어렵다. 선행 연구에서는 건국 초기에서 만력연간에 이르는 조근고찰 시행 상태를 표로 만들었지만 실록의 기술에 일관성이 없고 부정확한 관계로 정확한 통계라고는 보기 어렵다. 和田正宏, 2002, pp. 568~571.

42 (明)『太祖實錄』 卷170, 洪武 18年 正月 癸酉, p. 2583.

평가에 필요한 『수지문책』(須知文册)이라는 책자를 준비해야 했다.[43] 이 책자에는 그 간의 정치 업적을 비롯해서 지방 사정을 알리는 도판 · 토지 · 인구 현황을 기재하도록 했다.[44] 고찰 과정에서 처분 대상은 여러 차례 변화를 거쳤는데 『회전』의 천순(天順) 4년(1460)과 가정(嘉靖) 2년(1523)의 규정에 의하면 "4등급으로 나누어 연로(年老)했거나 질병이 있는 자(有疾)는 사임(致仕)시키고 기력쇠진과 무능(罷軟無爲), 불성실한 자(素行不謹)는 임용대기(冠帶閑住), 탐욕(貪)과 가혹함(酷) 및 도망 중인 자(在逃)는 신분을 박탈(爲民)하며, 재능과 역량부족(才力不及)은 품급에 비추어 전근시키도록" 했다.[45]

명조의 고찰은 이후 포정사(布政使)와 안찰사(按察使) 이하 지방관들은 3년 주기의 조근고찰, 그리고 5품 이하의 중앙관료들은 6년 주기의 경찰(京察)에서 정기 평가를 받도록 결정되었다. 그러나 이 과정에서 지방관에 대한 조근고찰이 더 큰 비중을 차지했던 것으로 보인다. 조근고찰은 홍무 29년(1396)에 3년 간격으로 축(丑) · 진(辰) · 미(未) · 술(戌)년에 실시하기로 결정된 후로 명대 말기까지 변경된 일이 없었다. 이와 대조적으로 북경 및 남경의 중앙부처 관료를 대상으로 한 경찰은 비정기적으로 실시되는 임시 시책에 지나지 않았다. 예를 들면 홍치제(弘治帝)가 즉위한 1488년에 북경 관료들에 대한 고찰이 시행되었는데, 이것은 성화(成化) 13년(1477)에 있었던 이전 고찰로부터 11년째의 일이었다. 또 경찰이 6년 주기인 기(己) · 해(亥) 년으로 정착된 것은 이때부터 다시 16년이 지난 홍치 17

---

43 (萬曆)『大明會典』(續修本, 792册) 卷213, 六科, p. 530. "凡天下諸司官吏, 三年朝覲到京, 奏繳須知文册到科, 查出錢糧等項數目差錯者, 經該官吏, 參奏究治."

44 『明史』 卷138, 列傳26, '陳修'(pp. 3963~3964)에 따르면 事蹟文册을 만들어 여기에 토지와 인민의 실태를 기입한 뒤, 이를 상경시에 제출하도록 했다고 되어 있다.

45 (萬曆)『大明會典』(續修本, 789册) 卷13, 吏部12, 朝覲考察, 凡考察降黜等第. pp. 220~221.

년(1504)의 일이었다.[46]

이처럼 경찰이 비정기적으로 실시되었기 때문에 중앙관료가 지방관을 대상으로 한 고찰에 의해 처분당하는 사례도 발생했다.[47] 성화 2년(1466)의 고찰에서 남경 시장에 해당하는 응천부윤(應天府尹) 왕필(王弼)이 '노쇠 및 질병'(老病) 판정으로 파직 처분을 받았는데 사실 이것은 1년 뒤인 정해(丁亥)년 경찰에서 결정되어야 할 일이었다. 그러나 정작 이듬해인 1467년에는 경찰이 아예 실시되지 않았던 것으로 볼 때, 당시 중앙관료에 대한 고찰은 정기적인 제도로 확립되었다고 보기는 힘들다. 마찬가지로 성화 5년(1469)에도 남경(南京) 이부낭중(吏部郎中) 반맹시(潘孟時)를 비롯한 16명의 중앙관이 지방관들에 대한 조근고찰에서 견책과 처분 대상으로 판정되었다.

이렇게 원거리에 위치한 지방관료에 대한 조근고찰이 경찰보다 오히려 시행 주기가 짧고 규칙적인 데서 알 수 있듯이 중앙정부는 고찰을 통해 특히 지방관을 감독 · 견제하는 데 비중을 두었다. 중앙관료를 대상으로 한 경찰은 상대적으로 영향이 미미한 편이었다. 15세기 말에 동지(同知) 벼슬을 지냈던 모경(毛璟)이 이런 현상에 대해, "상부는 결코 반성하지 않는다. 인사고과의 평가어인 관평(官評)이 지방관에게는 엄하고 중앙관료에게 관대한 것은 예나 지금이나 마찬가지이다"라고 비평했듯이[48] 지방

46 (明)沈德符, 『萬曆野獲編』(北京: 中華書局, 1980年) 卷11, 吏部「大計年分條款」,「京官考察」p. 299.

47 청대 이래 지방관에 대한 고과를 大計라고 부르지만 명대에는 京察에 대해서도 大計라는 용어가 사용되었다. 예를 들면 (明)史朝鉉,「陳末議以裨考察以勵庶官疏」卷22, 萬曆 2年, 12月. 吳亮等編, 『萬曆疏鈔』(尊經閣文庫藏,明雲間刊本)에는 "萬曆三年, 復當兩京官員大計之期"라는 표현이 발견된다. 『萬曆野獲編』에도 중앙관료의 고찰 주기에 대한 기록에서 '大計'라는 용어를 썼다. 앞의 '각주 46' (明)沈德符 『萬曆野獲編』,「大計年分條款」, p. 299. "今人動云, (京官)六年大計, 爲祖宗定例, 誤矣."

48 (明)沈德符,「外計及大京兆」, 같은 책, 補遺 卷2, p. 841. 한편 "3年 外計와 6年 內計는 처음

관에 대한 조근고찰은 경찰보다 훨씬 엄격했다. 즉 고찰은 시행 초기부터 중앙의 통제나 감시가 미치기 어려운 지방을 겨냥한 것이었으므로 이런 경향은 점점 더 강화되었다.

그럼에도 중앙정부의 입장에서 볼 때 조근고찰만으로는 지방관들에 대한 감독과 통제에서 미흡한 부분이 발생하고 있었다. 일례로 조근고찰 때에 반드시 제출하게 되어 있는 『수지문책』(須知文冊)은 해당 지방관의 징세 실적을 필두로 전체 업적을 평가할 수 있는 필수 증빙자료였다. 조근을 맞은 지방관들은 이 문서에 세금을 완납했다는 등 허위 사실을 기재해 제출하고 문책을 피하려는 사례들이 급증했다. 정부는 이런 사건들이 적발되자 지방의 해당 책임기관인 포정사(布政司)의 감독만으로는 단속의 효과가 없다고 지적하면서 순무와 감찰어사, 안찰사들이 엄하게 감찰할 것을 주문했다.[49] 다시 말해서 포정사에서 부주현(府州縣)에 이르는 지방행정의 계통에 따른 감찰은 유착관계를 벗어나기 어렵다는 것이었다. 『수지문책』의 사문서화와 이에 따른 조근고찰의 부실은 그 이후에도 특별히 개선되지 않았다.[50]

2) 순안어사 파견과 수시고찰

고찰은 건국 초기의 정기적 · 전국적 규모의 조근고찰에서 유래된 제도

에는 정해진 기한이 없었다. 憲宗 때 이르러 점차 논의가 이루어져서 내외 관료가 확실하게 두 번의 考察을 나누어 받게 되었다”(三年外計, 六年內界, 初無定期, 至憲宗朝漸有成議. 且內外官亦截然分兩察矣)라는 기사에서 볼 수 있듯이 고찰은 內計와 外計라는 용어로도 쓰였다.

49 『皇明條法事類纂』, p. 451. “司府州縣等衙門官吏, 須知不許將錢糧課程等項, 預先作完虛造牌册” 成化元年, 7月 19日.

50 앞의 ‘각주 24’에서 예로 든 陸粲, 「去積弊以振作人材疏」, 『明經世文編』 卷289, p. 3048에서는 수지문책이 空文에 그치는 데 대해 이부 · 도찰원에서도 방책이 없었고 이로 인해 조근고찰은 신용하기 어렵다는 비판적 의견이 제시되었다.

였지만 그 후, 성격과 범위가 완전히 변화하여 지방에서 수시로 이루어지는 인사고과 방식을 포함하게 되었다. 결정적 계기는 감찰기관인 도찰원 우부도어사(右副都御史)의 직함을 지닌 순무와, 같은 도찰원 소속의 순안어사가 지방 현지에 파견된 데서 찾을 수 있다. 이들의 감찰활동은 정기 조근고찰의 자료로서 뿐만 아니라, 탄핵을 거쳐 즉시 처분까지 결정하는 식으로 변화하기 시작했다. 사실 중앙정부는 건국 초기부터 대리인을 지방 전역에 파견하여 순시 · 감찰을 통해 부정부패를 적발하고 실정을 파악하려는 의도를 갖고 있었다. 홍무 24년(1391), 황제는 황태자를 섬서(陝西) 지방으로 보내서 지역을 '순무'(巡撫)하게 했고, 이어서 시랑(侍郎) 등 중앙관료를 지방에 비정기적으로 파견해서 순시하는 순행(巡行) 고찰을 실시했다.

선덕(宣德) 원년(1426)부터는 강남지방 등지에 '순무' 직책을 띤 관료가 파견되기 시작했다.[51] 북경 천도와 함께 명조의 관할 범위는 크게 늘어났고 중앙에서 일괄 처리하기 어려운 지방행정 수요 역시 많아졌던 것이다. 원래 임시직으로 별도의 관아가 없었던 순무는 경태(景泰)연간(1450~1456)에 이르러 지방 최고위 민정 · 사법 · 군사기관인 포정사 · 안찰사 · 도지휘사의 삼사(三司)를 통괄하는 위치로 승격했다. 그 뒤 순무라는 직책은 명청대에 걸쳐 행정의 총책임자로서 명실공히 한 성(省)의 장관으로 자리잡게 된다.[52]

---

51 『明會要』(續修本 793冊) 卷34, 職官6, 巡撫, p. 279.

52 순무의 유래에 대해서는 여러 가지 설이 있지만 본고에서는 『明會要』 기사 등을 근거로 해서 宣德 5年(1430) 설을 따르기로 한다. 한편 순무 · 순안어사에게는 무관인 鎮守總兵, 中官 및 分巡, 守備 등을 고찰하여 상벌을 요청할 권한도 부여되었다. 『明會要』(續修本) 卷34, 職官6, 巡撫, pp. 269~282; (明)『孝宗實錄』 卷10, 弘治 元年 閏正月 己巳. pp. 207~211; 같은 책 卷21, 弘治 元年 12月 丁巳, pp. 498~502. 순무제에 대한 최근 연구는 張哲郎, 『明代巡撫研究』(東京: 國立編譯館, 1995); 勒潤成, 『明朝總督巡撫轄區研究』(天津古籍出版社, 2000) 참조.

한편 '순안어사'란 각 성에 파견되어 황제를 대신해 순회하면서 지방관들의 정치를 감찰하고 시정하는 감찰어사 직책을 말한다.[53] 홍무연간부터 '지방 민정과 관료들의 행정 감독은 포정사와 안찰사만으로는 불충분하다'는 요구들이 정부 일각에서 꾸준히 제기되고 있었다.[54] 초창기에는 순안어사의 파견 역시 비정기적이었지만 꾸준히 지역과 횟수를 늘여 나가서 점차 정규 직책으로 자리 잡았다. 파견이 안정기에 접어들었을 때의 인원은 전국적으로 21명이었고 그 중 원거리나 군사 요충지에 자리한 13성의 경우, 필요에 따라 임기를 3년까지 늘였고 명칭도 '순안'(巡按)으로 약칭하는 경우가 많았다.

순안어사를 파견하기 시작할 무렵부터 정부는 이들의 활동을 통해 지역 실정에 대한 정보를 얻고 실제로 민의를 수렴할 것을 기대하고 있음을 천명했다. 영락제(永樂帝)는 어사 파견에 즈음하여 '관아에 앉은 채로 학생들과 서인, 관료들 이야기만 듣는 데 그치지 말고' 지방관의 실제 행적을 좇아 좋고 나쁨을 가늠하도록 훈령을 내렸다.[55] 1424년 11월, 갓 즉위한 홍희제(洪熙帝)는 감찰어사 탕영(湯濴) 등 14명을 지방에 파견하면서 이

53 都察院 소속의 13道 감찰어사는 山東道 · 河南道 등과 같이 13개성의 이름을 딴 직함으로 불렸지만, 이것은 관할 지역이 아니라 이들이 처리해야 할 행정문서의 범위를 가리키는 데 불과했다. 순안어사는 해당 성의 인사 · 재정 · 사법 등 모든 사안에 대한 감찰 권한을 행사하면서 실제로 지방 장관의 영역까지 그 권한을 넓혀갔다. 기존 감찰제도에 대한 연구에 포함된 부분 이외에도 순안어사 자체에 대한 연구는 최근까지도 계속되고 있다. 이 중 순안어사가 남긴 업무기록을 분석한 다음 연구는 새로운 자료 발굴이라는 점에서 의의가 있다고 본다. 梁爾銘, 「明代巡按御史監察職權研究: 以《按粵疏稿》爲中心」(華南師範大學 碩士論文, 2005).

54 (明)劉球, 「修省十事疏」, 『明經世文編』(陳子龍輯, 北京: 中華書局, 1962) 卷31, pp. 220~222. 한편 『經世文編』의 評選을 담당했던 撰者는 여기에 대해 "지금의 매년 1회 파견되는 御史는 지방관과 무엇이 다른가. 헛되이 郡縣의 누가 될 뿐이다"라고 반대 의견을 덧붙인 것이 주목된다.

55 (明)『太宗實錄』 卷34, 永樂 2年 9月 丁卯, pp. 603~604.

들이 황제의 눈과 귀 역할을 하는 대리인 자격으로 관료들의 됨됨이, 곧 교활함과 인자함, 청렴과 부패상 등을 두루 살피도록 당부하고 금품을 내리며 격려했다.[56] 지방관의 자질과 업적은 여전히 민생과 직결된 중대사임에 분명했지만, 이제 중앙정부는 상경하는 백성의 소리를 듣는 것이 아니라 직접 대리인을 파견하여 관료들을 평가하는 방법을 택한 것이다. 그러나 여기에도 어쨌든 민의를 반영하여 민생을 보호한다는 명분이 바탕이 되고 있었다.

순회 감찰관제를 출범시킨 명정부는 이 제도가 인사고과 행정에서 뚜렷한 장점을 가진 것으로 높이 평가했다. 선덕제의 조서에는 이 점이 뚜렷하게 제시되었다.

> 사람의 현명함과 불초함은 쉽게 알아내기 어렵다. 반드시 업무를 맡겨본 연후에야 알 수 있다. 옛 제왕들이 지방관을 선임함에 '삼 년에 한 번 업적을 평가하고 세 번 평가하여 진퇴를 결정한다'는 방식을 시행한 것은 모두 이 때문이다. 그러나 [취임부터] 9년이 지난 후에 비로소 파면과 승진이 이루어지면 임용된 자가 부적격자일 경우 긴 임기로 인해 백성들이 큰 피해를 입게 된다. 지방의 관료는 모두 순안어사 및 안찰사의 고찰을 받도록 하여 이것에 따라 탐욕스럽고 불법을 자행하는 자들은 곧 탄핵하도록 한다. 이것이 가장 좋은 법이다.[57]

황제가 공식적으로 고만제가 규정한 9년 임기의 비현실성을 지적하며 고찰이 이를 대신할 고과 방식으로서 적합하다고 밝히고 그 담당 주체까

---

56 (明)『仁宗實錄』 卷4, 永樂 22年 11月 癸未, pp. 142~143.

57 (明)『宣宗實錄』 卷13, 宣德 元年 正月 癸丑, pp. 356~357. 인용 부분은 다음과 같다. "上曰, 人之賢否不易知, 必任之以事而後可見. 古帝王選任賢良, 三載考績三考黜陟, 蓋以此也. 然以今觀之, 九載而後黜陟, 籍使所任非人, 民受其弊多矣. 令在外有司, 從巡按御史及按察司官考察, 貪婪不律者, 即糾擧之, 最爲良法."

지 지목한 점은 주목할 만하다. 당시 순안어사가 아직 임시로 파견되었던 것을 감안하면 이 명령은 이후 명조의 정책 방향을 예고하는 것이기도 했다. 그 뒤 순안어사 파견은 완전히 정례화되어 15세기 중반 정통연간(正統: 1436~1449)부터는 지방감찰을 전담했고 동시에 지방 고위 행정직에 대한 탄핵권까지도 행사하게 되었다.[58] 순안어사는 이후 명대 전반에 걸쳐 '널리 비밀리에 현지 여론을 수집한다'는 기치 아래 자유롭게 지역에서의 정보수집 활동을 펴면서 강력한 영향력을 발휘했다.

16세기 중반을 전후하여 일상적 감찰 결과를 인사에 직접 반영하는 이른바 '불시고찰'(不時考察) 혹은 '수시고찰'(隨時考察)이라고 불리는 평가 방식이 나타나기 시작했다. 원래 조근고찰에 대비하기 위한 감찰 및 인사 평가는 지방에 상주하는 안찰사의 관할이었지만 순안어사가 파견되면서 그 직권이 순안어사와 순무에게 이전되었다. 게다가 가정 21년(1542), 정부는 고찰에 의해 탐혹 및 비위 사실을 적발한 경우 종5품 이상의 관료는 탄핵, 6품 이하는 즉시 체포하라는 규정을 반포하여 순안어사에게 더 큰 권한을 부여했다.[59] 정7품의 순안어사는 상위 직급인 안찰사와 포정사에게 대한 감찰권까지 행사했던 것이다. 이런 추세 속에서 원래 이부에서 담당하던 지방관 인사고과는 이제 순무와 순안어사에 의해 주로 현지에서 결정되었다. 고찰은 더 이상 3년 조근고찰에 한정되지 않고 순무 · 순안의 일상적 정보 수집 및 감찰에 의한 인사평가까지 모두를 포함하게 되

58 (萬曆)『大明會典』 卷210, 都察院, 「出巡事宜」, p. 491. "國初, 監察御使及按察司分巡官, 巡歷所屬各府州縣, 頡頏行事. 洪武中, 詳定職掌. 正統間, 又推廣申明, 著爲憲綱及憲體, 相見禮儀. 事例甚備. 迨後按察司官, 聽御史擧劾, 而御史始專行出巡之事."

59 (萬曆)『大明會典』 卷210, 都察院, 「凡擧劾奬戒」, p. 498. "(嘉靖)21年奏准, 御史論劾三司方面, 及有司五品以上, 指實參糾. 六品以下, 貪酷顯著者, 即便拏問. 其才宜煩簡者, 疏請調用, 老疾等項, 俱於考語內明白開報. (嘉靖)27年題准, 御史經歷地方, 務要訪求按屬賢否, 勉勵戒飭, 其有戒飭不悛者, 即時隨事參奏提問."

었다.

다른 한편 순안어사에게는 중앙과 지방을 잇는 정보와 언론의 통로라는 또 다른 중요한 역할이 부여되었다.[60] 이처럼 신예 엘리트들이 감찰계통 조직에서 활약하면서 '언로'(言路)의 담당자로 활약했던 점은 명대 감찰제에서 크게 주목해야 할 요소이다. 언사(言事)로써 황제의 실정을 바로잡는 간관이 감찰조직에 포함되었고 활발한 언론활동을 통해 정치를 자유롭게 비판하고 천하의 문제를 논하는 기풍이 이상적인 정치로 간주되었다.[61] 이들은 품급은 비록 낮지만 성 장관으로 자리 잡은 순무와 동등한 예우를 받으며 막강한 권한을 행사했다.

청조 건국 초기에 고염무는 명대 순안어사의 위상을 다음과 같이 설명하고 있다.

> 지금 감찰어사가 지방을 순안하는 것은 옛사람들의 이상을 실현하는 길임에 다름없다. 더욱 좋은 점은 이들이 일 년에 한 번씩 교대한다는 점에 있다. 무릇 수령은 임기가 길지 않으면 안 되고 감찰관은 임기가 길어서는 안 된다. 임기가 길면 친하게 여기는 정이 생기고 폐해도 발생하며 위엄과 명망은 가벼워지고 법이 해이해진다. 따라서 일 년에 한 번 교대하는 제도는 옛 한나라 법에서도 발견할 수 없는 장점이며 관료들을 감찰하고 민생을 안정시키는 효과는 이미 이삼백 년 동안 현저하게 드러났다. 기세를 타고 위세를 부린다든지, 뇌물을 받고 불법을 자행하는 등의 일은 개인이 임무를 제대로 수행하지 못한 경우에 불과할 뿐이다. 수령이 탐욕스럽고 잔혹하다고 해서 군현을 폐지하는 일은 없을 것이다.

---

60 이런 점에서 순안어사의 감찰활동은 중앙과 지방을 직접 연결하는 접점으로 간주된다. 小野和子, 『明季黨社考: 東林黨と復社』(京都: 京都大學學術出版會, 1997), pp. 171~173.

61 명대 六科給事中과 十三道監察御使가 科道官으로 불리며 언론을 담당했던 점은 조영록, 1988, pp. 60~70 참조.

어찌 순행업무의 혼탁과 혼란으로 어사직을 폐지시킬 수 있겠는가. [이들의] 직급은 7품에 불과하여 기실 한나라 때의 6백석과 동일하다.[62]

고염무는 순안어사의 장점으로 무엇보다도 일 년 주기의 임무 교대를 통한 감찰권의 독립과 강화를 보장한다는 점을 들었다. 또한 순안어사가 7품의 하급관료라는 점 역시 지방 고관을 자유롭게 탄핵할 수 있는 조건으로 자주 거론되었다. "순안어사는 7품 관료로서 총독, 순무를 필두로 모든 관료를 탄핵하니 그 관품은 가벼우나 권한은 중대한 것이다. 관품이 가벼우면 일신의 영달을 생각하는 마음도 역시 가벼울 터이며, 권한이 중대한 것은 관료정치를 정돈하고 바로잡는 권위가 무거운 때문이다"[63]라는 표현처럼 명대의 순안어사는 관품을 초월한 특수한 위치에 있었다. 인용문에서 언급된 '6백석'은 한대의 경우 군(郡) · 주(州)에 파견된 감찰관인 감어사(監御史)와 부자사(部刺史)의 질록(秩祿)이 6백석인 것을 가리킨다.[64]

고염무의 이 발언은 사실 청조가 건국 초기에 순행 활동에서 발생하는 여러 가지 폐단을 이유로 순안어사를 폐지하는 사태에 대한 현실 비판의 성격을 띠고 있었다. 청대에 이르러 연소한 강희제(康熙帝)를 대신하여 만주대신들의 세력이 강성했던 강희 원년(1661)에 결국 순안어사가 폐지되었다.[65] 이것이 청조에서 한인(漢人) 관료들의 반대에도 불구하고 가장 먼

62 (淸)顧炎武, 黃汝成集釋, 『日知錄集釋』(上海古籍出版社, 1985) 卷9, 部刺史, pp. 407~408.

63 (淸)趙翼, 「監司官非刺史」, 『陔餘叢考』(河北人民出版社, 2009), 卷26, pp. 517~519. "今人以各巡道比古之刺史, 亦非也. 古刺史, 正如前明巡按御史耳. 巡按御史以七品官, 彈劾督撫以下, 蓋取其官輕而權重. 官輕則愛惜身家之念輕, 而權重則整飭吏治之威重."

64 한대의 감찰관 刺史가 후한대부터 행정관화되는 현상은 명대 순안어사와 공통점으로 볼 수 있다. 植松愼悟, 「後漢時代における刺史の '行政官化' 再考」(『九州大學東洋史論集』 36, 2008. 3), pp. 1~33.

65 이 책의 결론 pp. 249~254 참조.

저 소멸한 정치제도였다는 점에서 순안어사가 발휘했던 영향력을 역설적으로 증명해주고 있다. 순안어사가 폐지된 후에도 희곡과 소설에서 청렴하고 강직한 고관을 가리킬 때 '팔부순안'(八府巡按)이란 말이 계속 사용되었다. 이것은 바로 명대의 순안어사가 관할하는 하나의 성이 대개 7개 내지는 8개의 부로 구성되었던 데서 유래한 것이다.[66] 나중에 본문 5장 1절에서 살펴보겠지만 현실에서 이들의 역할이 많은 부작용을 낳고 심각한 비판의 대상이 되었음에도 불구하고, 이들에게 기대했던 지방의 불의를 뿌리 뽑는 정의의 구현자라는 이미지는 민간사회에서 오랫동안 그 흔적을 남겼다.

이상 살펴본 바와 같이 고만과 고찰이 정착되는 과정에서 건국 초기의 이상주의는 큰 영향을 발휘했다. 장기근속을 보장한 고만은 전통적인 목민관의 정치를 실행하는 필수조건으로 간주되었다. 여기에 지방관을 평가하는 데는 백성의 여론이 가장 정확하며 이를 채취하는 것이 바람직하다는 방침이 조법(祖法)으로 권위를 발휘했다. 황제와 백성의 직접 대면을 권장하던 초기 방침은 후퇴할 수밖에 없었지만 그 대신 황제의 눈과 귀 역할을 하는 순안어사를 파견하여 지방의 민심을 수렴한다는 명분은 고찰이 정착되는 과정에서도 그대로 채택되었다. 이런 대의명분론이 감찰을 위주로 한 고찰에 포함되면서 명대 중반 이후의 사회에 복잡한 영향을 미치게 된다.

66 일례로 『漢語大辭典』(漢語大辭典出版社) 10冊, p. 723. '巡按' 항목에서는 巴金의 소설 『家』 12장의 "앞으로 공부를 많이 해서 八府巡按이 되겠다"라는 대사를 인용했다.

제2장
고찰제 강화와 그 영향

1. 고찰의 정착 과정

순무와 순안어사의 일상적 감찰 결과를 인사고과에 반영하기 시작하면서 고찰은 정기적으로 중앙에서 시행되는 조근고찰의 범주를 넘어서서 상시 고과제로 성격이 바뀌게 되었다. 명실록에 기록된 조근고찰의 시행 실태를 검토해보면, 홍무연간 창설된 이래 거의 정기적으로 시행되다가 16세기 중반의 가정 30년(1551)경을 분기점으로 시행 여부에 대한 기록이 누락되거나 불분명해졌고 뒤이은 만력연간(1573~1619)에는 초기를 제외하면 거의 시행 기록 자체가 없어졌다.[67] 이것은 명대 정치의 이완현상을 가져온 가정제와 만력제의 연이은 정치 태만에도 일부 원인이

67 和田正宏, 2002, pp. 568~571. 여기서 洪武 18년(1385)에서 萬曆 29년(1601)까지의 79회의 조근고찰을 참가 인원 및 처분 인원 등으로 나누어 표로 정리했다. 이 연구는 16세기 후반, 嘉靖 30년대 이래의 조근고찰의 이완현상을 탐관오리 숙청이 실패한 결과로 보았지만 감찰권의 강화라는 면에서만 본다면 지방에서 이루어지는 순무 · 순안어사의 고찰에 보다 더 큰 비중을 두어야 할 것이다.

있을 터이다.

그러나 이 기간에도 지방에서는 계속 감찰과 처분이 이루어진 데 주목할 필요가 있다. 즉 지방에서 상시 고찰이 이루어지면서 조근고찰의 의의는 점차 감소했던 것으로 볼 수 있다. 지방관에 대한 기존 고과제가 있음에도 거기에 더해서 '고찰'이 행해졌다는 표현은 바로 감찰관에 의한 이런 상시적 '고찰'을 가리키는 말이다.[68] 특히 원거리 지역에 파견된 순안어사는 임기가 3~4년까지 연장되면서 지방관의 인사업무를 총괄했다. 고찰이 전면에 대두되면서 동일한 임지에서의 장기근속을 바탕으로 한 고만제도는 변화를 맞을 수밖에 없었다.

1) 16세기의 전환점

15세기 중반, 고찰제가 정착되기 시작하면서 기존의 고만제도와 마찰이 발생하기 시작했다. 두 제도는 상호관계를 고려하지 않은 채 고안된 것이었던 까닭에 동시에 적용될 경우, 관료 개인 경력과 관료조직 관리라는 차원에서 예기치 못한 문제가 발생할 수 있었다. 먼저 쟁점으로 떠오른 것은 지방관의 상경 문제였다. 고만에는 3년 임기를 마친 뒤 직접 상경하여 임기 만료를 보고하는 '부경고만'(赴京考滿) 규정이 포함되어 있다.[69] 원래 취지는 지방관들이 자신의 업무 기록을 조정에 직접 제출하는 한편, 행정과 민생에 관련된 중요사안과 지방 민심을 중앙에 전달하는 데 있었다. 한편 고찰은 1장에서 언급한 바와 같이 주현관 이상의 지방관을 3년 1회 소집하여 황제와 직접 대면하는 조근 의례를 기초로 한 제도였다.

---

68 (明)『張居正集』(張舜徽主編, 湖北人民出版社) 卷39, 文集11, 雜著19, p. 670.

69 東京大學附屬圖書館藏, 『皇明條法事類纂』 下卷, p. 453. "外官考滿三年六年, 須要一次到部."

이처럼 두 제도 모두 상경을 의무화했기 때문에 고만과 조근고찰이 겹치면 원칙상 1년에 두 차례라도 수도에 가야만 했다. 단기간 상경이 원천적으로 불가능한 원격지에 대한 배려로서 홍치 3년(1490)에는 운남(雲南)·귀주(貴州) 지방의 동지(同知) 이하의 지방관과 무관은 3, 6년차 고만인 경우에는 포정사 아문에 보고서를 올리는 데 그치도록 했다.[70] 그러나 '상경'은 원거리의 변방은 물론 인근 지역에서도 많은 폐단을 낳고 있었다. 지방관의 수도 행차는 교통비는 물론이고 체제비와 교제비 등 실로 엄청난 경비가 요구되는 대행사였다. 상경 비용은 대부분 임지에서 조달했는데, 그 부담은 부가세 형태로 고스란히 민간에 전가되었다.

더욱이 대부분의 지방관은 수도에 체류하는 기간을 인사 청탁을 위한 인맥 만들기와 교제의 장으로 삼았다. 이 때문에 "조근고찰은 곧 중앙관료들이 세금을 수확하는 시기이다. 지방관들이 금품을 수레에 가득 싣고 와서 이들에게 바친다"라는 식의 신랄한 비판이 돌 정도였다.[71] 고만으로 인한 상경 역시 이와 비슷한 비용이 요구되었음에 분명하다. 또한 상경으로 인한 행정업무의 공백 역시 무시할 수 없었다. 보통 인접지역 지방관이나 하급관료가 임시로 업무를 대신했지만 사무는 적체되고 행정이 마비되기 일쑤였다. 이런 모순들이 불거져 나오면서 현지에서는 상경의 고충을 토로하는 목소리가 높아졌고 지방관의 상경은 어떤 식으로든 제한되어야만 할 형편이었다.

건국 후 약 150년이 지난 정덕(正德) 15년(1520), 왕경(王瓊, 1459~1532)은 고만이 이미 실효성을 잃었고 결국 고찰로 인사고과를 결정해야 한다고 단정 짓고 그 이유를 다음과 같이 설명했다.

---

70 (萬曆)『大明會典』 卷12, 吏部 考覈1, 「凡遠方官考滿」, p. 204. "弘治三年奏准, 雲南貴州地方官, 除方面知府外, 同知以下, 並軍職衙門首領官, 三年六年考滿, 許赴本布政司給由."

71 (明)海瑞, 「興革條例」, '朝覲', 『海瑞集』(中華書局, 1981) 上篇, p. 40.

> 보직에 결원이 있을 경우 고만을 기다리지 않고 승진하는 자들이 많습니다. 이로 인해 세 번 평가한 뒤에 승진한다는 법규는 지켜질 수 없습니다. 3년 1회의 조근고찰이 행해지면 고만 이전에 사임하는 자도 다수입니다. 그 까닭에 세 번 평가 이후에 축출한다는 법규 또한 준수될 수 없습니다. 이미 삼 년 고찰법이 적용되고 있으며 또한 결원이 생겼을 때[遇缺] 추천 임용하는 예도 행해지고 있으므로 모든 관료를 통틀어 9년 임기제가 지켜지는 경우는 극소수에 불과합니다.[72]

왕경은 이런 현실 인식을 바탕으로 지방관들의 '상경고만'(上京考滿)을 중지하고 현지에서 순무와 순안어사가 이들을 평가하여 조근고찰에 의거해서 퇴출을 결정하자고 제안했다. 그의 견해에 의하면 당시 대부분의 지방관들은 이미 승진이나 처분으로 인한 인사이동, 혹은 부모상이나 질병 등의 개인적 이유로 9년간 동일 임지에 머물 수가 없었다. 또 별다른 사유가 없더라도 3년이나 6년 고만이 끝난 뒤에 같은 품급으로 보직이 이동되는 경우도 빈번했다. 왕경은 고만제의 현실적 한계를 지적하고 고찰의 전면 수용이 불가피하다는 점을 설득력 있게 제시했다. 그러나 위정자들은 선뜻 고찰 우선 방침을 공표하기를 꺼려했다. 뿐만 아니라 이와 같은 왕경의 제의는 관료정치의 기강을 무너뜨린 발단이 되었다고 역사적인 비판을 받게 된다.[73] 이런 모순된 현상이 발생한 원인은 어디에 있을까.

사실 '상경고만'은 일찍이 홍무제의 뒤를 이은 건문제(建文帝) 때 폐지가 결정된 바 있다. 건문제는 즉위 후 3년, 6년차 고만 때의 상경을 정지하고 보고서만을 올리게 하는 등 일련의 개혁정책을 발표했다. 그러나 이

---

72 (明)王瓊, 『雙溪雜記』(四庫全書存目叢書 子部 第239冊), pp. 5~6. 이 기사는 (明)張萱, 『西園聞見錄』 卷31, 考察, p. 7에도 그대로 실려 있다.

73 (淸)孫承澤, 같은 책 卷34, 吏部. 考課, p. 557.

정책들은 뒤이어 정변으로 정권을 잡은 영락제가 즉위하면서 1403년 초에 모두 폐기되었고 홍무연간의 구상을 그대로 적용시키도록 했다.[74] 그 뒤 성화(成化)연간(1465~1487)에는 재해나 기근이 발생할 경우 지방관의 상경 고만을 면제하는 임시 조처가 시행되었다. 성화 13년(1477)에 하남(河南)지방의 수재 대책을 위해 지방관 상경을 면제한 사례를 필두로[75] 18년, 20년에도 자연재해로 피해를 입은 지방에 한해서 고만을 맞은 지방관의 상경을 면제한다는 결정을 내렸다.[76] 해당 지방관은 문서만 제출하고 상경 비용은 재해 구제기금으로 전용하라는 것이었다.

그러나 뒤를 이어 즉위한 홍치제는 '고만규정을 어기는 것은 정체(政體)를 손상시킨다'는 이유로 이를 다시 취소했다.[77] 그 뒤로도 몇 차례나 유사한 광경이 되풀이되었다. 실무 담당자들은 고만 상경의 비현실성을 지적하며 이를 폐지할 것을 주장했지만 정부는 쉽게 단안을 내리지 못했다.[78] 일례로 가정(嘉靖) 11년(1532), 남경이부상서 유용(劉龍)이 5품 이하 관원의 상경을 면제해야 한다고 건의했다가 오히려 벌봉(罰俸) 4개월 처분을 받은 일도 있었다.[79] 상경고만의 면제는 가정 16년(1537)에 결정되었

---

74 (明)『太宗實錄』 卷10, 洪武 35年 秋7月 甲午, p. 161.

75 (明)『憲宗實錄』 卷165, 成化 13年 夏4月 乙丑, p. 2995.

76 (明)『憲宗實錄』 卷225, 成化 18年 3月 庚午, p. 3859.

77 (明)徐學聚, 『國朝典彙』(北京: 書目文獻出版社, 1996) 卷48, 給由考滿, p. 910上. 한편 이 견해는 『續文獻通考』 卷46, 選擧에도 그대로 인용되어 있다.

78 (明)『世宗實錄』 卷151, 嘉靖 12年 6月 癸巳, pp. 3451~3452. 嘉靖 6년(1527) 吏部尙書 桂萼은 지방관 고만을 해당 상급 관청의 보고서 제출로 대치할 것을 건의했지만 이미 정해진 법제라는 이유로 각하되었다. 이보다 앞서 가정 4년(1525) 이부상서 廖紀가 지방관의 9년 考滿을 건의해서 세종의 찬성을 얻었던 점을 볼 때 조정에서 고만의 축소가 공개적으로 논의되기 어려웠음을 알 수 있다. 朱健, 『古今治平略』(續修本 756冊) 卷16, 國朝銓選.

79 (明)『世宗實錄』 卷82, 嘉靖 6年 11月 癸未, pp. 1836~1837. 이때 劉龍은, "3년 혹은 6년의 임기가 끝난 지방관은 해당아문에서 이부로 [보고서인] 給由를 제출하는 것이 좋을 것이다"라고 건의했지만 거부당했다. 정부는 "고만은 成法이므로 종래대로 행하는 쪽이 좋다. 지방에 사정이 있는 경우에 한해 해당 관청이 상주하도록 하라. 급유를 위해 상경하는 관료가 지

는데 이 경우에도 조근고찰과 겹쳐지는 경우로 한정시켰고 또다시 26년이 경과한 가정 42년(1563)에 이르러서야 완전 폐지가 결정되었다.[80]

이때 조정에서는 상경고만뿐만 아니라 지방관의 고만 자체가 이미 실효성을 잃었다는 점이 확실히 논의되었다. 이후 포정사·안찰사 이하 주현관들은 순무와 순안어사에게 고만 보고를 해서 자신의 거취를 결정하도록 했다.[81] 왕경의 발언과 같이 16세기 초반에는 이미 지방관의 고만이 희소해졌고 더욱이 조근고찰이 시행되는 상태에서 고만제 자체는 이미 실효성을 잃은 상태였다. 그럼에도 고만 때의 상경 여부만을 놓고도 명조에서는 이렇게 긴 번복의 과정이 이어졌던 것이다. 여기에 대한 해답은 앞서 서술한 바와 같이 고만이 바로 장기근속과 선정을 보장하는 조법의 범주로 인식되었던 데서 찾을 수 있다.

이 문제와 관련해서 15세기 말 홍치제 시기, 조정에서 벌어진 고만과 고찰을 둘러싼 대립을 소개한다. 홍치 6년(1493) 정월, 정례 조근고찰을 맞아 이부와 도찰원은 포정사·안찰사에서 주현관에 이르는 모든 지방관을 상대로 한 고찰 결과를 황제에게 보고했다. 전국 대상의 고찰에서 지방관 1,400명과 잡직(雜職) 1,135명이 '노쇠 및 질병'(年老有疾), '태만과 불성실'(罷軟不謹), '탐혹'(貪酷), '재능과 힘이 모자람'(才力不及) 등으로 파직 혹은 강등 대상으로 판정받았다. 이 보고를 받은 홍치제는 이례적으로 시정 명령을 내렸다.

방에서 여비를 거두는 관행은 금지해야 한다"고 했다. 그러나 여기서 '赴京考滿'이 해당 관청, 즉 각 지방 순무와 순안어사의 판단에 의해 조절될 수 있다고 인정한 점은 주목된다.

80 (明)『世宗實錄』卷528, 嘉靖 42年 12月 庚戌, p. 8614.

81 萬曆 43년(1615)부터 4년간 광동성에 파견된 순안어사 田生金의 경우, 4년 동안 3명의 方面官과 32명의 府州縣 正官의 고만보고를 처리했는데 대부분 稱職 판정을 내렸다. 같은 기간 동안 수시고찰에 의해 천거된 인원은 약 50명, 탄핵은 34명 정도에 이른다. 梁爾銘 2005, pp. 56~74, 附表 참조.

대상 지방관 중 아직 3년 임기가 끝나지 않은 자는 처분을 면제하는 한편, 처벌 기준이 공평했는지 여부를 재조사하도록 했다. 홍치제는 여기서 선조들이 인재를 아껴 관료들에게 잘못을 고칠 수 있는 기회를 주었던 점을 환기시켰다. 그리고 고만을 원형 그대로 적용하여 3, 6년 고만에서 '보통'과 '부적합' 판정을 받은 관료를 모두 복직시켜 9년을 기다린 뒤 강등 및 퇴출을 결정해야 한다는 지시를 내렸다.[82] 즉 지방관 개개인의 고만 여부를 조사하여 이를 고찰 결과보다 우선시하는 한편, 고찰로 부적격 판정을 받은 관료들에게도 재심 기회를 부여한 것이다. 한편 이 결정은 법령으로 정해져 행정법전인 회전에도 실렸다.[83]

이 명령은 이부가 실행한 고찰 업무를 정면으로 부정한 것이었기 때문에 이부 책임자인 상서 왕서(王恕, 1416~1508)는 여기에 반대 입장을 밝혔다. 그는 "부주(府州) 이하 지방관들 중에는 성실하고 정직한 자가 있는 반면에 탐욕스럽고 무능한 자도 적지 않습니다. 만약 3년 임기를 채운 뒤에야 처분을 내린다면 이들이야 당연히 감격할 것임에 틀림없지만 백성들은 원망하며 한탄할 수밖에 없을 터입니다"라고 그 부당함을 주장했다.[84] 그러나 이런 반대에도 불구하고 황제는 대상 관료 중 임기가 남아 있거나 탄핵 혐의가 애매하다고 판정된 경우에는 처분을 면제하여 90여 명의 지방관을 구제했다.

황제가 이렇게 적극적으로 이부의 고찰 업무에 이의를 제기한 데에는

---

82 (明)『孝宗實錄』 卷71, 6年 正月 己丑, p. 1338. "上曰, 人才難得, 事貴得實, 人貴改過. 祖宗愛惜人才, 凡百官考滿, 初任再任有平常不稱者俱令復職, 必待九年, 然後黜降." 이와 관련된 기사는 『明史』 卷71, 選擧3에도 올라 있다.

83 (萬曆)『大明會典』 卷12, 考覈, 「凡府州縣官考滿」, p. 203. "弘治二年奏准, 有司官考覈詞語, 雖不開. 稱職平常不稱職字樣, 初考二考, 就與定稱否, 引奏復職. 三考, 仍候行查定奪. 全無考覈詞語者行查. 差錯官吏, 俱照例參問."

84 (明)『孝宗實錄』 卷71, 弘治 6年 正月 己丑, p. 1338.

당시 내각대학사(內閣大學士) 구준(丘濬, 1418~1495)의 영향이 결정적이었던 것으로 전해진다. 구준이 자신의 정치적 이상을 담은 『대학연의보』(大學衍義補)를 홍치제에게 헌정하여 황제가 크게 감명을 받았다는 것은 널리 알려진 사실이다.[85] 구준의 저작에는 고찰에 대한 비판과 고만 지지의 주장이 명확하게 드러나 있다. 3년 임기와 3회 임기 종료의 고만제는 바로 유교적 이상을 실현한 제도로서[86] 법적 정통성을 갖고 있다고 강조했다. 그는 자신의 주장을 이렇게 피력했다.

> 신이 살피건대 무릇 3년이라는 기한은 천도(天道), 즉 하늘의 흐름이 한 번 변하는 시점입니다. 9년이 되면 세 번의 변환점을 거칩니다. 즉 천도가 세 번 변화한 연후에 비로소 인사를 결정하는 것입니다. [……] 잠시 동안 사람을 현혹시킬 수는 있지만 길어지면 드러나지 않는 바가 없습니다. 3년, 6년 동안 정치를 행해서 변함이 없다면 어느 정도 대략은 알 수 있겠지만 그 이후에 대해서는 어떻게 판정할 수 있겠습니까. 만약 9년 동안 변함이 없다면 필시 종신 변함이 없을 터이므로 이때 진퇴를 결정합니다. 성인이 만든 법은 이처럼 완만하면서도 상세하고, 상세하면서도 철저하므로 만 년 동안 이어질 법도로 삼을 만합니다.[87]

---

85 『大學衍義補』는 成化 23년(1487)에 완성되어 弘治帝가 즉위할 때 황제에게 헌정, 간행되었다. 弘治 4년에는 책의 내용 중에서 실행 가능한 정책을 즉시 시행하도록 건의해 재가를 얻었다. 丘濬은 이 공적으로 인해 예부상서로 승진했다. 이 책은 중국뿐 아니라 조선으로 수입되어 18세기 正祖가 폐정 개혁을 위한 전거로 삼은 점도 특기할 만하다. 윤정분, 『中國近世經世思想硏究: 丘濬의 經世書를 중심으로』(서울: 혜안, 2002), pp. 273~275.

86 (唐)孔穎達疏, 『尙書正義』(北京: 北京大學出版社, 1999), 「舜傳」에 대한 漢代 孔安國의 傳에 따르면 '三考九載'에 대해 9년이 되어야만 사람의 賢否와 일의 득실을 알 수 있다고 설명했다. 한편 朱子의 제자인 南宋 蔡沈의 해석본 『書集傳』에서도 동일한 해석을 취했는데 이런 해석이 『大學衍義補』에도 그대로 수용되었다.

87 (明)丘濬, 「嚴考課之法」, 『大學衍義補』(文淵閣本, 712冊) 卷11, 正百官, p. 152.

구준에 의하면 인사란 결국 하늘의 이치와 조화를 이루어야 하는 터, 평가자의 선부른 오판을 방지할 수 있는 9년이란 시간은 인간이 충분히 자신의 능력을 내보일 수 있는 필요조건이었다. 구준의 이 발언은 안정된 임기와 평이한 평가방식을 고수하는 고만제 지지자들의 정서를 유교이념으로 뒷받침해주는 역할을 했다. 당시 정계에서 대립 관계에 있던 구준과 왕서는 이 사안을 놓고도 갈등을 빚었고 결국 왕서가 관직을 떠나는 데도 영향을 미쳤음에 분명하다.[88] 실무를 맡은 이부상서 왕서는 고찰을 원칙대로 시행하려는 입장에 섰지만,[89] 도덕정치의 실현을 목표로 했던 홍치제는 고만을 원래대로 복원해야 한다는 구준의 의견에 공감했던 것이다.

이 사건은 그 뒤 '법제'(法制)가 지켜져 선정이 실현된 사례로 명대의 평자들이 즐겨 인용하는 본보기가 되었다. 가정연간 남경 이부상서로 고찰업무를 맡았던 호세녕(胡世寧, 1469~1530)은 자신이 수행한 고찰업무에 오류가 있었다고 자인하면서 이 사례를 모범적인 전례로 들었다. 그 자신이 대학사 서계(徐階, 1494~1574)로부터 다음과 같은 이야기를 전해 들었다고 한다. '이전에 홍치제가 대계(大計)에서 처벌 대상자 중 90여 명을 구제했다. 이부상서 왕서는 여기에 반대해서 근방 주현에 편지를 보내 직접 조사를 실시했는데, 그 결과 구제된 전원이 모두 황제의 판정과 같이 결백했다는 것이 판명되었다. 왕서는 더 이상 이의를 제기하지 못하고 황제에게 승복할 수밖에 없었다'는 것이다.[90] 인사고과에 대한 홍치제의 온정주의적 입장은 이처럼 여러 경로로 전승되면서 고찰제의 부당함을 바로잡은 전거로 남게 되었다.

88 『明史』 卷182, 列傳17, '王恕', pp. 4835~4837.

89 (明)王恕, 「爲嚴考察以勵庶官疏」(弘治元年, 2月19日), 『皇明條法事類纂』 上, p. 465 참조. 王恕는 여기서 考察을 보다 철저히 시행할 것을 주장하였다.

90 (淸)孫承澤, 같은 책, 卷34, 吏部, 考課, p. 559.

2) 고찰 강화론의 입장

홍치연간은 인사 제도의 전반적인 흐름에서 볼 때 고찰제도가 시행되면서 종래의 고만제가 변화의 단서를 보인 전환기에 속한다.[91] 홍치제 스스로 고만을 수호하는 복고주의의 선두에 섰지만 이 방침이 오래 지속될 수는 없었다. 황제의 신념과 직권으로도 고만의 쇠퇴와 고찰의 강화 추세는 막을 수 없었다. 불과 9년 뒤인 홍치 15년(1502), 정기 조근고찰을 맞아 황제는 다시 처분당한 관료 중 억울한 사례를 가려 재심하도록 명령했다. 당시 이부상서 마문승(馬文升, 1462~1510)은 일단 재조사에 착수했지만 고찰 결과를 그대로 수용해야 한다고 주장했다.

> 대개 천하의 인재는 한 사람의 총명함만으로는 널리 알기가 어렵습니다. 그런 까닭에 [군주는] 혼자서 인재를 판단하지 않고 그 일을 이부에 맡기고, 또 도찰원에 의뢰한 것입니다. 이들 기관에 있는 여러 사람의 총명함으로도 역시 두루 잘 알기는 어려운 까닭에 여기서도 직접 판단하지 않고 공론(公論)에 의지합니다. 공론이란 무엇입니까? 이것은 바로 간관(諫官)들이 논의를 거쳐 제시한 내용, 지방행정 담당자들의 보고, 그리고 많은 사람들이 의논한 바와 직접 견문한 것들이며 널리 중론을 모아 참고로 한 것입니다. 이부에서 불가하다고 반대하는 바를 도찰원에서 함부로 고집하지 못하며 반대로 도찰원이 허가했더라도 이부가 불가능하다고 보면 역시 쉽게 시행할 수 없습니다. [이 과정을] 상호 반복하고 참고로 삼아 오류가 없도록 하는 것입니다. [……] 폐하는 어찌 직무를 다하지 못한 몇몇 관료만을 애석히 여기며 천하의 수백만 민생이 곤궁에 빠지는 것은 가련히 여기지 않는다는 말입니까.[92]

---

91 (明)胡世寧, 「守令定例疏」, 『明經世文編』 2冊, 卷133, p. 1314에서는 弘治연간을 전후로 명대 고과정책에 큰 변화가 있었던 것으로 보았다.

92 (明)張萱, 『西園聞見錄』(續修本, 1169冊) 卷31, 黜斥, p. 13. "蓋天下人才, 一人之聰明, 或不

마문승은 고찰의 장점으로 '공론'과 공개 논의 절차에 의한 정당화라는 요소를 등장시켰다. 여기서 공론이 기본적으로 많은 사람들에게 공개하여 논의를 거치는 과정을 통해 공정성을 확보한다고 전제한 것은 주목할 만하다. 즉 고찰은 황제 한 사람에서 복수의 인사 관련 부서로 판단의 주체를 넓히고 다시 그 범위를 공론으로 확산시킨 제도라는 것이다. 마문승은 이어서 황제가 고찰 처분을 받은 몇 명의 관료를 애석히 여기는 자의적인 '인정'(仁政)이 곧 수많은 민의를 거슬리는 학정으로 변한다고 경고했다. 이것은 고찰을 완화시켜 관대한 정치를 펴려고 한 이상주의에 대한 엄중한 비판이기도 했다.

이때 도찰원 좌도어사(左都御史) 대산(戴珊)과 인사 실무를 담당하는 이부 고공낭중(考功郎中) 양단(楊旦) 역시 황제의 명령이 비현실적이라는 의견을 제기했다. 이들은 만약 고찰을 완화할 경우, '선도'(選途) 곧 관료 임용로의 정체가 심각해지며 탐관오리의 처벌이 불가능하다는 점을 들어 고찰이 더욱 강화되어야 한다고 밝혔다.[93] 홍치제는 앞서의 경우와 달리 마문승의 건의를 받아들였다. 인사고과 담당기관의 합의된 주장 앞에서 황제의 이상론은 그 입지를 잃고 만 것이었다.

한편 여기서 이들 관료들이 제기한 논의와 공론에 의한 관료평가라는 발상은 감찰관 고찰 활동의 정당성을 보장하는 논거로 명대 전반에 걸쳐 효력을 발휘했다. 실제로 홍치 6년(1493)에는 조근고찰 후 육과(六科) 급사중(給事中)과 십삼도(十三道) 감찰어사로 구성된 과도관(科道官)들에게 인

能偏知也. 故不自用而付之吏部. 又付之都察院. 吏部都察院數人之聰明, 又不能偏知也, 不自用而付之公論. 公論者何. 諫官之所論列, 方岳之所開報, 與衆人之所議論, 耳目之所聞見, 參之於衆, 審之於獨. 吏部之所不可, 都察以爲可則不敢去也. 都察之所可, 吏部以爲不可亦不敢去也. 參互反覆, 以求無負乎朝廷付託之意. [……] 陛下以此不職之數人爲可惜, 則天下數千百萬困苦之蒼生, 獨不可惜乎."

93 (明)朱健, 『古今治平略』(續修本, 756冊) 卷17, 國朝考課, pp. 659~660.

사 과정에서 발생한 과오나 누락을 찾아내어 탄핵할 권한을 부여한 습유제(拾遺制)가 도입된 바 있다.[94] 이 조처는 그 바탕에 공론 확보를 위한 공동 감찰활동과 논의라는 발상이 깔려 있다는 점에서 주목된다. 그러나 감찰관의 인사권 개입을 보다 강화시킨 습유제는 시행 과정에서 여러 가지 문제점을 드러냈다. 명대 말기로 갈수록 과도관들은 품급과 지위가 높은 중앙관료의 인사에 개입하여 자신들의 승진을 도모하거나, 혹은 이동이 쉽게 결정되는 같은 품계의 육부 소속 관료에 대해 습유권을 남용하는 사례가 많았다고 한다.[95] 또한 감찰관 상호간에는 거의 습유권을 행사하지 않는 등, 상호간의 유착현상도 빚어졌다.

그러나 시점을 뒤로 옮기면 만주족이 지배세력으로 등장한 청조에서 감찰권의 향방을 놓고 공방이 벌어졌을 때, 한인 문인관료들 사이에서 습유는 감찰권을 수호하는 이념적 보루로 간주되었다. 당시 청조 감찰관들의 주장에 의하면 습유제의 시행은 인사 과정에서 공정한 여론을 반영하기 위한 필수적인 조건이었다. "공론이 밝게 드러나지 않으면 불초한 자들이 요행을 바라며 스스로 돌이켜 반성하지 않을 터이니, 어떻게 직무와 법령을 엄격히 바로 집행할 수 있겠는가"라는 주장이 단적으로 말해주듯이,[96] 습유제의 특징은 고찰의 전 과정을 과도관의 공론에 의해 재검토하여 공개 여론화하는 데 있었다. 즉 이 제도의 저력은 공개성 및 합의 원칙에 대한 신뢰와 우대에 있다고 보아도 될 것이다. 이는 비단 감찰관의 권한을 유지시킬 뿐 아니라 관료사회의 여론에 의한 공개 정치를 이상으로

---

94 (淸)孫承澤, 『春明夢餘錄』(北京古籍出版社, 1992) 卷25, 六科, pp. 390~391.

95 (明)管志道, 「管東溟奏議」, 『皇明經世文編』 卷399, p. 4324.

96 (淸)楊雍建, 「題爲請復拾遺之舊典事」, 『西臺奏議』(道光25年 海寧楊文蓀述鄭齋重刊本), pp. 3~5. 楊雍建은 청대 順治 연간(1644~1661)에서 康熙帝 즉위 초반에 걸쳐 吏科 · 禮科 · 兵科 급사중을 차례로 역임하면서 언관으로 이름을 떨쳤다.

했던 명대의 독특한 정치 풍토를 재현하는 가장 유효한 요소이기도 했던 것이다.

한편 공론에 대한 신뢰는 비단 고찰에서 한정된 것이 아니라 명대 전반에 걸쳐 정당성이 인정된 것으로 보아도 좋을 것이다. 명대 고위직 관료의 인사는 회추(會推)라고 불리는 독특한 협의 과정을 거쳐서 결정되었다. 이 제도는 원래, "고관 중에서 구설수에 올라 청의(淸議)에 저촉된 경우는 후보가 될 수 없다. 이것은 함부로 승진하는 풍조를 막고 큰 그릇을 소중하게 여기기 때문이다. 그 중에는 간혹 풍문에 의거했더라도 역시 서서히 논의가 결정될 때까지 기다린다"[97]는 발상이 바탕에 깔려 있다. 황제는 회추를 비롯한 관료인사의 주재자이며 최종 결정자였지만 공론과 청의의 바탕 위에서만 재가를 내릴 수 있었던 것이다.

이와 같이 고만의 장기근속과 상경을 통한 중앙과의 연결이라는 측면은 고찰 시행과정에서 현실성을 잃게 되었다. 그러나 고찰 역시 공론 형성과 여론의 반영이라는 유교적 이상을 준거로 삼고 있었다. 바로 이런 점에 입각해서 인사행정의 실무 담당자들은 홍치제의 온정적 도덕주의에 맞서서 고찰의 정당성을 주장할 수 있었다. 이후 인사고과는 3년, 6년의 고만 임기보다 고찰 결과에 의해 좌우되는 현상이 두드러졌다.

2. 관료조직의 신진대사와 고찰

지금까지 고찰제도를 지지하는 두 가지 명분을 확인할 수 있었다. 첫째는 정부가 공식적으로 밝힌 바와 같이 탐관오리의 축출과 기강숙정이라

---

97 (明)伍袁萃, 『林居漫錄』(臺北: 偉文圖書出版社, 1976) 別集, 卷5, p. 301.

는 점이다. 이것은 명대 말기까지 정부가 폐정 개혁의 의지를 천명할 때 일관되게 되풀이된 내용이기도 했다. 두 번째는 앞의 마문승의 주장과 같이 고찰제도가 관료조직 내부뿐만 아니라 공론에 의한 검토와 협의를 거친다는 점에서 보다 공정한 평가 방식이라는 주장이다. 고찰의 영향력 확대는 공론의 담당자인 감찰관의 권한이 강화되는 과정과 일치했다. 여기서 현지에 파견된 감찰관들이 수집한 정보는 민간 여론을 반영하는 귀중한 자료 또는 연결점으로서 우대받을 수 있었다.

그러나 감찰관이 인사 과정을 주도하는 현상이 반드시 민의를 통해 공정성과 개방성을 확보한다는 이상적인 차원에서만 진행된 것은 아니었다. 당시 고찰 실시 목적에 대해 완전히 별도의 관점에 입각한 논의들이 제기되고 있었다. 앞서 고만제의 이념적 정당성을 설파했던 구준은 한창 성행하고 있던 고찰에 대해서, "[이 제도는] 근래 관료의 선발과 이동에 적체가 있었기 때문에 소통의 방법으로 이용되었을 뿐이다"라고 단언한 바 있다.[98] 즉 고찰은 관료의 기강숙정 차원이라기보다는 관료조직의 수요와 공급을 원활히 하기 위해 시행되었다는 것이다. 이것을 보다 구체적으로 표현한 다음 기사를 살펴보자.

본래 고찰의 처음 목표는 대개 조사와 규찰, 탄핵이 미치지 못한 부분을 보충하여 인사이동의 적체를 소통하기 위한 것이었다. 만약 앞서 관직을 얻은 자들이 오랫동안 봉록과 지위를 향유하여 대기자들의 진로를 막지 않는다면 뒤에 관료가 되려는 자들 역시 공평하게 혜택을 입어 누추한 집에서 늙어 죽는 일은 없을

98 (明)丘濬, 『大學衍義補』, 卷11, 正百官, 「嚴考課之法」, pp. 156~157. "[……] 近歲爲因選調積滯, 設法以疏通之. 輒憑巡按御史開具揭帖, 以進退天下官僚, 不復稽其實蹟, 錄其罪狀, 立爲老疾罷軟貪暴, 素行不謹等名, 以黜退之, 殊非祖宗初意. 按舊制官員考滿給由到部, 考得平常及不稱職者, 亦皆復任, 必待九年之久, 三考之終, 然後黜降焉. 其有緣事降職除名, 亦許其伸理, 雖當臨刑, 亦必覆奏, 其愛惜人材, 而不輕棄絶之如此, 可謂仁之至, 義至盡矣."

> 것이다. 그러나 관료가 되는 길이 단지 진사 출신에게만 열려 있는 것이 아님에도 불구하고 거인과 감생 출신은 처음 고찰에서 열 명에 두세 명 정도가 쫓겨난다. 다음번 고찰에서는 열에 여섯, 일곱이 축출당하고 세 번의 고찰을 거쳐 남는 자는 열 명에 하나 정도이다. 잡류(雜流)는 말할 여지도 없다. 초기 홍무·영락제 치세 이래 무릇 모든 관청의 조근고찰을 명령하여 이부와 도찰원에서 근무 성적이 가장 나쁜 자들을 축출하도록 했는데 처음에는 수십 명에 불과했다. 그 후 이부는 사람들의 말을 두려워하여 애써 많은 관료를 축출하는 것을 공정함으로 여겼다. [……] 이 법은 이로움이 열 가지면 해로움은 세 가지이니 이익은 적고 해는 크다. 이 법은 적체 인원의 소통과 원거리 인사이동을 편하게 할 따름이다.[99]

그 자신 거인 출신으로 평생 뜻을 펴지 못했던 주건(朱健, ?~1646)은 고찰제가 강화되는 현상이 관직의 적체현상을 해결하려는 데 불과하다고 주장했다. 위의 내용과 같이 '애써 많은 관료를 축출하는' 고찰제는 이미 관직에 나아간 기존 관료군들을 솎아내어 관료가 되기를 원하는 '뒤에 관료가 되려는 자들'로 교체시키는 역할을 한 것으로 인식되었던 것이다. 사실 고찰이 관료의 인원 조정에 이용될 수 있는 가능성은 일찍부터 정부측 인사 실무자에 의해서도 이야기된 바 있다. 영락연간, 이부상서 건의(蹇義, 1364~1435)는 당시 관직에 결원이 없어서 그해 선발된 진사들이 관직에 임용되지 못하는 상황을 시정해야 된다면서 상사가 인사고과를 엄

---

99 (明)朱健, 『古今治平略』, 卷17, 國朝考課. p. 656. "夫原考察之初意, 蓋以補按問糾劾之所遺, 以疎通遷調之積滯. 使先進者不得久據祿位, 而壅閼仕途, 後來者, 皆得均沾一命, 不至老死牖下. 然仕途惟進士出身不限, 其擧人·監生每榜所選, 初一考察, 卽十黜去二三矣. 再考察, 十已黜去六七矣, 經三考察不去者, 十一而已. 況雜流乎. 初洪永以來, 凡百司朝覲, 命部院考其不職之尤者乃黜之, 不過數十人, 其後吏部患人言, 務以多黜爲公, 至弘治初幾二千人矣, 至近年所黜遂踰三千幾至四千, 視國初不啻百倍矣. [……] 此法之行, 利一而害三, 利小而害大. 此法止便於疏通遠調而已." 朱健은 자는 子强, 江西 進賢 출신이다. 거인신분으로 누차 公車상소를 올렸으나 뜻을 얻지 못하다가 崇禎연간에 福建 邵武府 推官으로 임용되었다.

격히 함으로써 나태와 불성실 및 연로 · 질병 · 탐욕 · 오직을 범한 관료들을 샅샅이 적발해내야 한다고 건의했다.[100] 즉 일시적으로 관직 수급에 적체현상이 일어날 경우에 기존 하급관료들에 대한 단속을 강화할 가능성은 항시 존재하고 있었던 것이다.

앞서 홍치 6년(1493)의 조근고찰의 예에서 구준이 고찰 비판론을 폈던 데는 이런 현상에 대한 우려가 바탕에 깔려 있었다. 그는, "옛 요순시절에는 삼년평가와 삼고출척(三考黜陟)이 행해졌지만 지금은 반년을 채 넘기기도 전에 관료가 쫓겨난다. 이것은 사람들의 풍문에 의지한 것인데 풍문이 반드시 진실이라고는 할 수 없다. 옛 성현의 법에 위배될 뿐 아니라 조상이 만든 제도를 거스르는 것이다"라고 '풍문'에 의지한 고찰이 관료들의 교체를 촉진시키는 현상을 지적했다.[101] 이와 같이 고찰 강화의 이면에는 관료제 유지를 위한 보다 현실적인 요소가 작용했던 것이다. 관료의 수요공급 조절 문제와 관련해서 당시의 실정을 살펴보면 이 입장은 한층 더 설득력을 발휘한다.

명대 전반에 걸쳐 관료 정원에 비해 관료가 되기를 원하는 학위층들의 수는 점차 증가했고 중기 이후에는 그 폭이 더욱 커지고 있었다.[102] 명대

---

100 (明)蹇義, 「銓官事宜疏」, 『明經世文編』 1冊, 卷14, p. 99.

101 (明)朱健, 『古今治平略』, 卷17, 國朝考課. p. 658.

102 명대 중기 이래 관료의 정원에 비해 방대한 후보자가 존재했다는 것과 관련해서는 다음 연구를 참조했다. Ho, Ping-ti, *The Ladder of Success in Imperial China, Aspects of Social Mobility, 1368~1911* (Columbia University Press, 1962)을 들 수 있다. 여기서는 Ho, Ping-ti, 조영록 외 역, 『중국과거제도의 사회사적 연구』(동국대학교출판부, 1987), pp. 193~211 참조. 다음 연구에서도 유사한 사실들이 지적되었다. Chung-li Chang, *The Chinese Gentry: Studies on Their Role in 19th Century Chinese Society* (Univ. of Washington Press, Seattle, 1955) Part 2; *A Numerical Analysis of the Gentry of 19th Century China*, p. 72; 張仲禮 · 金漢植 외 공역, 『中國의 紳士』(서울: 신서원, 1993), p. 72; 오금성, 『중국사회경제사 연구: 명대 신사층의 형성과 그 사회경제적 역할』(일조각, 1986) 참조.

는 학교제와 과거제가 제도적으로 연결되어 전국적으로 방대한 수의 관료후보군이 양산되었다. 건국 초기 약 백 년간은 사회적 불안정과 함께 관료 · 지식인층에 대한 가혹한 숙정이 계속되어 관직이 수요에 비해 부족한 일은 벌어지지 않았다. 그러나 그 뒤 관료의 공급원이 되는 과거 및 학교제가 정비되면서 관료 희망자의 수는 증가 일로에 있었다. 그 결과 명대 문관의 수는 약 2만 5천 명 정도로 추정되지만, 관료가 될 기회를 얻지 못하고 향리에 적체된 학위 소지층은 15세기 전반에 7만 명에서 16세기 말에는 51~52만 명으로 폭발적 증가 추세를 보이는 것으로 추산된다.[103]

이와 같은 관료 공급 과잉현상은 명대 중기 이후 커다란 사회문제가 되었다. 주건이 시사한 관료 수급의 불균형은 바로 이런 현상을 적시한 것이었다. 명대의 관직과 관료 희망자 간 수급 관계는 초기의 안정적 단계를 벗어나 곧바로 균형이 깨지기 시작했다. 명조가 건국한 뒤 15세기 초에 이르는 50여 년은 관직의 수요와 공급이 안정된 시대로 관직에 비해 오히려 후보의 수가 적어서 관료의 임기는 비교적 길었다. 그 뒤 50년, 경태연간(景泰: 1402~1449)에 접어들면서 관료정치 체제가 안정되었고 임기도 현저히 단축되었다.[104] 관료집단의 성격과 초기에 통용되던 규칙들도 모습을 바꿔갔다. 먼저 관료 임용을 둘러싼 경쟁이 격렬해지면서 구성원들의 출신 자격이 차츰 한정되기 시작했다.

잘 알려진 바와 같이 명대에는 '삼도'(三途), 즉 관료가 되기 위한 세 종류의 자격이 있었다. 각 기록마다 조금씩 내용이 다르지만 명대 초반에는 천거(薦擧)와 진사(進士) · 거인(擧人) · 공생(貢生), 그리고 이원(吏員)의 세

---

103 오금성 1986, p. 54 참조.

104 James B. Parsons, 1969, p. 178.

자격을 가리켰고 중반 경부터는 천거가 없어지고 진사와 거인 · 공생[105]이 분리되었다. 또 이원은 관료 임용 대상으로서의 실질적 자격이 상실되었다. 이 중에서 과거시험의 최종 합격자인 진사 출신은 최고의 엘리트 집단으로 임관과 승진에서 가장 유리한 입장에 있었다. 진사 정원은 건국 초 100명에서 150명 정도였다가 성화연간(1465~1487)부터 350명에서 400명 정도로 늘어났다.[106] 즉 초기의 100명에서 약 세 배 이상 인원이 증가했지만 15세기 후반부터는 더 이상 증원되지 않고 그 수준에 머물렀다. 진사 출신 중 성적이 뛰어난 상위 그룹은 명대 초기에는 대부분 한림원(翰林院) 학사나 도찰원의 감찰관으로 임용되었다. 그러나 명대 중반 이후에는 진사 출신 주현관 중에서 높은 평가를 받은 선택된 자들만이 감찰관으로 승진할 수 있었다.[107] 이들 역시 중앙 부서의 수요가 줄어들면서 대부분 주현관으로 임용되기 시작했는데 여기서도 여전히 진사 출신은 일정한 우대를 받았다.

여기서 동일한 품급으로 설정된 주현관 보직 내부의 차등화 현상에 대해 잠깐 알아본다. 원래 부주현은 통치 난이도의 차이에 따라 '번간'(繁簡)의 구분이 설정되었다. 홍무 14년(1381)에 정해진 규정에 의하면 사무가 많고 복잡함을 일컫는 '번'은 부의 경우 전량 15만 석 이상, 주는 7만 석, 현은 3만 석 이상으로 규정되었다. 그밖에 왕부(王府)와 포정사 · 안찰사 · 도지휘사(都指揮司)의 소재지, 군대와 군마 주둔지와 역전, 변경의 요충지와 수도 등도 업무가 복잡한 '사번'(事繁) 지역으로 분류된다. 전량과

---

105 貢生은 생원 중에서 우수한 인원을 선발, 국자감에 입학시키고 관료로 임용될 자격을 부여한 집단을 말한다. 시험을 통해 뽑힌 正途 출신인 歲貢生 · 恩貢生 · 拔貢生 · 優貢生 · 副貢生 등과 捐納으로 공생 자격을 구입한 例貢生으로 나뉜다.

106 劉曉東, 「科擧危機與晚明士人社會的分化」(濟南: 山東大學學報, 2002−2), pp. 105~106.

107 沈德符, 『萬曆野獲編』 卷22, '邑令輕重' p. 579.

업무가 간단한 '간소'(簡小) 지역은 '번요'(繁要)에 비해 인사고과에서 차이가 있다. 즉 간현(簡縣)의 칭직과 번현(繁縣)의 평상은 같으며 한 단계씩 차등이 나도록 평가를 받았다.[108]

경제 · 문화적으로 번성한 지역의 주현인 번요결(繁要缺)은 대부분 진사 출신을 임용했고 거인 출신은 그 다음의 간소결(簡小缺)을 얻게 된다. 최하는 공생(貢生)으로 가장 열등한 지역에 배치되었다. 또한 광서(廣西)나 운남(雲南) · 귀주(貴州) 등 원거리 난치 지역으로 파견되는 것은 거의 언제나 거인이나 공생 출신이었다.[109] 이런 승진 경로로 인해 감찰관들과 진사 출신 간에는 인맥과 학맥을 매개로 한 독특한 유착관계가 생겨났다. 고찰이 유독 진사 출신에게만 관대했다는 비판은 이런 점에서도 상당한 근거가 있다.

한편 향시(鄕試) 합격자인 거인 출신 역시 자격만으로도 관료가 될 수 있었다. 관료의 공급 과잉 문제를 불러일으킨 것은 엄청나게 증가하는 이들 거인과 공생 집단이었다. 거인 출신은 자격만으로 관직에 나아갈 수 있었지만 희망자 수가 직책을 훨씬 상회했기 때문에 관직을 얻지 못한 채 적체되는 인원이 증가 일로에 있었다. 거인을 선발하는 향시 합격자 수가 고정되기 시작한 경태(景泰) 4년(1453)에는 일회 1,145명 선이 유지되었다. 향시 경쟁률은 점점 높아갔고 이에 따라 수도에서 치러지는 회시(會試) 시험의 경쟁률도 건국 초기에 비해 수십 배 높아졌다. 공생의 경우는 더욱 심각해서 시험을 거쳐 거인이 되기 위해서는 합격률이 겨우 3.3%

---

108 (明)『太祖實錄』 卷139, 洪武 14年 10月 壬申, pp. 2197~2199; 『明史』 卷71, 第47, 選擧3. p. 1723; 『欽定續通典』, 卷19, 選擧3, 歷代制下, (明考續附) "凡府以十五萬石以上, 州七萬石以上, 縣三萬石以上, 或親臨王府都布按三司, 并有軍馬守禦路當驛道, 邊方衝要供給處爲繁, 其田糧不及僻靜處爲簡, 繁簡或不相當, 則許互調, 謂之調繁調簡. 在京諸司俱從繁例. 太祖洪武十四年制."

109 趙翼, 「有明進士之重」, 『陔余叢考』 卷18, p. 345.

정도에 불과한 치열한 경쟁을 거쳐야 했으므로 대체로 거인 1명당 공생 30명 정도가 적체되어 있는 셈이었다.[110]

국자감 학생을 지칭하는 감생은 거감(擧監)과 공감(貢監), 즉 국자감에 재적 중인 거인과 공생까지 포함하는 넓은 개념의 관료 자격이다. 감생들 상당 부분은 재정 결손을 막기 위해 민간에 기부금 입학을 허용한 연납(捐納)을 통해 입학한 예감생(例監生)들로 이루어졌고 중기 이후 그 비율은 더욱 늘어났다. 명조는 15세기 말, 경태연간 이래 군사 · 재정 위기 때마다 연납을 시행해서 재정난의 타결책으로 이용했다. 그 결과 감생의 숫자는 점점 더 늘어나서 명대 말기에는 감생의 7할 정도가 예감이었고 이부에 등록한 상태로 임용대기 중인 인원이 수만 명에 이르렀다고 한다.[111] 후기로 갈수록 감생 출신이 관직을 얻기는 더욱더 어려워졌고 특히 연납감생들은 관료로서의 자질과 청렴도가 떨어지는 것으로 악명을 얻었다.

마지막으로 관료 수급문제에서 큰 비중을 차지하지는 않지만, 이원은 각 관청에서 실무를 맡는 행정보조관인 서리 출신을 말하며 전통적으로 반관반민(半官半民)의 이중성을 지닌 가장 한미한 자격이었다. 이들에게는 홍무 31년(1398)부터 9년 고만 후에 관직을 얻도록 허용되었다. 구체적으로는 지방 관청의 이원은 6년을 거치면 중앙으로 진출할 수 있었고 다시 3년 뒤에는 관료 임용이 가능하도록 했으며 이들에게도 역시 연납이 허용되었다. 건국 초기에는 고위직으로 진출한 사례도 있었지만, 정통(正統)연간(1436~1449)부터 지부(知府)로 임용되는 것을 막았고 임관의 한계

110 劉曉東, 2002, p. 106.

111 谷光隆, 「明代銓政史序說」(『東洋史研究』 23−2, 1964), p. 80; 「明代監生の研究: 任官の方途について」 1, 2, 『史學雜誌』 73−4, 6, 1964); 서인범,「明 중기 捐納制에 대하여: 연납액의 지역차 및 그 비중 등을 중심으로」(『동양사학연구』 72집, 2000); 「명 중기 捐納入監에 대하여」(『역사학보』 185집, 2005).

가 7품까지로 한정되어 경쟁선상에서 일찌감치 제외되었다.

결과적으로 관료예비군의 증가로 인해 가장 큰 문제가 발생했던 것은 거인 · 공생 출신들이 주로 임용되던 주현관직이었다. 당시 기록에 의하면 명대 전반에 걸쳐 주현관 10명 중 7, 8명이 거인 · 공생 출신이었고 2, 3명 정도가 진사 출신이었다.[112] 여기에 수많은 거인 · 공생 출신이 관료예비군으로서 포진하고 있었던 까닭에 당시 평자들은 주현관급 지방관 인사에서 고찰이 강화된 이유가 관료조직에 진입하려고 대기 중인 후보자들의 요구를 충족시키기 위한 것이라고 간주했던 것이다. 명대 중기 이후 기존 관료조직 최하층부에 대한 감찰과 평가는 점점 더 엄격해진 것으로 나타난다. 고찰은 여러 부작용에도 불구하고 기존 주현관들의 이동을 가속화시킴으로써 관료조직 주변부에 존재한 관료예비군의 요구를 충족시키고 있었던 것이다.

3. 고찰제 강화의 실태

16세기 이래로 지방 관료조직의 질서는 크게 동요하기 시작했다. 각 성마다 순안어사가 파견되어 일상적으로 관료들을 감독, 평가하기 시작했고 순무 역시 독자적인 고찰 업무를 수행했다. 현지에 주둔하는 감찰관들에게 인사평가에 대한 절대적 권한이 부여되면서 기존 관료집단에서는 거의 강제적으로 탈락자들이 산출되었다. 그렇다면 감찰관에 의한 고찰이 강화되면서 이것이 실제 어떤 식으로 지방관 이동을 초래했는지, 그

112 州縣缺은 감생 출신의 절반 정도가 충당되는 주요한 관료 임용 경로였다. 谷光隆, 1964, p. 84; 오금성, 1986, p. 32 참조.

인사이동은 어느 정도의 빈도였는지 비록 한정된 기간이기는 하지만 실례를 통해서 확인해보겠다.

16세기 후반, 인사고과를 담당하는 실무 부서인 이부고공사(吏部考功司)에서 처리된 순무·순안어사가 올린 인사 관련 상주문과 처리 결과를 모은 자료가 남아 있다. 순무·순안어사는 앞에서 언급한 대로 지방관에 대한 탄핵을 강화하여 현명하고 유능한 관료를 승진시키고 무능하고 탐혹한 관료를 퇴출시키는 임무를 맡았다. 이 기록은 이들 지방감찰관의 수시고찰과 탄핵에 의한 지방관의 인사이동 상황을 보여주는데, 1543년부터 그 이듬해까지 약 2년간 탄핵을 당한 지방관의 수를 [표 1]로 정리했다. 이 시기는 앞서 『명사』 '순리전'을 비롯한 많은 기록들이 지적하듯이 고찰이 강화되는 분수령에 해당한다.

[표 1] 순무·순안어사의 수시고찰에 의한 피탄핵자(被彈劾者)의 수(1543~1544)

구분	지부(知府)	동지(同知)	추관(推官)	통판(通判)	판관(判官)	지주(知州)	지현(知縣)	합계
인원(명)	12	39	7	39	6	53	249	405
회수(회)	10	24	7	27	4	35	46	153

* 출전: 『이부고공사제고』(吏部考功司題稿) (明季史料珍集 제2집, 臺灣, 偉文圖出版社, 1977)

[표 1]은 가정 20년(1543) 11월에서 22년 5월까지 약 20개월간 성 장관인 순무와 순안어사에 의해 제출된 탄핵안을 정리한 것인데 지부로부터 지현까지의 지방관으로 그 대상을 한정시켰다. 여기서 수시고찰의 결과, 20개월 동안 총 405명이 탄핵당했고 실제로 '사임'(致仕), '보직해임과 발령대기'(冠帶閑住), '원적지로 돌아가서 대기할 것'(回籍聽候量調) 등 처분을 받은 자는 356명에 달했다. 그리고 그 나머지 '연한 불충분'(歷任尙

淺) 혹은 '역임 인사평가 우수'(歷任考語具優) 등 유보 판정을 받고 처분에서 제외된 것은 겨우 49명에 불과했다. 한편 관직의 분포를 살펴보면 지현이 249명으로 피탄핵자의 절반 이상을 점하고 있다. 이 숫자는 당시 전국 1,138개현의 약 20%에 달하는 비율이었다. 요컨대 지현의 경우, 20개월 동안 전국 지현의 다섯 명 중 한 명꼴로 탄핵에 의해 관직에서 물러난 셈이 된다. 순안어사가 일회에 탄핵한 주현관의 수는 지역에 따라 차이는 있지만 20명이 넘는 경우도 두 건이나 발견된다.[113]

이렇듯 지방관에 대한 탄핵안이 일상적으로 중앙에 보고된 결과, 전체 피탄핵자 중에서 88%가 현직에서 쫓겨나게 되었다. 이러한 통계를 근거로 볼 때, 고찰로 인해 관직을 떠난 관료의 수가 명초에는 불과 수십 명에 불과했지만 조근고찰의 3년 주기를 기준으로 홍치연간(1488~1505)에는 2천 명, 가정연간(152~1566)에는 3천 명, 융경연간(1567~1572)에는 6천 명을 넘어섰다는 당시의 증언들은 상당히 신빙성이 높은 것으로 보인다.[114] 일단 고찰제 강화의 추세는 관직의 수요공급을 조절하는 데 매우 유효하게 작용했음은 분명하다.

---

113 吏部考功司撰, 『吏部考功司題稿』(明季史料珍集 第2集, 臺灣; 偉文圖出版社, 1977), 中册, 「覆巡按福建監察御史徐宗魯劾官疏」, pp. 893~899. 이 상소문에서 탄핵당한 지방관은 지부 1명, 동지 2명, 추관 2명, 통판 3명, 지현 13명이며 중앙에서는 탄핵 원안을 그대로 받아들였다. 湖廣 지역 순안어사 褒善 역시 지부 2명, 동지 2명, 통판 1명, 지주 3명, 지현 15명을 탄핵했다. 같은 책, 「覆巡按湖廣監察御史褒善劾官疏」, pp. 1293~1300.

114 張萱, 『西園聞見錄』(續修本, 1168册) 卷30, 銓授, p. 696. 이 구절은 萬曆 연간에 상서를 역임한 褚鈇의 상소문을 인용한 형태로 실려 있다. "國初의 大察에서 축출되는 인원은 수십 명에 불과했습니다. 弘治연간에 이르러 거의 이천여 명이 되고 嘉靖 시기에는 삼천 명을 넘었습니다. 근래 隆慶 이래로는 무려 육천 명이 넘습니다. 금지하는 법망의 엄밀함은 이전과 비교하면 백 배가 넘습니다. 그럼에도 지방관의 정치는 가면 갈수록 형편없어지고 민생이 전혀 그 실익을 얻지 못하니 그 이유는 무엇 때문입니까?"(褚鈇疏曰, 國初大察, 所黜不過數十人, 至弘治幾二千, 嘉靖則踰三千, 近隆慶來殆踰六千矣. 禁網之密, 較前不啻百倍, 顧吏治愈下, 而民生未蒙實惠者, 何耶).

한편 일상적으로 이루어지는 '조용'(調用), 즉 평행 이동에 의한 지방관의 이동과 교체 역시 지방 관료사회에 심각한 그늘을 만들고 있었다. '적재적소'(適材適所)라는 명분으로 번요결과 간소결 사이에서 전근 또는 이동을 허용하는 조번(調繁) 및 조간(調簡)이라는 조용 사례가 증가했다. 순무 · 순안어사들은 천거와 탄핵의 권한 이외에도 주현관을 평행 이동시키는 조번이나 조간의 권한을 행사할 수 있었는데,[115] 이로 인해 주현관이 부임하자마자 이동하는 일도 잦아졌다. 재임 기간이 1년 미만인 관료들은 탄핵에서 면제되었지만 조용에는 제한이 없었던 점 역시 이런 사태를 초래한 주요 요인이다. 순무 · 순안어사의 일상적 고찰은 확실히 지방관의 인사이동을 가속화시키고 있었던 것이다.

지현급 관료의 임기 변화에 대해서는 파슨즈(James B. Parsons)의 선행 연구를 참고할 수 있다.[116] 여기에 의하면 건국 초기 홍무연간(1368~1398), 지현의 재임 기간은 번요결 현은 6.4년, 간소결 현은 10.8년간이었지만 홍치연간(1488~1505)에는 각각 4.3년, 5.9년이었고 숭정연간(1628~1644)에는 2.9년, 3.6년이었다. 이를 검증, 확인하는 의미에서 파슨즈가 분석 대상으로 하지 않았던 다른 현의 실례를 조사해보았다. [표 2]는 순안어사의 파견이 아직 비정기적이었던 성화연간(1465~1487)부터 고찰의 폐해가 본격적으로 나타난 가정연간(1522~1566)을 중심으로 지현의 임기를 비교한 것이다. 대상 지방은 산동 · 광동 · 강소 · 호남성에서 임의로 추출했다.

115 『明史』 卷71, 選擧; 和田正宏, 2002, pp. 333~337.
116 앞의 '각주 104' 참조.

[표 2] 명대 지현(知縣)의 임기 변화

구분	성화연간 (1465~1487)	홍치연간 (1488~1505)	정덕연간 (1506~1521)	가정연간 (1522~1566)	융경연간 (1567~1572)	만력연간 (1573~1619)
산동 임성현 (山東 臨城縣) 간결(簡缺)	4.6년 (5명)	6년 (3명)	5.3년 (3명)	2.8년 (16명)	3년 (2명)	2.4년 (18명)
광동 동완현 (廣東 東莞縣) 번결(繁缺)	4.6년 (5명)	6년 (3명)	4년 (4명)	2.8년 (16명)	3년 (2명)	3.9년 (12명)
강소 흥화현 (江蘇 興化縣) 번결(繁缺)	5.8년 (4명)	3.6년 (5명)	2.7년 (6명)	2.8년 (16명)	2년 (3명)	3.1년 (15명)
호남 도원현 (湖南 桃源縣) 간결(簡缺)	11.5년 (2명)	4.5년 (4명)	5.3년 (3명)	3년 (15명)	3년 (2명)	2.8년 (17명)
평균	번결 5.2년 간결 8.5년 6.6년	번결 4.8년 간결 5.2년 5년	번결 3.4년 간결 5.3년 4.3년	번결 2.8년 간결 2.9년 2.9년	번결 2.5년 간결 3년 2.8년	번결 3.5년 간결 2.6년 3.1년

* 출전: 『광서동완현지』(光緖東莞縣志) 卷41, 직관표(職官表); 『강희임성현지』(康熙臨城縣志) 卷6, 환적(宦積); 『도원현지』(桃源縣志) 卷7, 직관표(職官表); 『중수흥화현지』(重修興化縣志) 卷6, 질관(秩官).

[표 2]에서 알 수 있듯이 지방관 임기는 홍치연간까지는 비교적 안정적이었다. 변화가 일어나기 시작한 것은 그 후의 정덕연간(1506~1521)이었고, 가정연간에는 그 변화가 정점에 달한다. 즉 홍치연간을 분수령으로 해서 그 이후 지방관의 임기는 단축되는 추이를 보인다. 이것은 고찰을 통해 관료의 수급 문제를 해결하려는 현실적 요구에 대응한 현상이라고 보아도 좋을 것이다. 또 여기서 가정연간에 지방관 임기가 가장 짧아져서 상대적으로 고착된 것은 이 시기에 고찰이 강화된 사실과 관계가 있을 것으로 보인다. 이처럼 지현의 임기가 짧아지는 것은 한편으로는 행정의 연속성이 단절, 일관된 정책을 유지할 수 없다는 점에서 치명적 결함을 갖고 있다.

특히 행정업무가 복잡한 지역인 번요결(繁要缺)과 간단한 지역인 간소결(簡小缺) 간의 평행이동이 실시된 뒤에는 동일 임지에서 임무를 수행하는 사례가 감소했다. 지현이 다른 지방으로 전근할 경우, 그 이전의 직무 경력도 지현의 실제 경력에 포함된다. 예를 들면 갑(甲)현에서 1년간 근무한 뒤 을(乙)현으로 옮겨 2년 복무한 경우, 두 임지에서의 근무 기간을 합쳐서 3년 임기가 합산된다. 진사 출신은 번요결에, 거인 · 공생 출신은 간소결에 임명하는 원칙이 세워진 이후로 양 지역 간의 이동률은 높았다. 그러므로 3년 임기가 반드시 동일한 지방에서의 경력을 나타내는 것은 아니었다. 그리고 빈번한 이동은 곧 그 자체가 행정 문란의 한 원인으로 간주되었다.

한편으로 관료 평가와 관련해서 순무 · 순안어사에게 부여된 또 하나의 업무인 유능한 관료에 대한 천거가 지방관 인사이동 자체에 미치는 영향은 탄핵의 경우처럼 직접적이지는 않았다. 추천 기록은 인사이동 때에 유력한 참고자료이기는 했지만 천거만으로 바로 승진하는 예는 드물었기 때문이다. 그러나 당시 감찰관의 영향력과 치열한 경쟁의 상황을 고려해 보면, 천거권은 상당히 광범위하고 복합적인 힘을 행사했음에 분명하다. 순무 · 순안어사의 주변에는 이들의 추천을 받고자 하는 지방관들이 필사적으로 모여들게 마련이었다. 인사고과에는 학연이나 지연, 그리고 뇌물수수가 관행으로 굳어져간다는 비판론이 일었던 것도 결코 과장이 아니었다.

실제 순안어사의 수시고찰 보고를 보더라도 추천자의 수가 탄핵자의 수를 훨씬 상회한다. 일례로 강남지역이 왜구의 침략으로 위기에 처해 있던 시기, 순안어사로 이 지역에 파견되어 군사 지휘자로서 무공을 떨쳤던 호종헌(胡宗憲, 1512~1565)이 남긴 기록이 있다. 그는 가정 33년(1554) 4월, 왜구가 창궐하던 절강(浙江)지방에 순안어사로 파견되어 군사활동에 두드러진 공적을 남기며 이듬해 순무로 발탁되었다. 그런데 위기상황 속에 방어대책과 전투에 부심하면서도 호종헌은 순안어사로서 관할지역 지방관에 대한 감찰 및 평가 업무를 수행했다.[117]

절강지역에서 활동하던 가정 33년(1554), 호종헌은 1년 동안 포정사 2명, 안찰사 제학부사(提學副使) 1명, 부사 1명, 첨사(僉使) 1명, 지부 2명, 동지 1명, 추관 4명, 지주 1명, 지현 19명 등 총 32명을 천거했고, 통판 2명, 지현 3명을 탄핵했다.[118] 이때 순안어사 호종헌이 수행한 고찰 결과는 군사적 위기와 관련한 지방관들의 대응까지도 평가가 가능한 상황이므로 일상적인 인사고과 업무와는 차이가 있을 수 있다. 그러나 이런 비상시에도 천거된 지방관에 대한 평가는 대부분 인품이나 덕망 · 재능 · 청렴함 등 상투적인 언사로 일관하고 있다. 더욱이 다른 한 편의 상소문에서는 현직 관료가 아니라 지역의 퇴임 관료나 관료 경험자인 원임 형부주사 당추병(唐樞秉) 등 5명을 '유덕자'(有德者)로 천거했고, 학교 교관들에 대한 인사고과 문서도 작성했다.[119] 이처럼 호종헌의 인사고과 결과는 천거의

---

117 胡宗憲과 같이 16세기 후반 이래, 순안어사가 군사 분쟁 지역에서 군정과 민정을 통괄하는 일종의 임시 지휘관으로서 활동했던 예가 종종 발견된다. 호종헌의 절강지방에서의 활동은 (明)胡宗憲, 『三巡奏議』(德山毛利氏藏明刊本, 山根幸夫撰解說, 東京古典硏究會, 1964) 3卷 중에서 3卷 「巡浙奏疏」에 실려 있다. 여기서 그가 수행한 지방관에 대한 천거와 탄핵 임무 관련 문서는 마지막에 부록 형식으로 4편이 실려 있는데 목차에는 제목이 없다. 이것은 일상적인 인사 업무와 호종헌이 수행했던 군사 관련 대책 및 활동 등의 비상 임무를 구분하기 위한 것으로 보인다.

118 특기할 점은 앞의 (明)胡宗憲, 『三巡奏議』, 「題爲薦擧有司官員以昭勸懲事」, 같은 책, pp. 345~354에서 해당 지방관에 대해 자세하게 품평과 考語를 적어놓은 반면, 뒤이어 같은 책, pp. 355~366, 「巡按浙江監察御使胡爲薦擧方面官員以備擢用事」, 「巡按浙江監察御使胡爲薦擧有司官員以備擢用事」 등의 두 문서에서는 같은 인물들에 대한 간략한 평가와 명단만을 열거해두었다.

119 (明)胡宗憲, 「巡按浙江監察御使胡爲薦擧方面官員以備擢用事」, 같은 책, pp. 367~371. 한편 「巡按浙江監察御使胡爲薦擧教職以備擢用事」, pp. 370~371에서는 儒學教諭 세 사람을 천거했다.

비중이 두드러진다. 이와 같은 탄핵과 천거의 불균형은 비단 호종헌만이 아니라 성급 감찰관들의 인사 업무에서 나타나는 일반적 경향으로 볼 수 있다. 원한을 피하려는 무사안일주의, 혹은 인맥과 청탁의 관계망 속에서 감찰관의 천거는 점점 더 증가했다.

만력(萬曆) 14년(1586), 감찰과 인사의 최고 기관인 도찰원 최고 책임자인 좌도어사(左都御史) 신자수(辛自修)에 의하면 홍치 · 정덕연간에는 한 성의 천거자 수는 많아도 4, 5명 정도였고 가정연간에도 대체로 10명 미만이었지만, 융경(隆慶)연간에는 20명 정도나 되었다고 한다. 명조는 융경 2년(1568), 순안어사의 천거자 인원을 제한함으로써 이런 관행을 중단시키려고 했으나 별다른 성과를 거두지 못했다.[120] 당시 호광 · 하남 · 산동 등 큰 성에는 천거된 지방관 수가 20명 이상씩 증가했다고 하며 만력 14년에는 절강성이 47명, 산서는 30명에 이르렀다. 즉 천거된 지방관 인원은 홍치연간보다 10배나 증가했다는 것이다.[121] 이처럼 천거 인원이 대규모로 증가한 데서 알 수 있듯이 순무 · 순안어사는 고찰 업무를 통해 지방관료들의 생사여탈권을 쥔 권력자로서 자리 잡았다. 그리고 이들에 대한 지방관의 예속도는 이들의 인사 권한과 비례하여 심각할 정도로 커져가는 실정이었다.

120 (明)『萬曆會典』 卷210, 「出巡事宜」, p. 498. "隆慶二年題准, 御史出巡, 果係卓異官員, 方許擧薦. 方面多不過六七員, 或三四員. 有司多不過七八員, 或五六員. 其薦詞以四五句爲止, 參語擧一二事爲證."

121 吳亮編, 『萬曆疏鈔』(續修本, 469冊) 卷24, 飭吏. 都察院左都御史申自修, 「薦剡太輕, 人心不勸, 乞勅精鑑別, 以興吏治疏」(萬曆 14年 8月), p. 103. 한편 이 자료는 和田正宏, 2002, p. 72에도 인용되었다.

맺으며

명청대를 대표하는 인사고과제인 고찰은 여러 가지 복합적 성격들이 혼재한 제도였다. 먼저 감찰관이 인사고과를 담당하는 고찰의 형성 과정에서 볼 수 있듯이 중국 관료제의 감찰권 자체가 여타 문명권에서 보기 힘든 독특한 위상을 가지고 있었다. 명대를 비롯한 역대 중국왕조에서 감찰제도는 황제를 필두로 하는 관료조직 구성원 전체에 대한 사찰과 감시를 전문적 임무로 한다. 이와는 대조적으로 근대 이전 유럽세계는 고대 로마제국의 감찰권(censorship)에서 보듯이 관료조직 구성원보다는 호구조사나 민간에 대한 검열이라는 성격이 더 강했다.[122] 또 다른 특성으로는 감찰권 행사가 유교 정치체제와 가치를 수호한다는 강한 이념적 요소를 바탕으로 이루어졌다는 것이다. 감찰관의 범주에는 황제의 일상과 정치를 유교적 이상에 비추어 비평하고 바로잡는 간관(諫官) 계통이 중요 부분을 차지했고 모든 감찰활동이 공개적으로 이루어져 기강숙정과 교화의 역할을 다할 수 있도록 했다.

122 『歷史學事典』(東京: 弘文堂, 2005) 12冊, pp. 156~157.

이와 같은 배경에도 불구하고 감찰관을 지방에 파견하여 현지에서 감찰 및 탄핵활동을 행하는 고찰은 실시 초기 단계부터 공정성과 조직윤리의 결여라는 차원에서 비판의 대상이 되었다. 강제적으로 탈락자를 산출하는 고찰 방식은 기존 관료층의 반발을 불러일으켰다. 그러나 현실 인사운영 차원에서는 고찰을 채택할 수밖에 없었던 환경이 조성되고 있었다. 관직은 한정되어 있는데 관료 후보자는 전국적으로 급증하고 있었던 것이다. 명대의 관료 등용 경로는 학교와 과거제에 의해 전국적으로 개방되었다. 여기서 배출된 엄청난 수의 관료예비군들을 관료조직 내부로 수용하는 것은 체제 유지를 보장하기 위해 해결해야 할 대과제였다고 할 수 있다.

그 반면 명대 고만의 '3회 평가, 9년 임기'의 원칙은 유교경전에 의거했다고는 하지만 관료들에게 전례 없이 긴 임기를 부여하는 것이었다. 고만이 그대로 지켜질 경우, 관료들의 교체율은 둔화될 수밖에 없었다. 고찰은 특히 관료 피라미드의 하단에 위치하는 주현관에 대해 강력하게 적용되면서 고만의 임기제를 파괴하였다. 고찰이 기존 관료층의 퇴출과 이동을 가속화시킴으로써 관료 수급 문제를 상당 부분 해결했다는 사실은 당시에도 공공연히 알려진 사실이었다. 더욱이 탄핵당한 지방관들이 주로 출신 자격이 열등한 거인이나 감생 출신이라는 점도 새로운 문젯거리로 등장했다. 바로 이런 이유에서 감찰관의 판단을 위주로 임기를 파괴하는 고찰제는 많은 폐단을 낳는 것으로 비난받았다.

한편 고찰에 의해 힘을 잃었음에도 불구하고 고만은 지속적으로 지지를 얻고 있었다. 고만은 홍무제가 제정한 조법(祖法)으로서의 권위를 갖고 있을 뿐 아니라 장기근속을 가능케 한다는 점이 커다란 장점으로 간주되었다. 또한 최소 3년의 임기를 보장함으로써 보다 안정된 업무 수행을 가능하게 하는 제도로 평가받았다. 즉 고만은 관료 개개인의 재임 연한에 중점을 두고 또 자격에 의한 차별을 두지 않는다는 점에서 고찰과 정반대되는 성격을 지니고 있다. 고찰과 고만을 비교해서 "고찰은 소홀, 소략하고 애매한 데가 많으며 창졸간에 실행된다. 그러나 고만은 상세하며 정밀, 명백하고 안정되어 있어서 고찰보다 우월한 제도다"[123]라는 등의 비평은 바로 이런 상황을 지적한 것이었다. 뿐만 아니라 고만은 지역사회의 관점에서 유익한 제도로 간주되었다. 고만의 임기 보장은 안정된 업무 수행과 민생에 대한 배려가 가능하다는 점에서 지방관의 선정을 위한 기본조건으로 여겨졌다. 전자의 입장은 이 책의 5장에 등장하는 장거정(張居正)의 개혁론과 연결되며 후자의 관점은 본문의 고염무의 예에서 살펴보았듯이 명말청초 지방자치론의 흐름으로 이어진다.

인사고과는 사실 관료로 출세하여 부자가 된다는 '승관발재'(陞官發財)의 노골적인 현실주의가 가장 큰 영향을 미칠 수 있는 영역이었다. 또한 이 영역에는 고찰제의 정착에서 보듯이 관료조직의 수급 조절이라는 비정한 논리가 그대로 적용되고 있었다. 이런 상황에서 명대 초기에 설정된 이상적인 목민관상은 자칫 공허한 비현실적 이념으로 보일 수 있다. 그러나 관료조직 구성원 자체의 최소한의 자정(自淨)작용을 위한 준거로서 이와 같은 이상주의는 상당한 힘을 발휘했음에 분명하다.

제도의 한계가 곧바로 체제의 한계로 직결되지 않도록 역대 중국왕조의 관료제도는 여러 차례의 변신을 거듭해왔다. 명대 고과제의 제도적 한계를 극복하려는 움직임들은 전통적 이념과 제도의 이름을 빌려 그 정당성을 확보하고자 했다. 고찰제의 강화 과정에서도 그 명분은 어디까지나 민심 수렴이라는 이상론을 바탕으로 했고 또 다른 시대에는 크게 가치가 부각되지 않았던 고만제의 이상적 요소들이 명대의 역사적 맥락에서는

123 高拱, 「論考察」, 『明經世文編』 卷302, p. 3196.

특별한 중요성이 부여되었다. 낡은 얼굴의 도덕주의가 실제로 지향하고 있는 방향은 공허한 원칙론이었다기보다는 자기 시대의 모순과 갈등에 대한 처방이었던 것이다.

나아가 관료들의 통치를 받는 민간사회에서 목민관의 이상은 엄정한 공권력을 자애로운 부모로 의인화시키는 역할을 한다. 지금은 비록 가혹한 탐관오리의 학정에 시달리고 있지만 제대로 된 목민관이 부임하면 질곡에서 벗어날 수 있다는 인치(人治)에 대한 기대는 관료제를 위한 최소한의 지지대 역할을 했음에 분명하다. 2부에서는 고찰제가 표방했던 지역 여론의 수렴이라는 명분과 관료 기강의 숙정이라는 목표가 이 제도의 운영에 어떤 방식으로 영향을 미쳤는지 살펴보기로 한다.

제2부
목민관과 지역사회

생각건대 이 20개의 구, 204리 중에는 연장자와 젊은이, 귀인과 천민, 현자와 어리석은 자, 여섯 손가락 장애자와 다리가 불편한 자, 말없이 심사숙고해서 양해하는 자가 있는가 하면 금방 입을 삐죽 내밀고 눈썹을 치켜 올려 시비를 가리려고 하는 자들이 있으니, 어찌 옛날 [한나라 때] 왕생(王生)처럼 뒤에서 지방장관을 불러 세워놓고 (대궐) 문지기 앞에서 눈앞의 급한 일을 알려 도움을 준 일이 생기지 말라는 법이 있겠는가. —리(里)마다 한 부씩 배포

시작하며

고찰제가 강화되는 과정은 곧 지방관에 대한 인사고과가 현지 지역사회에서 결정되는 것을 의미한다. 고찰의 담당자인 순무도어사(巡撫都御史)는 이미 지방장관으로 자리 잡았고 순안어사 역시 순무와 버금가는 실력자로 지방행정 전반에 걸쳐 강력한 권한을 행사했다. 이처럼 고찰활동, 곧 감찰관에 의한 평가가 일상적으로 이루어지는 것이 지역사회에는 어떤 영향을 미쳤을까. 여기서 주목할 점은 지방관 개개인과 그에 대한 평가를 둘러싸고 당시 지역사회가 대단히 활발한 움직임을 보였다는 사실이다. 제2부는 고찰제가 실제로 적용되는 과정에 지역사회에서 나타난 현상들에 초점을 맞추었다.

16세기 중반 이후, 명대 사회에서는 일찍이 볼 수 없었을 정도로 지방관 개개인의 동정에 대한 관심이 표출되고 있었다. 많은 지방에서 현직 관료의 인품과 사생활에 관련된 정보가 유포되었는데, 이것은 종종 지방관의 진퇴에 큰 영향력을 발휘했다. 이를테면 강남의 문화 중심지 송강(松江)지방에서는 '대부분의 부(府)와 주현(州縣)에서는 관원의 한 가지 잘못이라도 드러나면 마을과 거리에는 즉시 이를 풍자하는 가요가 떠돌거나 혹은 대련(對聯)이 나붙는데 대단히 정곡을 찌르는 내용이었다'고 한다.[1] 소주(蘇州) · 가흥(嘉興) · 상숙(常熟) · 오강(吳江) 등 인접 지역에서도 지역민의 마음을 얻지 못한 지방관이 조롱이나 놀림거리로 공격받는 일이 허다하게 발생했다.

특히 소주 지역은 '학어'(謔語), 즉 지방관에 대한 조롱과 비평이 성행한 것으로 유명해서 지역민들 스스로도 사인(士人)들의 기풍이 대단히 사악하고 각박하다고 인정할 정도였다. 지방관이 뜻대로 따라주지 않으면 온 지방이 들고 일어나 무리를 지어 모욕을 주고, 이를 소재로 가요나 희곡을 만들어 공격을 일삼은 사례는 헤아릴 수 없을 정도였다.[2] 좀 더 범위를 넓혀본다면 문인들 사이에서 문집이나 잡기(雜記)류를 통해 인물에 대한 포폄을 내리는 풍조도 같은 범주에 넣을 수 있다.[3] 비방과 악소문이 만연하는 가운데 부임한 지 한 해도 채 넘기지 못하고 지역을 떠나는 지방관의 모습은 당시 흔히 마주치는 풍경이었다.[4]

이와 반대로 민심을 얻은 지방관이 상부와의 마찰 등으로 곤경에 처한 경우, 지역사회의 '공론'(公論)이 형성되어 지방관을 지원해준 사례도 종종 발견된다. 섬서성(陝西省) 위남현(渭南縣) 지현 서두우(徐斗牛)는 만력(萬

1 (明)何良俊, 『四友齋叢說摘抄』(北京: 中華書局, 1985) 卷5, 雜記, p. 273. "松江舊俗相沿, 凡府縣官一有不善, 則里巷中輒有歌謠或有對聯, 頗能破的." (明)伍袁萃, 『林居漫錄 別集』(臺北: 偉文圖書出版社, 1976) 卷3, pp. 94~95에도 유사한 내용이 전해진다.

2 (明)沈德符, 같은 책 卷26, 諧謔, '松江謔語', '蘇州謔語', '嘉興謔語', '無錫謔語', '吳江謔語', pp. 667~670에는 각 지역에서 유행했던 풍자나 조롱의 글귀, 일화 등이 다수 실려 있는데 앞의 何良俊이 기록한 바와 유사하다.

3 (明)朱國禎, 『湧幢小品』(續修本, 1173冊), 卷18, 「文人喜憎」, p. 197.

4 그 자신 지현 직을 역임했던 袁宏道는 고향에서 본 광경을 이렇게 전했다. "자라서 머리를 양뿔 머리로 묶은 이래 내가 본 읍의 수령은 약간 명인데 오래 있었던 사람은 3, 4년 머물렀고 짧게 있었던 사람은 몇 달 또는 한 해밖에 머물지 않았는데 번번이 명예에 손상을 입고 쓸쓸하게 떠나갔다." (明)袁宏道, 「邑侯錢侯直指疏遷序」, 심경호 외 역, 『역주 원중랑집』 7(서울: 소명출판, 2004) 36권, p. 341.

曆) 36년(1609)에 부임한 이래 선정으로 민심을 얻었다. 재임 중 한 상관이 그에게 원한을 품고 백방으로 음해를 끼치려 했으나 지역 공론을 무시할 수 없어 포기해야만 했다. 서두우는 그 뒤 만력제가 관세 징수 명목으로 환관을 파견해서 수탈을 자행한 악명 높은 '광세(鑛稅)의 변'에서 지역을 보호하려다가 화를 입었다. 지방에 파견된 어마감(御馬監) 환관 양영(梁永)의 전횡에 저항하다가 죽음을 맞은 서두우를 기리기 위해 위남 지역사회는 자발적으로 그를 위한 선정비를 세웠고 지방지에 기록을 남겨 영원히 기억하고자 했다.[5] 당시 관료사회의 기풍에 대해 냉소적 평론을 다수 남긴 오원췌(伍袁萃) 역시 자신이 6년간 지현으로 재직했던 강서성(江西省) 귀계현(貴溪縣)의 분위기를 백성과 사대부의 '공론'이 살아 있어 관료생활을 하기에 좋은 곳으로 표현했다. 자신이 전근한 지 20여 년 뒤에 그곳을 찾아갔는데 지역민이 잊지 않고 열광적으로 환대를 해주었다면서 이것 역시 공론이 유지되어 풍속이 선량한 덕분이라고 설명했다.[6]

한편 민간의 이러한 움직임은 지방관에게 대한 직접적 행동으로 표출되기도 했다. 지역 여론의 지지를 얻은 지방관을 유임시키려는 운동이 벌어져 사민(士民), 곧 사대부와 시민들이 철시(撤市) 및 파업을 벌이거나 수백 명에서 많게는 수천 명까지 모여 향불을 피우고 구호를 외치는 단체행

---

5 (天啓)『渭南縣志』 卷7, 「官師志」, 知縣, p. 9; pp. 11~12. "徐斗牛, 字光虛, 許州人, 萬曆三十六年以進士至. 賦性渾朴, 治行端方, 民不擾而事理, 居常以惠愛爲孜孜, 時上官有修怨于斗牛者, 多方物色, 竟不能拂公論而甘心焉. 坐是鬱鬱不自得益, 以稅寺魚肉境內, 斗牛以身捍之, 更被窘辱, 遂含憤終, 迄今言之, 猶爲髮指歿至不能備含斂, 可謂淸且苦矣. 兩河人言, 斗牛生平, 以德行見重鄉評, 若然, 出處信一轍云." 徐斗牛는 萬曆 23년(1595), 진사 출신으로 이 지역에 부임했다. 陝西지방에서의 梁永의 전횡은 『明史』 卷305, 列傳193, 宦官2 梁永, pp. 7809~7811 참조.

6 (明)伍袁萃, 『林居漫錄 別集』 卷5, pp. 150~151. 한편 그 이유로는, "내가 무엇을 했기에 이런 환대를 받는 것인가. 한 사람도 무고한 이를 죽인 일이 없고 불의한 재물을 하나도 취하지 않았을 뿐. 이것은 사민이 공론이 있어 풍속이 두텁다는 표시이다"라고 설명했다.

동을 일으킨 사례도 흔했다. 악덕 관료로 여론의 지목을 받은 지방관에 대해서는 보다 폭력적 행동이 자행되었다. 많은 지방에서 학교를 중심으로 생원들이 방문(方文)이나 대자보(大字報)를 붙이고 여기에 서민이 자발적으로 가담하여 다수의 힘을 과시하는 사태까지 발생했다. 여기서 말하는 서민 혹은 시민들은 과객(過客)이나 아역(衙役), 가마꾼, 심지어 기녀나 노복 등 하층민까지 모두 포함된 존재라는 점이 눈길을 끈다. 지방에 따라서는 향신(鄕紳), 생원(生員)층이 주축이 된 '지방공의'(地方公議)라고 불리는 공론의 장이 펼쳐져 지방관을 축출하거나 옹호하는 사태로 발전하는 경우까지 나타났다.[7]

지역사회의 이런 움직임에 대해 국가의 공권력은 어떤 입장에 있었을까. 분명한 것은 전통적인 유교 정치이념을 체제의 지도 원리로 받아들인 명조에서 지방관에 대한 민심의 표출은 그 자체로서는 결코 금기나 탄압의 대상이 되지 않았다는 것이다. 명조 정부는 건국 초기 태조 주원장이 여론을 지방관 인사에 적극적으로 반영한 선례에 비추어 지역여론을 표방한 움직임에 대해서 적대적으로 대응하지 않았다. 나아가 실체 없는 백성의 소리를 수용하겠다는 명분으로 각지에서 벌어진 지방관 여론재판에 대해서도 관용적이었다. 요컨대 심각한 반권력적 성격을 띠는 민변(民變)을 제외하면 지방관의 유임과 퇴임을 주장하는 정도의 정치행동이 공권력의 제재를 받은 사례는 드문 편이다. 특히 주목할 것은 순무·순안어사들이 주도하는 고찰이 이미 밝힌 바와 같이 지역여론을 체제 내로 수렴하겠다고 공표한 제도라는 점이다. 이처럼 여론이 결코 국가권력과 대립하거나 이를 부정하는 성격을 띤 것이 아니라 고찰제가 수용해야 할 영역으로 설정된 것은 공권력과 여론의 관계를 살필 때 우선적으로 검토해야 할

7 夫馬進, 「明末反地方官士變」(京都: 『東方學報』 52, 1980), p. 597.

문제이다.

3장에서는 지방관의 인사고과에 대한 지역사회의 움직임, 특히 여론을 표방한 움직임이 평가에 어떤 영향을 미쳤는지를 그 방법과 성격에 초점을 맞추어 살펴본다. 아울러 당시 유행하던 인사고과 관련 문서들과 주체 세력들을 분석함으로써 여론의 실체에 좀 더 가까이 다가가고자 한다. 고찰은 제1부에서 살펴본 바와 같이 주현관급 지방관들을 일상적인 감찰의 그물에 가두고 이들의 임기를 단축시키는 강제조처의 역할을 했다. 그렇다면 이런 가혹한 환경에 놓인 지방관들 자신은 그와 같은 움직임에 어떤 방식으로 대처했을까? 4장에서는 여기에 대한 구체적인 사례 연구로 고찰과 지역사회의 압력이라는 국면에서 성공적으로 목민관의 평판을 얻었던 한 지방관의 대처 방식을 제시했다.

제3장
지방관의 인사고과와 여론

지방관에 대한 지역사회의 여론이나 지방민들이 내린 평가는 향평(鄕評) 또는 민평(民評) 등 다양한 명칭으로 불렸다. 혹은 지방관을 음해, 또는 공격할 목적으로 유포된 소문이나 정보는 부정적인 의미를 담아서 방의(謗議)라는 말로 표현되기도 했다. 순무와 순안어사의 공식적인 인사고과, 즉 관평(官評)은 민평을 성공적으로 수렴했는지의 여부로 그 성패를 가늠한다는 명분을 바탕으로 이루어졌다. 고찰 담당자들은 민평을 수집할 의무를 부여받았고 민심에 의거하여 목민관을 판별한다는 윤리적 책임도 함께 지고 있었다. 1절은 기묘한 형태와 방법을 띠기는 했지만 이 작업들이 현지에서 어떤 식으로 실현되었는지 그 실태를 살펴본다.

한편 고찰 과정에서는 이름과 목적을 공개한 실명 문서가 공공연히 유포된 대단히 특기할 만한 현상이 발견된다. 종래 노래와 시가, 벽보 등의 형태로 떠도는 지방관에 대한 여론은 그 주체와 의도가 애매한 것들이 대부분이었다. 물론 여기서 익명성 자체가 강렬한 자기주장일 수도 있지만 더 이상의 정보는 차단되어버린다. 16세기 후반의 명대 체제는 현재의 대중민주주의와 같이 구성원의 정치참여가 용인된 사회가 아니었고 정당

성격을 띤 정치단체의 결성은 법적 · 윤리적으로 금지된 상태였다. '초기 대중사회'라고 일컬어질 만큼 인쇄와 출판이 열기를 띠고 있었지만, 이것 역시 신문 · 잡지와 같은 대중 전달 매체로까지 성장하지는 못했다.[8] 이런 상태에서 익명성을 벗어나 저자와 출처를 밝힌 인사고과 관련 문서들이 다량으로 존재한 점은 분명히 주목할 만한 의의를 지닌다고 본다.

이 장에서 주로 분석할 문서는 지방관의 인사이동에 즈음하여 공포된 실명 문서 및 '고적서'(考績序), '고찰서'(考察序), '조근서'(朝覲序) 등 고과 및 인사이동과 관련된 서문(序文) 형식의 문서들이다. 명대 중기 이래 발간된 문인들의 문집에는 양과 질의 차이는 있지만 거의 대부분 이런 종류의 인사고과 관련 서문이 실려 있다. 이 서문들은 고과를 맞은 관료에 대한 소개나 추천, 좋은 결과를 바라는 기원과 승진, 축하 등 다양한 내용을 담고 있다. 인사이동에 관련된 서문을 증여하는 풍습은 특히 16세기 중반 이래 크게 유행했던 것으로 보인다. 이것은 한편으로는 인쇄 · 출판업의 발달과 함께 개인 문집 발간이 늘어난 현상과 연관이 있음에 분명하다. 그러나 이후 청대의 문집들의 경우, 인사 관련 서문은 현저하게 줄어들어 찾아보기 어려울 정도였다. 유독 명대 후반에 한정해서 고과 서문들이 폭증했던 이유는 어디에 있을까. 이 시기에 한해서 이러한 증서문(贈序文)이 급격하게 증가한 것은 인사 관련 여론이 증폭되고 있던 당시 사회상과 밀접히 관련된 것으로 보인다.

8 16, 17세기 중국 인쇄 · 출판의 전개 과정 및 성격에 대해서는 大木康, 「明末江南における出版文化の研究」(『廣島大學文學部紀要』 50－1, 1991); 井上進, 『中國出版文化史』(名古屋大學出版會, 2002), pp. 234~261 참조.

1. 감찰관의 여론 수집과 그 방법

고찰은 관료집단은 물론이고 황제와 일반 백성에 이르는 각계각층의 여론을 확인하는 것을 이상으로 삼고 있었다. 순무와 순안어사들이 일상적으로 지방정치의 현장을 감찰하면서 얻어낸 지방관에 대한 지역의 소문이나 여론 등은 인사고과의 주요 평가 수단 중 하나였다. 감찰관 파견은 원칙적으로 민평을 관평의 기본 증거로 삼겠다는 명분 위에 서 있었다. 따라서 어떤 지방관에게 대해 "여론이 모두 수긍하였다" 혹은 "중론(衆論)이 사모하고 따랐다" 등의 평가는 순안어사의 '자방'(諮訪), 즉 탐문조사로 얻어진 중요한 정보로 간주되었다.[9] 이것은 비단 관료와 체제측만이 아니라 지역사회의 민간 지도자들도 공유하는 인식이기도 했다. 향리인 가선(嘉善)현에서 빈민구제와 지역자치 활동에 앞장섰던 진용정(陳龍正, 1585~1645)은 법령집의 항목을 본따서 스스로 '순무와 순안어사를 위한 지침'(撫按事宜)을 발표했는데, 여기서 가장 먼저 제시했던 것이 바로 '진정한 현자에게 이목을 의지할 것'이라는 정보 수집 관련사항이었다.[10]

또한 감찰관들을 흔히 언관(言官)으로 부르는 데서 알 수 있듯이, 지역의 민평은 곧바로 정치의 성패를 가늠하는 증거로 언제든지 지역 내부나 전국적 논의에 부쳐질 수 있었다.[11] 그러나 이런 원칙적인 공감에도 불구

---

9 앞의 1부에서 예로 든 절강 순안어사 胡宗憲 역시 杭州府 同知 曲入繩을 추천하면서 "임무가 막중한 데도 이르는 곳마다 명성이 높다. 精明함이 공을 이룰 만하며 큰 지역의 일을 맡아도 輿論이 모두 복종했다"는 평으로 추천의 말을 썼다. 또한 嘉興府지부 劉慤에 대해서는 "마음이 정대하고 절개가 곧아 인자함으로 백성의 마음을 모두 적셨다"는 등의 언사로 이들을 천거했다. (明)胡宗憲, 「巡按浙江監察御史胡爲薦擧方面官員以備擢用事」, 같은 책, p. 347.

10 (明)陳龍正, '撫按事宜', 『幾亭全書』(康熙乙巳佘一元刊本『四庫禁燬書叢刊』 集12~13(北京: 北京出版社, 2000年), 卷30, 政書, p. 22.

11 감찰관은 황제의 잘못을 바로잡고 조정 내의 언론을 담당한다는 특수한 역할에 의해서 역사

하고 감찰관들의 여론 수집은 많은 한계를 가질 수밖에 없었다. 왜냐하면 감찰관의 그물망에 채취된 민간의 여론은 사실 떠도는 말인 '유언'(流言)과 구별하기 어려웠기 때문이다. 비판적 성향의 지식인 주국정(朱國禎, 1558~1632)은 감찰관들의 관행을 이렇게 꼬집기도 했다.

> 언관들은 고찰이 실시되는 해를 맞이하면 떠도는 소문에 귀를 기울이는 것이 관례이다. 관원의 장단점에 대해 약간이라도 얻어듣는 바가 있으면 곧 기뻐하며 얼굴색을 바꾸고서 '이것이 실제 행적이다, 이것이야말로 사실이다' 라고 외치며 동료에게 이야기한다. 동료 역시 기뻐하며 '실제 행적을 얻었다. 정말 실적을 얻었다' 라고 하고는 곧 이를 탄핵문에 싣는다. 사람들은 [여기에 대해] 과도관(科道官)이 번갈아 탄핵하니 공정한 것임에 분명하다고 이야기한다.[12]

이처럼 감찰관의 그물망에 걸리게 된 떠도는 말은 설혹 근거가 애매하다고 하더라도 곧바로 실제 증거로 채택되는 경우가 많았다. 문제는 순무와 순안어사들이 흔히 이를 탄핵과 천거의 근거로 삼았고, 지방사회에서도 그 사실을 잘 알고 있었다는 점이다.[13] 성실하게 민간의 여론을 수집했다는 증거를 제시하기 위해 감찰 담당관과 보좌역들은 지방관에 관련

상 淸要職이라는 특별한 위상을 차지해왔다. 명대의 경우, 정무시행뿐 아니라 관료 개개인의 간사함과 사악함, 용렬함 등 인적사항까지 감찰 · 탄핵의 대상이 된다. 명대 중기 이후의 정치사에서 나타난 언관의 활동상은 육과급사중과 13도 감찰어사를 합칭한 科道官이라는 동일 체계의 범주로 묶을 수 있다.

12 (明)朱國禎, 『湧幢小品』(續修本, 1173冊) 卷8, 騤黜, p. 13. "言官當考劾年例耳流言, 求官員短長, 得片語卽忻忻動色曰, 是實跡, 是實跡, 告之僚, 僚亦忻忻曰, 得實跡, 得實跡, 遂載劾牘, 人曰, 科道交劾, 公也."

13 (明)伍袁萃, 『林居漫錄』 前集, 卷3, p. 94. "近來士風惡薄, 吳中尤甚. 稍不得志于有司, 及鄕衮輒群聚, 而侮辱之. 或造爲歌謠, 或編爲傳奇, 或摘四書語爲時義, 以恣其中傷之術, 而臺省撫按且採其語, 以入彈章."

된 평판을 수집하는 데 열을 올리고 있었다. 특히 한시적인 파견직으로 낯선 지방에 파견된 순안어사의 경우, 감찰 업무를 수행하기 위해 어떤 식으로든 민의를 수집하려고 독자적인 방법을 개발하려고 했다. 여기서 순안어사를 보좌하는 실무 담당으로 등장한 것이 각 성에 배속된 정7품의 추관(推官)이었다. 순안어사 파견이 정례화되면서 지방행정 체계 내에서 고찰 실무를 담당할 보좌 역할이 요구되었고 이에 추관이 그 임무를 전담하게 되었다. 추관은 명대 초기에는 재판이나 소송 등 사법 임무를 주로 담당했지만 순안어사가 파견되고 고찰이 강화되면서 점차 인사 관련 업무의 비중이 상대적으로 커졌다.[14] 명대 말기에 이르면 추관은 완전히 순안어사의 속하로 간주되었다.[15]

여기서 추관의 인사 업무를 보여주는 사례로 천계(天啓) 3년(1623)에서 숭정(崇禎) 원년(1628)까지 복건(福建) 흥화부(興化府)의 추관을 역임한 기표가(祁彪佳, 1602~1645)가[16] 이 성의 모든 지방관을 대상으로 작성한 방대한 양의 고과 기록을 살펴보자. 이 기록은 순안어사가 지방관 개인에 대한 평가, 즉 고어(考語)를 작성하는 데 도움을 주기 위해 만든 예비 자료

14 『明史』 卷75, 志51, 職官4, p. 1489에는 "府, 推官一人, 理刑名, 贊計典"이라고 해서 추관의 주요 업무가 사법 및 인사고과 관련으로 규정되어 있다. 그러나 적어도 15세기 후반, 成化연간까지 그 역할은 주로 사법 에 한정되었고 고과 관련 업무는 일반화되지 않았던 것으로 보인다. 『皇明條法事類纂』 卷9, 「在外問刑官員不許別項差遣例」의 조례를 보면 成化 2년(1466) 2월의 上諭에서 추관이 訴訟 사건 등 사법 관련 이외의 업무로 지방에 출장 나가는 것을 금지했다. 그러나 16세기 중반, 만력연간에는 추관이 고찰 업무의 일환으로 지방에서 정보 수집활동을 벌이는 것이 지극히 당연한 것으로 간주된다.

15 (明)管志道, 「直陳緊切重大機務疏」, 『皇明經世文編』(續修本 1661冊) 卷399, p. 184. "各部推官, 不復理本府之刑, 專于答應巡按矣."

16 祁彪佳는 浙江省 山陰의 명문가 태생으로 진사 출신, 순안어사를 역임했고 南明 정권에도 관여했다. 희곡평론가로 유명하며 『救荒全書』 출간에서 알 수 있듯이 지역 복지와 자선사업에 앞장선 경세적 지향의 지식인으로 명조의 멸망을 앞두고 순절했다. 지역에서의 그의 구황 활동은 堀地明, 「明末紹興における祁彪佳の救荒活動」(『九州大學東洋史論集』 35, 2007年 4月) 참조.

로 보인다.[17] 여기서 기표가가 평가한 지방관의 숫자는 약 170명이며, 교직(敎職)이 약 157명(학정[學政], 훈도[訓導], 교유[敎諭], 교수[敎授]), 무관이 29명에 이른다.[18] 그밖에도 당시 지방에 거주하고 있던 전임 관료 30여 명을 '군문남천지방인재'(軍門南薦地方人才)라는 명목으로 추천했는데, 여기에는 원임 대학사(大學士) 섭향고(葉向高), 호부상서 임학로(林學魯), 호부시랑 하교원(何喬遠) 등 복건 출신 저명인사들이 다수 포함되어 있다. 이런 식의 총괄적인 평가로 목록에 포함된 전체 평가 대상 인원은 모두 합해서 약 356명에 이른다. 기표가가 실질적으로 추관으로 근무한 1624년에서 28년 사이의 4년간, 복건성에서 재임했던 거의 모든 지방관이 평가 대상이 된 것은 물론이다. 여기에는 동일 직책의 추관도 12명이나 포함되어 있고 포정사를 위시하여 자신보다 품급이 높은 상급 관료들 역시 명단에 올라와 있다.

[표 3]에서는 기표가의 고과기록에 의거, 그가 평가한 지방관을 관직별로 정리했다. 고찰을 통해 교체되는 비율이 매우 높았던 지현의 경우는 총 97명이 해당 기간 인사평가의 대상이 되었는데, 이것은 복건성 전체 정원이 57명이란 점을 고려하면 매우 많은 인원이라고 볼 수 있다. 그밖에 복상(服喪)과 인사이동으로 자리를 떠난 경우는 전임과 현임을 모두 기록했고 동일 인물에 대해 여러 차례의 평가 기록을 만들기도 했다.

평가 내용은 대개 고어(考語)와 품평(品評)으로 나누어 기록하고 있지만 일부는 두 항목 중 하나만 기록된 것도 있다. 고어와 품평은 내용과 형식

17 (明)祁彪佳, 北京圖書館藏, 『祁彪佳文稿』(北京: 書目文獻出版社, 1991) 3卷 評語, pp. 2582~2691. 이 기록은 문집으로 출판되기 전의 초고인 까닭에 관료 평가의 초기 과정이 그대로 기록으로 남아 있다.

18 여기서 대략치로 표기한 이유는 성명을 밝히지 않거나, 혹은 성씨만 기록하여 동일 인물을 가려내기 어려운 경우가 많았기 때문이다. 임기를 밝히지 않은 관계로 지방지에서 정확히 해당 인물을 식별해낼 수 없는 예도 있다.

[표 3] 추관(推官) 기표가(祁彪佳)가 평가한 복건성 지방관의 구성

직명	품계	인원(명)
포정사(布政使)	종2품	2
안찰사(按察使)	정3품	1
분수도(分守道)	종3, 4품	1
분순도(分巡道) · 순해도(巡海道)	정4, 5품	3
제학도(提學道)	정4, 5품	1
운염사(運鹽使)	종3품	2
운염사부사(運鹽司副使)	종5품	1
지부(知府)	정4품	14
동지(同知)	정5품	15
지주(知州)	종5품	1
통판(通判)	정6품	20
추관(推官)	정7품	12
지현(知縣)	정7품	97

* 출전: (明)祁彪佳, 北京圖書館藏, 『祁彪佳文稿』(北京: 書目文獻出版社, 1991) 3卷 評語

면에서 실제로 큰 차이가 없다. 보통은 약 3백 자 내외로 고어와 평어가 기술되었지만 짧은 경우는 불과 20~30자 정도로 그쳤다. 상대적으로 비중이 낮은 교관과 무관들은 대개 10~20자 내외로 평어가 짧다. 특별히 추천해야 될 인물에 대해서는 상당한 지면을 할애하는데, 예를 들면 흥화부 동지(同知) 주몽가(周夢可)에 대한 평가어는 전체 천여 자에 이르는 많은 분량이다.[19] 그에 대한 평가 내용은 도적 검거와 해방(海防), 징세에서 거둔 업적을 칭찬하는 것으로 인품과 기량, 풍모가 빼어나다는 평가로 일관하고 있다. 또 다른 관료에 대한 고어의 경우도, "일할 때는 자기 몸을

19 (明)祁彪佳, 「興化府同知周夢可」, 같은 책, pp. 2655~2657.

아끼지 않으며 맑은 마음, 근엄하며 웃음이 적다. 재능과 품격은 비할 데 없이 빼어나며 순량(循良)함은 독보적이다"[20] 등과 같이 주관적인 성격의 형용이 많다는 점이 특징이다. 이렇듯 고어와 평어가 구분이 모호한 것은 고찰이 전인적 평가를 목표로 한 데서 나타난 필연적 현상이었다. 관료 개개인의 인품과 재능, 청렴도, 업적 중에서 어떤 면을 주로 평가할지는 기표가 자신의 판단이 전제가 될 뿐이었다.

그러나 이와 같은 제약점을 가지고 있음에도 불구하고 이 기록은 추관이 지방관에 대한 평가 및 고어 작성을 위해 어느 정도의 노력을 기울여야 했는지를 여실히 보여준다. 한 사람의 추관이 종2품의 포정사 이하 모든 지방관을 망라하는 방대한 평가 기록을 작성했던 셈이다. 당시 복건성의 추관 수는 총 10명이었고, 기표가는 그 중 한 명에 불과했다. 당시 진사 합격 후 일 년 뒤에 이 지방에 부임한 약관의 기표가는 잘 알려진 대로 장서가 기승업(祁承業)의 아들이었고, 가문의 후광과 함께 일찍부터 재능과 문장으로 이름을 떨친 문인사회의 기린아였다. 능력과 야심을 지닌 엘리트 신임 관료로서 기표가가 다른 추관에 비해 고찰 업무를 보다 철저히 수행했을 가능성은 인정할 수 있다. 그렇지만 이 정도에는 미치지 못하더라도 순안의 업무 수행을 위해 다른 추관들 역시 유사한 방식의 관료 평가업무를 수행했을 것으로 보인다.

2. 여론의 다양한 전달 경로

여기에 관련해서 당시 관료들을 위해 출간되었던 업무지침 서적에는

---

20 (明)祁彪佳, 「南平縣知縣吳襄」, 같은 책, p. 2585.

추관의 고유 업무로 지방관에 대한 여론 채취 및 평가어 작성에 관한 내용이 포함되어 있어서 주목을 끈다. 산서성(山西省) 연수(延綏) 순무를 지낸 도자강(佘自强)의 이름으로 출간된 『치보』(治譜)라는 관잠서(官箴書)에는 추관들이 고찰 업무를 수행하는 데 필요한 정보를 얻는 대상과 방법 등이 상세하게 기재되어 있다.[21] 이 책에서는 고어를 작성하기 위해 무엇보다도 사회 각계각층으로부터 다양한 정보를 얻기를 권했는데, 여기에는 관료집단, 백성 등은 물론이고 놀랍게도 전문적인 정보 수집 조직까지 포함되어 있었다.

최우선적으로 정보를 얻을 대상은 지방 관료들이었다. 이들에게서 정보를 얻는 방법으로는 먼저 관아에 관평(官評)의 저본을 기록하기 위한 상자를 만들어두라고 제안했다. 그리고 지부 이하 관료는 각각 2쪽, 말직은 반쪽 정도로 기록을 작성하는데, 직접 견문한 사실이나 소송사건의 공초(供招), 상급기관에 올리는 보고문인 상문(詳文)에서 채취한 정보는 물론이고 빈객과 신사, 백성이나 가마꾼들로부터 들은 이야기도 진위를 막론하고 모두 기록하라고 했다.

형관(추관)은 임무를 맡은 지 며칠이 지난 후, 부(府)의 장관인 지부(知府)나 담당관에 대해 해당 관료에 대해 평가를 내린 관평(官評) 원고 1편을 요청한다. 여기에 열거된 것은 거의 '사람 좋은 팔방미인'(好好先生)임에 틀림없다. 그리고 십여 일 후 지부와 보좌관 및 지주, 지현에게 스스로 자신의 공적을 제출하도록 요구한다. 그들의 기록도 또한 자신을 한나라 때의 순리인 황패(黃覇)나 공수(龔遂)와 같은 인물로 묘사하고 있다. 또한 포정사(布政使)·안찰사(按察使)나 도대(道

21 (明)佘自强(陳龍正評), 『治譜』 續集(續修本, 753冊) 佘自强은 四川 銅梁 태생으로 萬曆 20년 진사 출신, 山西省 布政使를 거쳐 延綏巡撫를 역임했다.

> 臺), 혹은 다른 부를 대상으로 탐문하여도 같은 기록을 내밀 뿐 거의 대동소이하다. 그럼에도 마치 화가가 밑그림으로 쓰듯이 일단 이를 이용할 수밖에 없다.[22]

추관은 즉 상급 관료인 포정사·안찰사를 비롯하여 지방의 전 관료들에게 인사 대상 관료의 평가를 요구할 수 있었다. 이것은 지방 관료사회에서 감찰관인 순안어사의 위상이 얼마나 높았는지를 대변해주는 단적인 예이기도 하다. 모든 관료들은 추관의 요구에 응해서 동료나 부하에 관한 정보를 제출했고 자신의 업무기록 역시 제공해야 했다. 그러므로 이 과정에서는 본래의 인사 책임자인 상관은 말할 것도 없고 동료나 부하조차도 관료 개개인의 평가에 영향을 미칠 수 있다. 관료들은 일상적으로 고찰을 의식하지 않을 수 없는 입장에 처하게 된 것이다. 『치보』에서는 이런 기록들이 대개 수박 겉핥기식의 칭찬이나 혹은 낯 뜨거운 자화자찬의 문구라는 사실을 상기시키면서 주의를 환기시켰다. 비슷한 시기, 강경한 원칙론자로 유명한 구순(丘橓, 1516~1585)은 관료 상호간의 이러한 '관평'을 보다 신랄하게 비판한 바 있다.

> 지방의 두 장관[이사(二司), 즉 포정사(布政司)와 안찰사(按察司)를 가리킨다]에 대한 평가는 반드시 관련 관료들에게 위탁한다. 이들은 즉시 과장된 멋진 말로 평가문을 작성하여 먼저 해당 관료에게 몰래 전해주며 일이 잘되기를 기원한다고 말한다. 두 관료는 그가 자신을 비호해준 것을 자세히 알게 되고 또 두려운 마음을 품고는 공문서를 전달할 때 편지를 함께 써 보내 교제를 시작한다. 사소한 정

22 (明)佘自强, 같은 책, 續集「祥刑要覽」, '官評底本', p. 640. "刑官到任數日, 卽於太府或署印者, 請教他方一切事及官評稿一本. 此中所開, 必好好先生也. 再過十數日, 卽向太府府佐及州縣, 求自行循卓事蹟, 彼所開來, 自莫非龔黃語. 且司道府問彼事實, 亦是此稿呈去, 尤大家雷同者也. 然不可不以此作画家堊本." 佘自强은 四川 銅梁 태생으로 萬曆 20년 진사 출신, 山西省 布政使를 거쳐 延綏巡撫를 역임했다.

> 보라도 얻게 되면 자신도 신속하게 연락을 취한다. 만날 기회가 있을 때마다 반드시 술자리로 잡아끌고 상석에 앉혀 주빈의 예로 접대하며 형제의 의리를 맺는다. 주현관의 고어 역시 반드시 다른 지방관에게 의탁한다. 부탁을 받고 방찰을 하게 된 관료는 즉각 멋들어진 평어를 만들어 해당 관료에게 비밀리에 전달하면서 역시 잘 되기를 기원한다는 인사를 전한다. 이렇게 교제를 맺어 서로서로 눈과 귀가 되어준다. 비록 군읍들이 멀리 떨어져 있고 서로 몰랐던 사이였더라도 즉시 의기투합하고 굳게 뭉쳐서 등나무 줄기처럼 얽혀 갈라지지 않는다.[23]

지방관료들이 이처럼 자신에게 유리한 연줄을 만들기 위해 이합집산을 거듭하게 된 것은 정보 수집활동이 낳은 뜻하지 않은 부산물이었다. 물론 모든 지방관들이 고찰의 감시망을 뚫고 지나갈 수 있었던 것은 아니다. 그러나 상시적인 고찰이 진행되는 상황에서 지방관들은 서로를 후원해줄 인맥을 만들기 위해 갖은 수단을 동원했고 이런 움직임들은 지방 관료사회를 크게 동요시켰다.

다음으로 제시된 정보 수집방법은 바로 지방의 향신 · 학생 · 서민 등 지역사회 전 구성원의 의견을 채집하는 것이었다. 이를 위해서 "백성들에게 물어볼 때는 원한을 풀려고 말하는 건 아닌지 잘 가려내야 하고, 관청의 아역(衙役)에게 물어볼 때에는 자신의 이익을 위해 관료를 비방하는 건지 구별해야 하며, 향신과 사대부에게 물어볼 때에는 이들이 반드시 정인

---

23 (明)張萱, 같은 책, 卷31, 考察, p. 7. "丘橓曰[……], 二司考語, 必託之有司, 有司卽侈加美考, 先以密達於二司, 且請益焉. 於是二司深得其庇己, 而且畏之. 每移公檄, 卽附啓以納交, 少有私聞卽專書以馳告, 見必留飮, 坐必延上, 敍賓主之禮, 而結兄弟之歡矣. 有司考語, 亦皆託之有司, 而行訪之有司, 卽以美考, 密達被訪之有司, 且請益焉. 於是彼此交通, 互爲耳目, 雖郡邑隔遠, 未經半面, 而神交冥契, 總爲不解之藤蘿矣." 丘橓은 嘉靖 29年 進士 출신으로 張居正 정치에 대한 반대활동으로 실직했다가 만력 11년에 左副都御史로 복직한 뒤 張居正의 가산 적몰 및 가족에 대한 취조를 맡았다. 『明史』 卷226, 列傳 114 丘橓, p. 5936. 여기 대해서는 지나치게 가혹했다는 평가도 따른다.

군자가 아니라는 점을 살펴야 한다"는 주의사항이 부가되었다.[24] 이것은 홍무연간부터 공식적으로 천명된 중앙의 감찰 원칙, 곧 지방의 모든 사람들에게 널리 정보를 얻는다는 방식이기도 했다. 이 조례는 순무와 순안어사의 역할이 제도로 규정된 16세기 후반에 이르러 이전보다 확실히 현실적 힘을 발휘했다.[25] 순안어사의 활동이 본격화된 가정 10년(1531)경, 감찰조직인 도찰원의 규정에는 다음과 같은 내용이 실려 있었다.

> 앞으로 순안어사가 관리를 고찰할 때에는 될 수 있는 한 넓은 범위에서 정보를 수집해야만 한다. 논밭에서 일하는 백성들이나 학식 있는 부로(父老) 등 다양한 사람들을 모두 조사 대상으로 하되 한 사람, 한 사람씩 사건마다 일일이 세심히 물어보도록 하라. 한 편의 말만 듣고 현혹되거나 한 가지 연유에만 집착하지 않도록 하라. 수도로 돌아올 때 정보수집 결과를 가지고 각 관료별로 명백히 기록하여 앞으로 참고자료로 이용하도록 하라.[26]

'민간의 정황을 상부에 전달한다'(下情上達)라는 유교이념은 이처럼 순안어사의 주된 임무로 재해석되었다. 여기에 필요한 여론을 얻기 위해 어사와 실무 담당자인 추관들은 각 지방을 돌면서 문자 그대로 논과 밭의 백성들과 직접 대면하려고 했다. "주현에 도착하여 들의 백성들, 밭의 농부들과 만날 때마다 다른 구실을 만들어서 가마를 그쪽으로 돌리고는 불러서 물어보아야 한다. 이럴 때는 주변의 부하들을 멀리 있게 하고 온화

24 (明)佘自强, '廉訪官評', 같은 책, p. 641.

25 지방관에 대한 不時 擧劾, 곧 비정기 천거와 탄핵은 순무직이 창설될 당시부터 중시되어온 임무의 하나였지만 정기적으로 시행하는 권한이 부여된 것은 正統 6년(1441) 이후의 일이었다. 王世華, 1992, p. 25; 奧山憲夫, 「明代巡撫制度の變遷」(京都: 『東洋史硏究』 45-2, 1986) 참조.

26 (淸)孫承澤, 같은 책, 卷48, '監察御史', 嘉靖 6年, 右都御史王鋐, 申明條約, 精考察, p. 22.

한 얼굴로 자세히 정보를 캔다. 이렇게 얻은 여론이 가장 정확하다"[27]는 등의 방법이 권장되었다.

그러나 과연 이렇게 해서 관료 평가에 도움이 될 만한 여론을 수집할 수 있었을까? 이런 형태의 여론 청취는 절차가 애매할 뿐 아니라 우연에 의존할 수밖에 없었다. 현지에서 직접 정보를 수집하려고 나선 감찰관들은 오히려 지방 서리들이 꾸민 연극에 놀아날 위험에 노출되어 있었다. 『치보』에서도 이 점을 염두에 두었지만, "멀리 나가서 정보를 수집할 때에는 돗자리와 말 한 필을 준비하여 편복으로 아역들보다 먼저 앞으로 나아가서 백성들에게 물어본다. 아역들이 교묘한 속임수를 꾸미는 데 넘어가지 않도록 너무 자주 가지는 않도록 주의하라"고 덧붙이는 정도에 그쳤다.

세 번째 정보원으로는 뜻밖에도 국가 인사행정 업무와는 어울리지 않는 불법단체가 등장한 점이 주목된다. 당시 많은 기록들에서 관료들의 생사여탈의 권한이 무뢰(無賴)라고 불리는 폭력배나 조직적인 불순 세력들에 의해 좌우된다는 증언들이 발견된다. 민중의 여론 수집의 이면을 파고든 이들 자생단체들은 '와방'(窩訪) 또는 '방행'(訪行) 등의 이름으로 불렸다. 소주(蘇州)·가선(嘉善) 등지에서는 불법조직인 방행이 행동조직격인 '타행'(打行), 소송 대행인인 '송사'(訟師)와 서로 결탁하여 지방의 횡포한 유력자들의 손발이 되어 조직적으로 공권력 행사에 개입한다는 사실이 지적되기도 했다.

이 불법 조직들은 초기에는 지방관청에서 소송이나 재판, 범인 검거 등 사법 관련 업무를 처리하는 과정에서 범죄 집단이나 불법 조직의 끄나풀로부터 정보를 얻던 관행으로부터 관료사회와 연결된 것으로 보인다.[28]

27 (明)佘自强, '問鄉民官評法', 같은 책, p. 642.

28 (明)『光宗實錄』 卷3, 泰昌 元年 8月 丙午, p. 61. "撫按各差訪拏人犯, 屢經禁止, 間復擧行, 中多讐黠窩訪, 乘機誣搆, 不無冤濫. 今後務遵明禁入境受事, 即刊布奉旨, 不行訪察, 諭所屬以杜

이후 순무와 순안어사가 파견되어 지방관에 대한 감찰이 강화되면서 관료에 관련된 정보를 매매하는 일종의 흥신소 역할을 하게 되었다. "관료들의 생사를 좌우할 권한은 조정에 있지 않고 순무와 순안어사가 가진 것도 아니며 무뢰와 간사한 자들의 손에 있다"라는 기록은 당시의 이런 정황을 말해주는 것이다.[29] 마치 지방의 사법 담당관인 추관이 인사고과에 관여하게 된 것과 유사한 경로로 민간의 불법 조직이 생성되었다. 이들은 대부분 지방관청에 뿌리내린 서리 · 아역들과 연결되어 있었기 때문에 커다란 영향력을 행사할 수 있었다.[30]

이들의 존재는 체제 측에도 감지되어 상당한 위협으로 간주되었음에 분명하다. 16세기 중반 만력연간에는 감찰관들 내부에서도, "상관들이 서리에게 눈과 귀를 맡기고, 명예를 훼손할 정보는 와방에게 의지하니 불초한 지방관들은 음으로 와방과 결탁하고 양으로는 상관의 비위를 맞춘다"[31]는 비판이 일었고, 지방관의 현부(賢否)는 반드시 정규 관료들의 고어로 판단해야 한다는 주장도 제기되었다.[32] 이처럼 와방을 경계해야 한다는 의견이 거듭 개진된 것은 "지방의 포정사, 안찰사나 도대(道臺) 등의

指嚇, 果有豪猾病民, 有司不能治者, 被害諸人赴訴上官. 兩造具備, 方與聽理, 其各該衙門贓罰, 亦不得取盈歲額, 濫聽告訐, 株連無辜違者, 以不職論."

29 (明)楊東明, 『山居功課』(日本內閣文庫藏 明萬曆四十年刊本) 卷6, p. 62. "生殺與奪之權, 不在朝政, 不在按院, 而在無賴奸民之手矣."

30 (明)佘自强, '廉訪官評', 같은 책, p. 641. "아역과 서리를 잘 조사해보면 그중 폭력배가 있어 지주 · 지현의 장단점을 거의 다 알고 있다. 이런 데서 정보를 얻을 때는 모든 것을 다 조사하여 골고루 참고하는 것이 방법이다."(按衙役胥吏, 有光棍, 而能悉州縣長短者, 但詢之有法, 皆可備兼聽之用).

31 (明)『神宗實錄』 卷133, 萬曆 11年 2月 更子, p. 2484. 이 기사는 陝西道御史 楊四知가 올린 상소문의 일부이다.

32 (明)『神宗實錄』 卷124, 萬曆 10年 5月 乙卯, pp. 2310~2311. 刑科급사 중 牛惟炳은 土豪와 와방에게 정보를 얻는 폐단을 경계하면서 관평을 작성하는 정식 경로를 더 중시해야 한다고 건의했다. 이 기사는 錢一本編, 『萬曆邸鈔』 上(楊洲: 江蘇廣陵古籍刻印社, 1991), 萬曆 10年 壬午 12月 付錄. pp. 143~145에도 실려 있다.

중견급 관료들이 와방에게 정보를 얻느라 관의 비용을 사적으로 사용한다"[33]는 말이 나올 만큼 이들 불법 단체들이 관료행정과 결합되어 있었기 때문이었다.

이들이 제공하는 정보는 대단히 구체적이어서 '밭과 들에서 백성들에게 물어보는' 정도의 정보수집과는 차원이 달랐던 것으로 보인다. 와방이나 이들과 내통한 집단들은 지방관 한 사람 한 사람마다의 리스트를 가지고 있는데 누구에게나 해당되는 일이나 또는 전임자의 행적을 빌려서 적어놓은 경우도 있었지만 대부분 예외 없이 치명적인 정보들을 모아두었다고 한다.[34] 이 때문에 이런 유형의 정보는 종종 인사고과를 좌우할 만한 파괴력을 발휘했다. 『치보』에서는 불가피한 경우에 한한다는 단서를 달면서도 이들을 정보원으로 이용할 수 있다고 인정했다. 현장으로부터의 생생한 정보를 필요로 하는 추관은 그 위험성을 알고 있으면서도 아역이 가져다주는 이런 정보에 의존하지 않을 수 없었다.

지방관 인사과정에 이런 불법 단체들이 개입했던 사실은 이미 선행 연구에서도 언급된 바 있다. 이 연구는 주로 이런 집단이 탐욕스럽고 불법을 일삼는 지방 세력과 연결되어 이른바 '향신의 횡포'(鄕紳之橫)의 선구가 되었다는 점을 주목하였다.[35] 사실 와방이 지방의 토호나 유력자들과 결탁하여 지방관에 대한 악정보를 의도적으로 유포하는 일은 주요한 사

33 (明)『神宗實錄』 卷312, 萬曆 25年 7月 丁酉, p. 5827.

34 (明)佘自强, '訪事蹟', 같은 책, pp. 641~642.

35 川勝守, 「明末淸初における打行と訪行」(『九州大東洋史論集』, 1982); 和田正宏, 2002, pp. 512~513. 和田正宏은 이런 존재가 나타난 원인을 순안어사의 고찰에 지방 향신이 개입한 데서 찾았다. 즉 향신이 와방을 통해 지방관에게 압력을 가하고 자신들의 이익을 도모했다는 것이다. 그리고 명대 후기부터, 관료 상호간의 결탁으로 인해 지방관에 대한 고과 시스템이 제대로 기능하지 않았고 이로 인해 평가 과정에서 衙役과 窮民들에게 정보를 얻게 되었다는 것이다.

회문제로 지적될 만큼 심각했음에 분명하다. 공권력의 그늘에서 암약하는 이들의 영향력은 상당한 것이었다. 청백리로 이름을 떨쳤던 이응승(李應升, 1593~1626)은 당시 통가(通家)와 와방들이 무고와 모함을 일삼는 것이 천하의 안정을 해치고 민생을 좀먹는 가장 큰 폐단 중 하나라고 주장할 정도였다.[36]

그러나 한편 이들의 존재는 지방세력, 특히 향신 · 토호들이 불법적으로 행정에 개입한 일방적인 움직임만으로 설명되기는 어렵다고 본다. 공적 · 사적 영역을 가리지 않는 전방위적 감찰을 중시하는 고찰 방식이 없었다면 이런 형태의 정보제공 조직이 자생적으로 생겨나기는 힘들었을 터이다. 그리고 현지 여론을 중시한 고찰 방식은 결코 음지에서 움직이는 이런 불법 세력만을 배출한 것은 아니었다. 와방 등이 만들어낸 정보만이 고찰에 반영된 현지 여론의 전모는 아니었고 또한 사회여론이 오로지 이런 움직임에 의해 형성되었다고 보기는 어렵다. 와방이 전하는 정보는 공개적으로 여론을 표방하거나 정당성을 주장하기는 어려운, 어디까지나 인신공격성 흠집 내기가 주를 이루었다. 그러므로 이들이 제공하는 정보는 결코 외부에 공개될 수 있는 성격의 것도 아니었다.

나아가 사회 전반에 걸쳐 이들의 활동을 비판하고 경계하는 움직임이 있었기 때문에 그 활동영역에는 일정한 한계가 있었다. 고찰 과정에는 와방과 같이 물밑에서 비밀리에 움직이는 불법적인 세력이 있는가 하면 보다 공개적 형태와 대의명분을 강조한 움직임도 함께 존재했다. 위에서 살펴보았듯이 지방관을 비방 · 음해할 목적으로 풍문이 유포됨과 동시에, 역으로 지방관을 보호하려는 움직임도 동시에 나타났기 때문이다. 다음

36 (明)李應升, 「縷訴民隱, 仰動天心, 乞實行寬恤, 以固邦本疏」, 天啓4年 3月 16日, 『落落齋遺集』(明崇禎間刻本, 四庫禁毁叢刊 集部 第50册) 卷1. pp. 43~45.

에 검토하는 바와 같이 이 시대에는 익명성을 탈피하여 실명으로 자신의 목적을 분명히 밝힌 문서들이 공포되면서 공개적인 여론이 조성되기 시작했다.

3. 여론을 만드는 사람들

1) 실명 문서의 등장

명대 중반 이후, 지역사회에서 고찰 과정에 개입한 세력은 다양한 형태로 존재했다. 와방이 활약할 수 있었던 바로 같은 여건 하에서 지역사회 일각에서는 그와는 대조적 성격의 움직임이 전개되고 있었다. 단적인 예로 한 지방 지도자가 고찰과 관련해서 뜻을 같이하는 지역 내 인사에게 제안한 내용을 살펴보자.

> 지금 온 천하는 곤궁에 빠져 대단히 위험한 지경에 처해 있습니다. 저는 그 타결책으로 오로지 민생 보호에 중점을 두어 순량한 관료를 표창하면서 탐욕스럽고 가혹한 관료를 제거해야 한다고 생각합니다. 지금 관청에는 하루 종일 순방자[순안어사]가 왕래하는데 각 지방에서 지방관의 좋고 나쁨을 물어보는 쪽이 이전에 감찰 업무를 맡았던 감사(監司)로부터 정보를 얻는 것보다 오히려 효과적일 터입니다. 만약 조사 결과가 정확하여 순방자의 규찰과 탄핵에 오류가 없다면 민생은 안정을 찾을 수 있습니다. 그런 까닭에 저는 주현에 관련된 일들을 항목별로 열거하여 서책으로 발간 · 반포하려고 생각합니다. 대장부가 수령의 이름을 얻고도 제대로 정치를 해내지 못하는 것은 참으로 안타까운 일입니다. 일단 순방자와 상담하여 별도로 규약을 만들어 신중하게 처리할 터이므로 그다지 돌출된 행동은 되지 않을 것으로 봅니다.[37]

이 사료는 저명한 동림(東林)계 인사 고반룡(高攀龍, 1562~1626)이 향리인 무석(無錫)에서 같은 고향 출신의 지인이며 함께 과거에 합격한 동년진사이기도 한 진유학(陳幼學, 1541~1624)에게 보낸 편지의 일부이다. 고반룡은 당시 지식인층 사이에서 강한 영향력을 행사하던 동림파의 주축 인물일 뿐 아니라 지역사회를 이끄는 지도적 위치에 있었다. 진유학은 만력 17년(1589) 진사 출신으로 하남(河南) 학산(确山) 지현과 호주(湖州) 지부를 역임했다. 그는 재임 당시, 수리와 개간으로 지역 경제를 회복하고 기민 구제활동을 헌신적으로 전개하여 목민관의 명성이 높았던 인물이었다.[38] 그는 70세에 귀향한 뒤 고반룡과 함께 동림서원 강학 활동에 참가하는 한편 지역사회의 현안 해결에 앞장서서 폐정 개혁활동을 벌였다. 고반룡과 진유학은 이 지역에서 민간 자선단체의 효시를 이루는 동선회(同善會)를 조직하여 풍속과 도덕을 바로잡고 극빈자 및 노약자 구제기금 조성 등의 활동을 벌인 것으로 유명하다.[39]

고반룡은 이 편지에서 민생안정을 위해서는 지방관에 대한 사찰의 강화가 불가피하다는 입장을 분명히 했다. 방찰, 곧 조사 방법으로는 감사로부터의 정보에 의존하기보다 직접 각처를 탐방할 것을 권했다. 여기서 순방자란 순안어사를 가리키며 감사란 기존 인사 책임자인 포정사와 안찰사를 지칭한다. 순방자가 지방관청에 일상적으로 출입하면서 지방 각곳을 감찰한다는 것은 앞에서 살펴본 순무 · 순안어사의 공식 고찰활동을 의미한다. 지방의 일개 향신인 고반룡은 순방자의 방찰활동을 돕기 위해

37 (明)高攀龍, 「與筠墻(塘)四」, 『高子遺書』(明華允誠撰, 光緒2年 無錫東林書院刊本) 卷8下, p. 17. 한편 文淵閣本(1292冊) 『高子遺書』, p. 510에서는 '與筠塘四'로 '墻'이 '塘'으로 되어 있다.

38 『明史』 卷281. 列傳169, 循吏, '陳幼學', pp. 7217~7218.

39 夫馬進, 『中國善會善堂史研究』(京都: 同朋舍, 1997), pp. 98~99.

스스로 지주 · 지현의 행정 업적에 대한 기록을 작성 · 공표하는 방법을 제안했다. 즉 방찰이란 고반룡의 신변에서 일상적으로 행해지는 일들이었고 스스로 여기에 참여하지 않으면 안 될 현실 문제였다. 지방의 정치는 백성과 지역 지도자의 참여가 전제가 되어야 한다는 고반룡의 강력한 자치적 발상이 바탕에 깔려 있음을 알 수 있다.

인사행정 과정에 정보를 제공해야 할 의무와 권리가 있다고 본 고반룡의 입장은 확고했고 편지뿐 아니라 보다 공개적인 방법을 택하기도 했다. 고반룡은 이부에 대해서도 공식적으로 '왕지부(王知府)의 유임을 요청하는 공문'(公啓吏部留王君尊)이라는 문서를 발송함으로써 지역사회를 위해 기여한 지부 왕술고(王述古)의 유임을 요청했다. 이 문서의 작자는 고반룡 한 사람이지만 '부로자제'(父老子弟)의 연명으로 작성된 형식을 취하고 있음이 주목된다.[40] 이러한 고반룡의 예는 결코 특수한 사례가 아니라 사실 당시 지역 엘리트 사이에서 나타난 일반적 관행으로 볼 수 있다. 이와 같이 지방의 향신과 사인층이 각종 문서를 통해서 지방관의 인사 문제에 관여하는 사례는 비일비재했다.

이부고공사(吏部考功司) 낭중(郎中)으로서 인사 실무를 맡았고 뒤에 이부상서를 역임하는 등, 인사 업무에 정통했던 동림계 인사인 조남성(趙南星, 1550~1627)은 이런 관행을 두고, "사심을 품고 비호하려는 문서를 사게(私揭)라고 부르고 흠집을 내고자 하는 문서는 방단(訪單)이라고들 한다. 만인에게 전달하는 것은 공론(公論)이라고 하고 상주문 형식의 문서는 습

---

40 (明)高攀龍, 「公啓吏部留王君尊」, 같은 책, 卷8下, pp. 19~20. 王述古는 호는 鍾嵩, 자는 信甫이며 萬曆 17年(1589) 진사 출신이다. 萬曆 32년(1604)에서 34년까지 常州 지부를 역임했다. 그의 생애에 대해서는 高攀龍, 「王公行狀」, 같은 책, 卷11; 趙南星, 「明山西右布政使王君墓志銘」, 『趙忠毅公文集』(崇禎十一年刊本, 『四庫禁燬書叢刊』, 北京: 北京出版社, 1998) 卷14, pp. 412下~417上 등에도 자세하다. 한편 夫馬進, 1984, p. 611에도 이 문서가 언급되어 있다.

유(拾遺)라고들 부른다"라고 비판했다.[41] 사계는 사적인 문서이기는 하지만 실명을 밝히는 문서인 까닭에 대개 특정 관료를 긍정적으로 평가하고 비호하는 내용을 담고 있지만, 익명으로 산포되는 방단은 주로 개인에 대한 인신공격과 비난을 목표로 한다.[42] 조남성이 볼 때 사게 · 방단 · 공론 · 습유는 비록 저자나 성격이 다르다고는 해도, 행정체계 외부에서 인사행정에 개입하려는 의도를 가지고 있다는 점에서 공통점이 있다는 것이다

명조는 익명 문서를 몰래 유포하는 행위는 최고 교수형에 처하고, 이런 문서를 업무에 이용한 관료들에게 처분을 내리는 등 엄격한 법령으로 이를 금지한 상태였다.[43] 그러나 사실상 이 법령은 거의 효력을 발휘하지 못했고 명대 후기로 갈수록 익명 문서는 점점 더 위력을 발휘했다. 그러나 이런 현상을 비판했던 조남성 자신의 행적 역시 이런 비난에서 자유로울 수 없었다는 점은 주목할 만하다. 사실 그의 비난을 문자 그대로 받아들이기는 어렵다. 무엇보다도 조남성 자신이 바로 향리인 하북성(河北省) 고읍현(高邑縣)에 체재하던 사이에 인사 관련 '사게'를 몇 차례나 작성 · 공표했다. 대표적인 예로 고향 고읍백성 만 명의 이름으로 발표된 '고읍만인장'(高邑萬人帳)이라는 문서를 살펴볼 필요가 있다.[44]

글의 주인공인 유지현(劉知縣)은 고읍현에 부임한 지 3년이 채 되기 전

41 (明)趙南星, 「答楊道行七」, 書簡, 『趙忠毅公文集』(崇禎十一年刊本, 『四庫禁燬書叢刊』, 北京: 北京出版社, 1998) 集68, 卷22, pp. 17~19. 趙南星은 天啓年間 吏部尙書로 인사업무를 총괄했다.

42 私揭는 揭帖에서 유래한 용어로, 명초에 揭帖은 내각에서 바로 황제에게 전해지는 일종의 비밀문건이었지만 이후 점차 민간으로 퍼졌다고 한다. 공개적으로 유포되는 사문서와 전단물 등은 私揭라고 하며, 익명으로 산포하는 것은 匿名揭 혹은 匿名 문서라고 불렀다. 尹韻公, 『中國明代新聞傳播史』(重慶: 重慶出版社, 1990), pp. 231~232 참조.

43 『明會典』, 卷169, p. 3472.

44 (明)趙南星, 「高邑萬人帳題詞」, 같은 책, 集68, 卷17, pp. 41~42.

에 조근고찰의 해를 맞아 승진하게 되었다. 백성들은 기뻐 노래와 춤으로 이를 반기고 만인의 서명장을 만들어 조남성에게 추천의 글을 부탁했다는 것이다. 조남성은 자신의 입장에 대해, "나는 원래 근심이 많은 사람으로 여염에 오래 머물며 그 고생스러운 형편을 보고 통곡하는 소리를 듣는 일이 많았다. 작은 읍의 거의 대부분은 친척과 같은 종족들이어서 이해가 서로 얽혀 있다. 유지현처럼 청렴하고 백성을 사랑하는 관료를 만난 것은 나의 복이다"라고 밝혔다. 이런 명분 하에 조남성은 지방관의 선정을 칭송하는 만인의 의견을 모으는 작업에 기꺼이 자신의 이름을 내걸었다.

조남성은 고찰 과정에 개입되는 정보와 여론의 쇄도현상이 결코 순수한 의도가 아님을 충분히 인지하고 있었다. 그럼에도 불구하고 자신이 지방관의 인사이동에 관심을 갖는 것은 일가친척 · 지인들로 이루어진 지역사회의 일원으로 도탄에 빠진 민생을 백안시할 수 없었기 때문이라고 밝혔다. 결국 위에서 인용한 조남성의 사게 비판은 문서 작성과 유포 그 자체가 문제가 아니라 '사사로운 이해관계'로 좌우된다는 점을 비판한 것으로 보아야 할 것이다. 조남성의 일견 모순된 이런 입장은 인사에 개입하는 움직임들이 대단히 다양하며 각각 상이한 의도를 갖고 있음을 반증해준다. 그렇다면 이런 문서들은 인사고과에서 어느 정도의 힘을 발휘할 수 있었을까.

다음 사례는 지방민의 이러한 요청이 순무에게 직접 전달되고 실제로 실현될 수 있었음을 보여준다. 보정(保定) 순무 왕응교(汪應蛟)는 실제로 고읍(高邑) 백성들의 소망을 받아들여서 전근을 앞둔 지현 김사과(金四科)를 지주로 승진시키고 고읍현의 일을 겸임하도록 중앙에 요청했다. 그는 여기서 고읍현 향민 최천서(崔天敍) 등이 연명으로 제출한 '지현을 유임시켜 민생을 구원하기를 간청하는 글'(告爲懇乞暫留縣令撫救民生事)과 현학의 학생 왕사작(王賜爵) 등의 명의로 된 '순량한 관리를 남겨 인심을 위로

하기를 바라는 글'(呈爲保留循良以慰人心事)이라는 문서를 받았고 그 지역 퇴임 관료와 거인 · 감생들의 한결같은 요청을 받아들였다고 밝혔다.[45] 즉 앞서 조남성의 '고읍만인장'(高邑萬人帳)과 같은 문서가 지역 여론을 수렴한 퇴임 향신의 의견서로 현지 인사에 직접적인 영향을 미쳤던 것이다.

고찰 과정에는 와방과 같이 비밀리에 움직이는 불법적인 세력이 있는가 하면 이상과 같이 보다 공개적인 형태로 자신들의 정당성을 주장하는 움직임도 존재했다. 또 지방관을 비방 · 음해할 목적으로 풍문이 유포됨과 동시에 역으로 지방관을 보호하려는 여론의 움직임도 대두되었다. 다음에 살펴볼 증서문(贈序文)이라는, 실체가 보다 뚜렷한 공개적 문서가 유행했던 것은 바로 이런 상황에서였다.

2) 증서문의 유행

고적서(考績序) · 조근서(朝覲序) · 고만서(考滿序) 등, 인사평가와 이동에 관련하여 증서문을 주고받는 독특한 관행은 명대에 크게 성행했다가 왕조 교체와 함께 모습을 감춘 이 시기 특유의 현상이었다. 문인들 사이에서 서문(序文)을 증여하는 풍습은 과거 당대(唐代) 이래, 송별을 즈음해서 시를 지어 교환하던 시서(詩序)에서 유래한 것으로 추정된다.[46] 그 후 송대(宋代) 문인들 사이에서도 생일이나 이사 · 영전 등을 축하하여 서로 서문을 주고받는 풍조가 크게 유행했다. 서문의 종류는 생일을 맞이하여 지

---

45 (明)汪應蛟, 「俯順民情議留縣令疏」, 『撫畿奏疏』(東京內閣文庫藏明刊本) 4冊, 卷4, pp. 1~4.

46 서문에서는 증서를 받는 사람과 작가와의 관계 · 우의 · 기대 · 권면 · 관심 등이 기술되나 반드시 여기에 국한되지 않는 것도 있다. 예를 들면 (唐)韓愈의 「送孟東野序」, 柳宗元의 「送薛存義序」와 같이 이별과 정한 외에도 이상과 포부, 정치, 현실 비판 등의 광범위한 내용이 포함되며 다양한 형식으로 나타나기도 한다. 陳必祥, 심경호 역, 『한문문체론』(서울: 이회, 2001), pp. 234~243.

인 혹은 그 가족에게 보내는 수서(壽序), 이동과 전근을 맞이하여 보내는 송서(送序), 그 외 기념할 만한 사건이나 영전 때에 부치는 증서(贈序)에 이르기까지 매우 다양했다. 또한 명인(名人)에게 서발(序跋)을 청하는 것은 전통적으로 책을 출간할 때 성행했던 관례였다. 지식인들의 네트워크가 큰 힘을 발휘하던 명대 중후기의 경우에는 서방(書坊)에서 책을 펴낼 때 서발을 쓴 명인이 수십 명에서 심지어 수백 명에 이르렀다.

이런 사실을 고려해보면 인사 관계 증서문은 문인사회의 독특한 기풍을 바탕으로 하고 있음에 분명하다. 그리고 이들 문서는 지속적인 인간관계와 교제를 기원하는 소망을 담았다는 점에서는 같은 시대에 성행했던 생일 · 이동 등을 기념하는 서문과 동일한 목적에서 시작된 것으로 보인다. 그러나 특기할 만한 것은 통상의 서문들과는 달리 공식적인 인사이동과 관련된 서문을 주고받는 관행은 청대에는 거의 소멸되고 마는 명대의 한시적 현상이라는 점이다. 따라서 인사 관련 서문들은 16세기 중반에서 약 백 년간 명대의 시대상을 증언해주는 귀중한 증거로 판단된다. 명대 초기부터 모습을 보이는 인사이동을 전후한 서문들은 대부분 축하와 석별의 정을 서(序)라는 형식에 담은 개인적 성격의 것들이었다. 그러나 인사 관련 사실을 구체적으로 언급한 서문들은 점차 다양한 내용과 형식으로 변형되었다.

인사 관련 증서문은 상투적인 미사여구로 나열된 관행적인 것에서부터 관료에 대한 지방민의 포폄, 그리고 지방 나름의 평가나 요구를 반영한 것까지 다양한 성격을 띠고 있었다. 여기서 주목할 만한 현상은 지방관의 이임이나 조근고찰 등 인사이동을 앞두고 특정 인물에게 서문을 부탁하여 지방관에게 보내는 관행이었다. 이런 경우에 특별한 인간관계가 없더라도 특정 인물에게 지역 사대부와 백성의 이름으로 지방관을 위한 증서를 청탁해서 작성되었다는 서문도 다수 발견된다. 증서문의 작자들은 저명인사나 고위관료 출신 또는 저명한 문인들로 명망이나 영향력을 확보한 사람들이 대부분이었다. 특히 사인층의 지지를 얻은 저명인사의 경우에는 서문 작성을 의뢰하는 청탁이 쇄도했다.

빼어난 문장력, 재기와 친화력으로 각계각층의 사람들과 교제 범위가 넓었던 이유정(李維楨, 1547~1626)의 경우, 그의 이름으로 증여된 인사 관련 서문은 확인 가능한 것만 46편에 이른다. 전국에서 그에게 문장을 청구하는 자가 그칠 날이 없었고 사교성이 좋았던 그는 청탁을 거의 거절하지 않았다고 한다. 이 때문에 그의 문집에는 엄청난 분량의 인물 전기들이 포함되어 있다.[47] 이런 종류의 증서문들 중에는 청탁을 받거나 혹은 보수를 받고 이름만 빌려주는 이른바 '응세(應世)의 문장'도 상당한 비중에 달했음이 분명하다. 일례로 명말청초의 왕조 교체기에 북경을 방문·체류했던 담천(談遷, 1593~1657)은 동향 출신의 고관 조용(曹溶, 1613~1685) 등 지인들을 위해 서문을 대필해주고 일정한 대가를 받아 생계를 유지하기도 했다.[48] 이런 풍조는 분명 서문의 가치와 진정성을 의심하게 만드는 것임에 분명하다.

그러나 그런 가운데서도 당시를 풍미하던 문인사회의 비판적 여론이 일정한 자정작용을 했을 가능성은 어느 정도 인정할 수 있다. 이를테면 저명한 문인 왕세정(王世貞, 1526~1590)은 "내 글을 아끼기만 할 수는 없는 터, 향리로 돌아와 산 지 십여 년이 지나다보니 우리 지역 지방관의 행차

47 李維楨(1547~1626)은 隆慶 2년 진사로 庶吉士와 編修 직을 거쳤다. 博聞强記로 유명했고 30여 년간 지방관으로 있었다. 天啓초년에 布政使를 지냈고 뒤에 예부상서로 발탁되었다. 상인을 비롯해 각계각층 사람들과 교제 범위가 넓었던 것으로도 유명하다. 이를 반영하여 그의 문집에는 考績序 33편, 入覲序 14편이 실려 있다. 李維楨, 『大泌山房集』(萬曆39年刻本, 四庫全書存目叢書, 集部 別集類, 150~153冊) 卷49 績序(151冊, pp. 523~543上; 卷50 績序(151冊, pp. 543下~564上), 卷51 覲序(151冊 pp. 564下~582下).

48 (淸)談遷, 「時明府德政錄序」(代), 「曾明府德政錄序」, (淸)談遷撰, 羅仲輝校点, 『談遷詩文集』(遼寧敎育出版社, 1998) 卷2, 文, pp. 105~107.

[조근고찰을 위한 북경행]를 맞아 진신(縉紳)들의 청으로 서문을 짓기도 하고 이임에 이르러 부로들의 사모하는 정을 받아들여 '기'(記)를 남기기도 했다. 그러나 뜻을 굽혀 거짓을 지어내고 왜곡해서 입에 풀칠할 수단으로 삼은 일은 결코 없었다"[49]라고 해서 자신의 증서 행위가 불러올 수 있는 매명(賣名)의 혐의를 해명하고자 했다. 보통은 당사자, 혹은 추천자와의 인간관계 때문에 추천의 말을 써주는 것이 관행이었다. 당대의 명사 전겸익(錢謙益)의 경우, 인사이동을 맞은 지방관을 위해 고적서(考績序)를 써주면서 지인의 부탁에 의한 것임을 밝혔고,[50] 문인 원굉도(袁宏道) 역시 외삼촌의 부탁으로 동년 진사의 아우를 위한 서문을 썼다.[51]

16세기 중반경이 되면 증서문은 지식인 사회의 인맥을 넘어서 해당 지방, 또는 공론의 이름으로 변형된 형태가 출현하기 시작했다. 여기서 모든 지방관들이 증서문을 받을 수 있었던 것은 아니며, 지역사회의 이름으로 서문을 받는 경우는 흔하지 않았다. 앞에 예를 들었던 이유정이 "생원 시절부터 오늘에 이르기까지 수십 년간 부임해온 수령은 약 20여 명이었다. 그 중 다섯 명이 고적(考績)을 맞아 지방에서 글을 보냈다"[52]라고 밝힌 바 있다. 이런 종류의 문서 가운데서는 개인 자격으로 증서문을 쓰면서도 공공연히 '공론'을 대표한다고 표방하는 기록들이 나타나기 시작했다.

49 (明)王世貞, 「賀州大夫對廷韓侯四膺旌薦序」, 『弇州續稿』(文淵閣四庫全書本 集部 別集類, 1282冊) 卷31, p.406. "余故不能自愛其文辭, 歸田以來, 逾一紀, 所于邦君大夫, 或行而循搢紳之請以有序. 去而狥父老之思以有記, 然不盡觔骸屈曲, 以爲饘粥之業."

50 (淸)錢謙益, 「賀文司理詩册序」, 『牧齋初學集』(續修本 1390冊) 卷35, 序(8), p. 594.

51 (明)袁宏道, 심경호외 역, 「送榆次令張元漢考績序」, 『역주원중랑집』 5책, 18권, pp. 154~155.

52 (明)李維禎, 「譚明府考績序」, 『大泌山房集』, 卷50, 績序, 151冊 p.558.

3) 공론의 주장

중국 전통사회를 통틀어 청렴하고 강직한 관료의 표상으로 손꼽히는 해서(海瑞, 1514~1587)는 상당수의 고적서(考績序)·조근서(朝覲序)·영장서(榮獎序) 등을 남겼다. 가정제(嘉靖帝)에게 목숨을 걸고 충언을 올렸던 사실과 강남지역 순무로 재직하면서 기득권층과 맞서 민생을 보호했던 노력으로 말미암아 그는 생존 당시에도 이미 청렴 강직한 정의파 관료로 전국적인 명성을 얻고 있었다. 해서가 향리에서 체류하던 기간에 경산(瓊山)현 지현을 역임한 주사구(周思久)에게 준 서문은 인사 관련 증서문의 복잡한 성격을 잘 보여주고 있다. 호북(湖北)성 마성(麻城)의 명문가 출신인 주사구는 가정(嘉靖) 32년(1553) 진사 출신으로 융경(隆慶) 원년(1567)에 경산현 지현으로 부임했다. 그는 시와 서예에 능한 문화인으로 이지(李贄, 1527~1602)와도 교분이 깊어 말년의 이지가 그에게 의지하여 마성지방에서 지낸 적도 있었다. 해서는 주사구가 3년 단위로 이루어지는 조근에 참가하기 위해 수도로 떠날 때 「주지현의 입근을 맞아 보내는 서문」(贈周柳塘入覲序)이라는 제목의 글을 증정했다.

> 주공은 부임 이래 교화와 덕치에 힘을 쏟아 지방 백성들이 모두 그의 노력에 감동하였다. 이백여 년 만에 처음으로 백성의 사정은 비로소 여유를 되찾고 민심은 안정되기 시작했다. 그러나 부임 후 6개월도 채 되지 않아 주공은 조근고찰을 맞아 수도로 떠나게 되었다. 경산 사람들은 공의 부임에 기뻐하다가 그의 상경을 맞아 슬픔에 젖었다. 공이 지방을 떠나 있는 기간은 1년에 채 미치지 못할 터이나 갓난아기가 자애로운 어머니 품을 하루아침도 떠나 있을 수 있겠는가. 사대부 역시 백성들과 똑같은 마음이어서 나를 찾아와 주공을 위해 한마디 글을 보내줄 것을 부탁했다. 나는 사대부와 백성의 부탁에 응하는 한편, 나 자신 역시 주공이 하루빨리 조근에서 돌아와 다시 백성을 위해 일해주기를 간절히 기원하

는 바이다.[53]

해서의 글은 어디까지나 지방민과 사대부의 의뢰를 받아서 그들의 민심을 대변했다는 데 초점을 맞추었다. 이것을 액면 그대로 인정한다면 이 서문은 경산지방을 대표할 수 있는 해서라는 저명인사와 지역사회의 보증인 셈이다. 여기서 해서는 '2백여 년 만에 백성의 마음이 오늘에야 비로소 풀리고 2백 년 만에 처음으로 민심이 안정되기 시작했다'는 등 당시 증서문에서 흔히 쓰이던 상투적인 미사여구를 구사하여 주사구를 칭송했다. 경산현 지방지에는 선정을 베푼 명관으로 주사구의 이름이 「환적지」(宦蹟志)에 실려 있는데, 여기서는 해서가 그의 업적을 칭찬했던 사실이 선정의 증거로 기록되어 있다.[54]

그러나 당시 주사구는 지현으로 부임한 지 겨우 5개월, 정무에 채 익숙해지기도 전에 조근 행사에 참가하기 위해 떠나야 하는 상태였다. 몇 백 년 만에 처음 나타난 목민관임을 검증받기에는 너무나 짧은 시간이었음에도 불구하고 주사구는 조근고찰에서 좋은 평가를 얻어 지역을 떠나게 된다. 따라서 해서의 증서는 나쁘게 보면 매명 행위이고 좋게 보더라도 지현 주사구에 대한 개인적 호의와 배려를 지방 민심으로 가장했다는 혐의를 벗어나기 어렵다. 이런 식의 상투적 문서를 작성하고 공표하는 데 따르는 문제점에 대해서는 해서 자신도 의식하고 있었음에 분명하다. 당시 지방민의 이름으로 송덕서를 보내는 관행에 대해 해서는 "아부하는 풍조가 성행하여 천하에는 공의(公義)가 사라진다"라며 우려를 표현한 바 있다. 그럼에도 불구하고 자신이 계속 증서문을 작성해 증여했던 것은 인

53 (明)海瑞, 「贈周柳塘入覲序」, 『海忠介公集』(四庫全書存目叢書本, 集部 406冊), 卷4, p. 529.
54 光緒 16年 補刊本 『瓊州府志』 卷30, 官師, 宦蹟, p. 36.

심의 공정함을 대변하고자 하는 경우에 한해서였다고 주장했다.

> 한편 '인심의 공정함'(人心之公)에서 우러나와 어쩔 수 없는 상황이 있는 법이다. 공(公)에서 출발한 것은 아첨과는 구별된다. 혹은 인심을 덕으로 감화시켜 그 영향이 멀리 미쳤거나 혹은 굶주린 이를 먹이고 혹은 목마른 이의 갈증을 풀어주어 위태로운 지경에서 벗어나도록 해준 경우도 있다. 이런 공로는 곧바로 인정받든지 혹은 영원히 제사와 의례의 대상으로 남든지, 크고 작은 차이는 있지만 사람들이 그 덕을 잊지 않는다는 점에서는 마찬가지이다. 또 이런 송덕의 풍조에는 살피고 경계하는 뜻도 포함되어 있다. 그런 까닭에 대상이 되는 관료만이 아니라 지역민에게도 유익하다. 이것이야말로 마땅한 이치이며 그 의의 또한 크다.[55]

여기서 해서가 주장한 공정한 인심이란 곧 백성의 공론 또는 공의로 이해해도 무방할 것이다. 많은 폐단이 예상되는 송덕의 글발일지라도 공론으로 뒷받침된다면 그 의의는 충분히 인정된다는 것이 해서의 명분이었다. 증서를 통해 이루어지는 지방관에 대한 공개적인 포폄에서 공론은 일종의 면죄부 역할을 하고 있음을 알 수 있다. 공론에 대한 이런 신념은 당시 문인사회를 읽는 주요한 단서가 될 수 있다. 같은 시기 주국정(朱國禎)은 대부분의 문인들이 문집이나 저서, 특히 '잡지'(雜志) 등의 기록에서 특정 인물에 대한 포폄을 내리고 이를 공개하는 행위를 비판한 바 있다. 문인들의 인물 평가는 "모두 공심(公心), 공론일 리가 없으며 '찰어'(察語)라는 이름 아래 자신의 사사로운 견해를 편 데 불과하다"는 것이다.[56] 곧

55 (明)海瑞, 「賀李東城榮奬序」, 같은 책, 卷3, p. 498.

56 (明)朱國禎, 「文人喜憎」, 『湧幢小品』(續修本 1173冊) 卷18, p. 197. "近代文集及著書, 若雜志中間, 必有所喜而褒者, 又必有所惡而疵者, 皆非公心公論, 察語下自見."

인물 평가나 공개라는 행위 자체가 문제시된 것이 아니라 여기에 공론이 정당하게 반영되었는지 여부가 잣대가 되었음을 알 수 있다.

여기서 당시 사회에서 통용되던 공론 · 공심 · 공의 등의 바탕을 이루는 '공' 개념은 오늘날의 용례로 바로 치환되기는 어렵다.[57] 명말청초에 각종 사회운동이나 개혁 지향 움직임들의 슬로건으로 자주 등장했던 '공'의 존재는 지금까지 관련 학계에서 비상한 관심을 모았던 문제였다. 특히 당시의 공 개념이 결코 국가기관이나 정부의 통치행위로 한정되는 것이 아니라 평등성과 공정성 · 공개성을 포함하고 있었다는 점은 커다란 주목을 받았다.[58] 최근까지도 중국적 '공의'(公議)를 서구 시민사회 형성의 역사적 경험에서 추출된 '공론'과 비교하면서 중국의 내재적인 자치론과 개혁론의 뿌리를 발견하려는 연구들이 진행되었다.[59] 이런 논의들에서 제기된 풍부한 시사점을 본고에서 망라하기는 어렵다. 다만 이 시기의 공 개념이 '공개성'을 전제로 한 것이며 이를 통해 정당성을 확보할 수 있다는 취지를 갖고 있음은 이 책의 논지 전개과정에서도 확인할 수 있었다.

---

57 HK한국문화연구단의 연구발표회(2009년 11월 19일)에서 이 장의 초고를 발표할 기회를 주신 고려대학교 민족문화연구원 원장 김흥규 교수님과 여러 연구자들에게 감사드린다. 이 자리에서 제기된 중국적 '공' 개념에 대한 질의와 비평에서 많은 자극을 받을 수 있었다.

58 溝口雄三, 「中國の公と私」(東京: 研文出版, 1995), 『公私』(東京: 三省堂, 1996) 등에서 제기된 중국 공 개념 연구는 이 분야의 선구를 이룬 것으로 평가된다.

59 하버마스의 '공공 영역'(public sphere)에서 제기된 공 개념과 전통 중국의 사례를 비교 · 검토한 연구들은 주로 미국 학계를 중심으로 이루어졌다. 소개와 비평에 대해서는 R. Bin. Wong, "Great Expectations: 'The Public Sphere' and the Search for Modern Times in Chinese History"(日本: 中國史學會, 『中國史學』 3, 1993) 참조. Wong은 여기서 관련 연구사들을 소개하는 한편, 유럽과 중국사회의 상이한 역사적 맥락과 역동성을 배제한 개념 비교는 일면적 · 단선적으로 흐를 수 있다는 점에서 우려를 표명했다. 小島毅, 「中國近世の公議」, 『思想』 889(東京: 岩波書店, 1997) 역시 중국적 '公議'로부터 서구의 시민사회적 요소의 有無를 찾는 것에 반대하며 각각의 시대적 맥락 속에서 역사성과 특수성을 검토할 것을 제안했다.

앞서 2장에서 마문승이 감찰관의 활동을 통해 공론을 얻을 수 있다고 한 발언은 바로 감찰 절차가 공개와 논의라는 과정을 거침으로써 공정성과 정당성을 확보할 수 있다는 인식을 근거로 한 것이었다. 즉 공개적으로 논의하는 절차를 거쳐 관련자들이 납득하는 가운데 시비를 결정한다는 절차상의 공정성은 '공'의 중요한 측면 중 하나였다. 이런 점에서 명말에 자주 사용되었던 '공의'란 조정 내부의 사안이든 또는 민심을 수습하는 것이든 간에 관련된 사람은 누구라도 납득하는 것을 목표로 결론을 제시하는 과정이기도 했다.

그러나 한편 당시의 공 개념에는 분명 유교이념이나 황제나 유덕자에 의한 지배체제 자체에 대한 비판적이고 주체적 논의가 배제되어 있음 또한 간과할 수 없다. 명대의 공의가 수렴되는 방향은 어디까지나 성인이 규정한 고래의 유교적 이상의 실현이라는 범주를 벗어나지 않았다는 사실은 이미 지적된 바 있다.[60] 이런 점에서 체제와 사회는 공의의 향방을 놓고 서로 대립하는 구도가 아니라 오히려 양자가 공유할 수 있는, 또는 공유해야 할 지향점으로 '공'을 설정하고 상호 완충시키는 형태를 만들어갔다.

이와 같은 공 개념을 지방관 평가에 적용시켜본다면 다음과 같은 설명이 가능할 것이다. 즉 공의와 공론에 의해 검증된 통치자를 얻어 인치(人治)가 실현되어야 현실의 모순을 해결할 수 있다. 이를 위해 지역사회는

---

60 岸本美緒는 지방사회의 공의가 황제 정치에 대한 자율성을 갖거나, 그 원리에 저항한 것은 결코 아니었다고 보았다. 또한 이 시기에 관료들에 대한 '공의'가 형성·전파되는 과정에서 우월한 인격을 가진 자가 내린 성의를 다한 판단은 결국 전체 사회의 안녕과 근본적으로 일치한다는 의식이 지배적이었다고 지적했다. 이 논점은 본고에서 파악한 인사 관련 '공론'의 성격과도 일맥상통하는 것으로 보인다. 岸本美緒의 관련 연구로는 岸本美緒, 「市民社會論と中國」(東京: 『歷史評論』 527, 1994); 「明末清初の地方社會と'世論'」, 『明清交替と江南社會: 十七世紀中國の秩序問題』(東京: 東京大學出版會, 1999年 12月), pp. 1~6 참조.

목민관을 확보해야 하고 또 그 목민관은 공론에 의해 지지 · 검증받는 절차를 거쳐야 한다. 이런 입장에서 유교적 경세의 이상을 공유한 지식인들은 지방관들에 대한 포폄을 통해 진정한 목민관을 찾는 과정이 공의를 실현하는 데 꼭 필요한 일이라는 믿음을 공유했음에 분명하다.

그렇다면 명대의 지역사회에서 공론 · 공의는 구체적으로 누구에 의해 형성되었고 어떤 과정을 통해 공적 성격을 인정받을 수 있었을까? 해서는 또 다른 서문에서 자신에게 지방의 '공의'를 전달한 주체로 지역의 학생과 사대부들을 지목했다. 「조삼산의 덕정에 바치는 서문」(贈趙三山德政序)의 경우, 서문을 의뢰한 것은 사훈(司訓), 곧 현학(縣學) 교유(教諭)직을 맡은 풍(馮) 선생이 이끄는 '사심 없는' 학생들이었다. 이들이 해서에게 지방관을 위한 서문을 부탁한 것은 횡포한 유력자 때문에 피해를 입게 된 지방관을 돕기 위해서였고 해서는 기꺼이 이 부탁을 받아들여 지현을 지키는 쪽에 힘을 실어주었다. 흥미로운 사실은 해서의 서문을 통해 볼 때 경산현 지방사회에서는 지방관에 대해 상반되는 소문들이 서로 대결하는 구도로 펼쳐졌다는 것이다. 해서는 그 사연을 다음과 같이 대변해주고 있다.

> 조공은 만력 원년(1573) 경산 지현으로 부임했다. 힘없는 백성을 친자식처럼 사랑하고 성실하게 정사에 임했다. 조 지현은 특히 법을 엄격하게 수호하고 상벌을 엄밀히 가려 시행했기 때문에 사람들은 그를 조어사(趙御史)라고 불렀다. 그 결과 백성들은 도탄의 경지에서 구출되었지만, 한편 간교한 유력자들의 질시의 대상이 되고 말았다. 이들은 조 지현의 추상같은 엄정함을 견디지 못하고 그를 비방하는 소문을 퍼뜨리기 시작했다. 이 때문에 그에 대한 평판이 나빠지면서 이임해야 한다고 여기는 사람들이 점차 늘어났다. 이때 지식은 있지만 '사사로운 계략'과는 거리가 먼 학교의 지식인들이 나를 찾아와 조 지현을 변호해

줄 말 한마디를 부탁했다.[61]

즉 해서는 여기에 찬동해서 조 지현의 선정을 밝히고 격려의 뜻을 덧붙여 서문을 짓게 되었다는 것이다. 이 서문에서 보듯이 한 지방관을 비방하는 소문이 유포되는 와중에 역으로 이를 저지하려는 움직임 역시 함께 나타났다. 해서의 또 다른 서문을 보면 서문의 주인공 조 지현은 결과적으로 3년의 임기를 무사히 마쳤다.[62] 결과적으로 학교를 중심으로 한 지방의 여론이 유언비어로부터 그를 구하는 데 일정 역할을 했음이 분명하다. 그리고 저명인사 해서의 증서문은 그 과정에서 중요한 영향력을 발휘했을 것으로 보인다. 다른 서문들의 경우에도 학교의 교수 및 학생들의 요청으로 작성했다는 증서문들은 상당수에 달한다. '사심 없는' 학생들이 만들어내는 공론이야말로 정치를 이끄는 가장 결정적인 힘이라고 주창했던 명말 사상계의 집대성자인 황종희(黃宗羲, 1610~1695)의 '학교론'(學敎論)은 바로 이러한 사회적 분위기의 산물이었음에 분명하다.[63]

황종희는 학교 교육이 위로는 조정에서 촌리 구석구석에 이르기까지 모든 사람이 성인의 가르침에 감화되어 바른 기풍을 갖도록 해야 한다고 주장했다. 뿐만 아니라 황제 한 사람에게 천하사의 옳고 그름을 맡길 것이 아니라 시비의 판단을 학교의 '공론'에 맡겨야 한다고 했다. 학교야말로 공개적으로 집단 논의의 절차를 통해 성인의 가르침, 즉 '공'을 실현

---

61 (明)海瑞, 「贈趙三山德政序」, 같은 책, 卷3, pp. 502~503. 이후 해서는 다시 그의 승진을 축하하는 서문을 보내기도 했다. 「賀大尹趙三山榮奬序」, 卷3, 序1, pp. 496~497.

62 앞의 각주 61. 「賀大尹趙三山榮奬序」, 卷3, pp. 496~497.

63 (淸)黃宗羲, 學敎, 『明夷待訪錄』(沈善洪主編: 『黃宗羲全集』 1, 臺北: 里仁出版社, 1987). 앞의 小島毅, 1997에서도 근세 중국사회에서 '공의'가 형성 · 공표되는 과정에서 황종희가 천하의 시비를 논하여 공의를 창출하는 장으로 학교를 규정한 점에 주목했다.

할 수 있는 영역이라는 것이다. 해서 또한 황종희와 마찬가지로 학교와 학생은 지방관에 대한 공론이 형성될 수 있는 정당한 터전으로 보았을 가능성이 높다.

여기서 한 걸음 더 나아가 다음 사례와 같이 지방민의 공론 그 자체를 근거로 작성된 증서문도 발견된다. 앞에서 나왔던 조남성이 향리인 하북성(河北省) 고읍현(高邑縣)에서 은퇴생활을 보내던 중 작성한 서문은 이런 문제의식을 전면에 내세운 대표적 사례이다. 그는 조근고찰을 맞아 떠나는 인근 임성현(臨城縣) 지현을 위해 서문을 작성했는데, 여기서 지방민의 공론이 지방민 자신의 손에 의해 형성되어 전달되었음을 주장하고 있다.[64] 다음은 이 서문을 현대어로 번역해서 요약한 것이다.

> 이웃 읍의 임성현(臨城縣) 백성들이 무리를 지어 두 번이나 집에 찾아왔다. 처음에 왔을 때는 정윤약(鄭允若)이라는 인물이 지도자가 되어 천여 명의 백성이 울부짖으면서 현재의 지현 임(林)공의 전근을 막아달라고 호소했다. 그들의 말에 따르면 임 지현이 부임할 무렵, 임성현은 모든 재원이 고갈되고 또 연이은 흉년으로 곡물이 거의 고갈된 비참한 상황이었다. 임공은 구제에 힘써서 지방민들을 구해냈다. 그럼에도 인사 담당관들은 임성현이 갑과(甲科) 현, 즉 진사 출신이 주로 임명되는 번요결(繁要缺)이 아니라는 이유로 임공을 인근 번읍(繁邑)으로 전근시키기로 결정을 내렸다는 것이다. 나는 임성현 백성들의 호소를 받아들여 담당관료에게 임공의 유임을 요청했지만 거절당했다. 결국 임 지현이 이임하게 되자 백성들은 "지금부터 이 지방은 도탄에 빠져 고통당하는 길밖에 없다"라고 탄식할 따름이었다. 그런데 뒤를 이어 왕공(王公)이 후임으로 부임했다. 왕공은 전임 지현 임공의 치적을 자세히 듣고 삼 년간 그에 못지않게 훌륭한 정치를 폈다. 백

64 (明)趙南星, 「送臨城縣邑父母象翁王公入覲序」, 같은 책, 集68, 卷9, pp. 35~37.

성들은 모두 "우리 지방 사람들은 임공이 아직 오지 않았을 때에는 그런 훌륭한 관료가 있을 거라고는 생각지도 못했다. 갑자기 임공을 얻었는데 그만 창졸간에 떠나버렸고 조 선생도 그걸 막을 수 없었다. 즉 임성에는 민(民)이 없다고 할 수밖에 없었다. 그런데 예기치 않게도 왕공이 왔는데 똑같이 훌륭한 정치를 베풀었다. 이것은 임공이 떠나지 않은 것이나 마찬가지이니 백성들에게는 크나큰 행운이다"라고 왕공을 칭송했다. 임성 사람들이 두 번째로 나를 찾아온 것은 왕공이 조근고찰을 맞았을 때였다. 이번에도 이들은 앞에 왔던 정윤약을 필두로 천여 명이 한꺼번에 나를 찾아왔다. 이번에는 나한테 왕공의 선정을 기리는 서문을 부탁하기 위해서였다. 그들은 이 서문으로 조금이나마 왕공의 은혜를 갚을 수 있기를 간절히 희망했다. 나는 눈물이 흐를 만큼 깊이 감동하여 지금까지의 경위를 적어 왕공의 선정을 세상에 전달하고자 한다.

임성현의 지방지를 보면 전임 지현인 임공은 임광통(林光統), 진사 출신으로 만력 37년(1609) 임성현에 부임했다. 임성현 지방지에 실린 "기근이 든 해에 구호작업을 잘 해내어 살려낸 자가 아주 많았다. 번읍으로 인사이동되었다"라는 내용이 서문의 기사를 뒷받침해주고 있다.[65] 서문의 주인공 왕공의 본명은 왕좌재(王佐才)이며 거인 출신으로 만력 38년(1610)에 부임했다. 자상하고 온유한 인품의 소유자로 황정(荒政)이 끝난 뒤, 곧 조주(趙州) 지주(知州)로 승진했다. 실제로 1609년, 임성현에는 대기근이 발생했고 그가 부임한 이듬해에도 "굶주림으로 사람이 사람을 잡아먹는" 비참한 상황이 벌어지고 있었음은 사실이다.[66]

조남성의 서문은 여러 가지 사실을 말해준다. 중앙의 고위직을 역임한

65 (康熙30年刻本)『臨城縣志』卷3, 歷宦.

66 (康熙)『臨城縣志』卷10, 碑記, 「(明)王邑侯(佐才)禱蝗感應記」, p. 14.

조남성은 향리에서도 인근 지역 관료의 인사를 의뢰할 수 있는 존재로 지방민들 사이에 인식되고 있었다. 그의 노력이 실패로 돌아가자 지역의 입장을 대변해줄 만한 인물이 없다는 실망감을 '민(民)이 없다' 라고 표현했다. 여기서 민은 능히 지역을 위기에서 구할 유력자, 혹은 인사 담당자를 움직일 만한 백성들의 집단행동, 어느 쪽으로도 해석할 수 있다. 위기 앞에서 자력 구제에 나선 이들의 지도자 정윤약은 명대 임성현이 배출한 여섯 명의 진사와 열네 명의 거인 중에는 그 이름을 발견할 수 없다. 일개 생원이거나 아니면 그야말로 백성 대표였을지도 모른다.

이 서문은 지방민의 요청을 직접 받아들인 형식으로 이루어졌다. 여기서 백성들은 지도자를 중심으로 결집되어 집단행동에 나선 실체였고, 이들이 조남성을 택한 이유는 자신들의 말을 빌리자면, "임성 지방은 원래 가난한 곳이라 영향력 있는 인물을 배출하지 못했기 때문"이었다. 어쩔 수 없이 인근의 명사 조남성을 찾게 되었고 그는 이를 차마 거절할 수 없었다. 이 문서를 액면 그대로 받아들인다면 여기서 백성이 필요로 한 것은 지방의 편에 서서 이익을 대변해줄 수 있는 지도자였다. 이것은 당시 경세의식을 갖고 민생보호에 앞장서던 동림계 인사들이 지식인층뿐만 아니라 백성들에게도 정의파의 이미지로 지지를 모았던 사실과 관련지을 수 있다고 본다.

이처럼 인사이동 관련 서문은 일상적인 교우관계의 차원을 넘어 지역의 이름, 혹은 공론의 이름으로 다양한 변화를 보이고 있었다. 그렇다면 '공론' 의 이름으로 특정 지방관에 대한 지지를 표명한 증서문의 사회적 파급효과는 어디까지로 볼 수 있을까. 순무 · 순안어사와 보좌역인 추관들이 '평판' 의 수집에 열을 올리던 상황에서 저명인사가 지역 여론을 대표해서 증여한 서문들은 무시할 수 없는 비중을 갖고 있었음에 분명하다. 이들 서문은 분명 인사 담당자인 순무 · 순안어사들을 의식하고 있었고 때로는 직접 그들에게 호소하기도 했다. 그러나 순안어사의 지방 순회와 감찰은 양면성을 지니고 있었다.

이들에게는 지방의 특수 사정이나 유력자의 횡포로 인해 쉽게 드러나지 않는 해악을 적발하는 정의의 실현자로서의 역할이 기대되었고 여기에 걸맞은 활동이 이루어지기도 했다. 그러나 다른 한편, 순안어사는 결코 관료사회의 관행과 이해관계를 쉽사리 벗어날 수 없었다. "순방하는 어사들이 수도를 벗어나기도 전에 누군가를 비밀히 부탁하는 편지들이 부서에 가득 차 있었고 무언가를 청탁하는 글들이 지방에 이미 도착해 있다. 해치의 관과 도끼의 위엄으로도 속수무책이어서 눈살을 찌푸릴 뿐 따르고 만다"는 형편이었다.[67] 순안어사의 영향력이 커지면서 이들의 일거수일투족의 정보들이 이미 유포되고 있었던 것이다. 그런 까닭에 서문이 영향력을 의도하는 범위는 인사 담당 관료만으로 국한되지 않고 이들을 견제하거나 움직일 수 있는 더 넓은 세계의 공론을 목적으로 한 경우도 있었다. 해서는 3년의 임기가 끝난 지현을 위한 고적서(考績序)에서 다음과 같이 말한다.

> 지금 동고(東皐)를 위해 글을 보내는 것이 무슨 이익을 기대할 수 있을 것인가. 동고가 혜택을 준 것은 인심으로 증명되며 정치에 대한 명성은 사람들이 입에서 입으로 전하고 있다. 또 그 업적은 군읍의 지방지에 남아 있기 때문에 내가 굳이 여기 덧붙일 필요는 없다. 그러나 동고는 지금까지의 업적에 대한 근무평정에 의해 다른 군으로 발탁되거나 혹은 과도관으로 승진할 것임에 분명하다. 그가 통솔할 범위는 경산(瓊山)보다 훨씬 넓어진다. 통솔할 범위가 큰 것은 곧 그의 업적이 거기에 걸맞기 때문이다.[68]

---

67 제3장 '각주 23' 참조.

68 (明)海瑞, 「贈林東皐考績序」, 같은 책, 卷4, 序2, pp. 340~341.

즉 해서는 자신의 서문이 경산지방에서의 선정을 증명하는 증거로 쓰이기를 기대하고 있다. 서문은 이 경우 지방관의 인물 자체를 보증하고 추천하는 선전문과 마찬가지이다. 선정의 보증은 해당 지역에서의 인사 결과만을 겨냥한 것은 아니었다. 해당 지방관의 그 이후의 관직생활 전반에 영향을 미칠 의도가 담겨 있었던 것으로 보는 것이 마땅하다. 이런 측면에서 서문은 이임하는 지방관에 대한 지역사회의 성적 평가로 보아도 좋을 것이다.

지방여론이 담긴 서문이 전달되는 범위는 지역의 한계를 넘어선다. 다음 경우는 다른 지방 사인층의 여론을 대상으로 해서 만들어진 경우다. 조남성은 「읍대부 김공을 길안으로 보내는 서문」(送邑大夫環翁金公之吉安序)에서 김 지현의 빼어난 공적과 인품을 보증하면서 앞으로 부임할 길안 지방의 사대부들에게 부탁의 말을 곁들였다. 이 경우 서문은 전임지의 사인들에 대해 신임관을 소개하고 추천하는 일종의 선전문 역할을 해준다고 볼 수 있다. 한편 양동명(楊東明, 1548~1624) 역시 영강(寧羌)지방으로 부임하는 전임 우성현(虞成縣) 지현을 위한 서문 속에 "강민(羌民)도 우리 백성임에 분명하다. 당신은 나의 글을 가지고 가서 위아래가 함께 어울리는 시기에 유용하게 쓰기를 바란다"라고 적었다. 이렇게 자신의 문서가 현의 지역사회와 접촉할 때 추천장의 역할을 해주기를 기대했던 것이다.[69]

명말의 증서문들은 이처럼 그 자체가 지방 여론임을 표방하거나 동시에 여론을 향해 발표되는 형식을 취한 것이 많았다. 그리고 이런 문서는 공론에 의한 인물평론의 정당성을 기초로 그 영향이 넓게 확산될 것을 기

69 (明)楊東明, 「贈李父母之任寧羌序」, 『山居功課』(日本內閣文庫藏明萬曆刊本) 卷8, pp. 15~16.

대하고 있었다. 증서문의 작자들이 고관 출신에 국한되지 않고 사대부와 백성의 지지를 받는 이른바 청류파(淸流派) 인사들로 스스로 '공의'의 실현을 표방하는 인물들이 많았던 것은 결코 우연이 아닐 것이다. 이런 종류의 증서문은 작성자가 분명하다는 점에서 인사이동에 즈음하여 양산되는 와방 등에 의한 방단과는 뚜렷한 차이를 보인다. 또한 청탁의 혐의를 완전히 무시할 수 없다고 하더라도 배후의 밀실공작이 아니라 세상을 향해 특정 관료에 대한 지지를 공개적으로 표명한다는 점에서 일정한 공공성을 표방하고 있다. 증서문의 유행은 승관발재와 명예를 원하는 지방관 자신의 갈망, 지역사회의 이해관계, 그리고 공론의 표방이라는 대의명분까지 어우러진 복잡한 사회상의 산물이었다. 이러한 사회의 원심력은 고찰이라는 인사행정을 압박하는 강한 힘으로 작용하고 있었다.

제4장
숭정(崇禎, 1628~1644) 연간의 한 목민관
—지현 이진옥(李陳玉)과 가선현(嘉善縣) 지역사회

앞에서 살펴본 바와 같이 지역사회의 각 집단들은 위기의 시기를 맞아 전에 없이 활발한 움직임들을 보이고 있었다. 명말청초(明末淸初)라는 변혁기는 사회 전반에 걸쳐 모순과 갈등이 증폭됨과 동시에 일각에서는 위기에 처한 지역사회가 자치적 경향을 공공연히 드러내기 시작한 시기로 자리매김 된다. 조세의 중압, 기근, 소농민의 몰락 그리고 농민반란 등 지방에 닥친 현실 문제에 대해 해당 지역단위별로 대처하면서 지역 이익을 스스로 보호하려는 움직임이 두드러지게 나타났다. 지역 엘리트층인 향신과 학생 집단이 연결망을 형성하여 현 단위로 지역의 문제를 집합해서 논의를 시작했던 사례는 비일비재했다. 이들은 지역의 문제를 주현관에게 일임하지 않고 지역 지도층의 집합체, 즉 지방공의(地方公議)에 의해 처리하는 등 현저하게 자치적인 경향을 보였다.[70] 이런 움직임들은 '중앙에 대한 향촌의 헤게모니' 또는 '지방의 지방으로서의 자기주장' 등으로 특징지어서 표현되어왔다.[71]

70 夫馬進, 「明末反地方官士變」(『東方學報』 52, 1980), pp. 597~602.

이 때문에 주현관급 지방관에게는 공식적 인사고과뿐만 아니라 지역사회의 여론이라는 압력이 더해지고 있었다. "방문객은 고슴도치 털처럼 많고 사대부와 고관 출신들은 비늘처럼 많습니다. [소송 사건의] 시비를 가리기는 그림자처럼 불분명하고 전곡(錢穀, 세량 징수)과 안독(案牘, 공문서 처리)은 두말할 나위도 없습니다. 이 세 가지 괴로움을 당하면 누군들 능히 감당해내겠습니까?"[72] 만력 24년(1569), 강소성(江蘇省) 오현(吳縣) 지현으로 재직 중이던 문사 원굉도는 자신의 고충을 이렇게 표현했다. 그는 지방관 중에서도 지현의 어려움이 가장 심하다고 단언했는데, 그 까닭은 지현의 책임은 막중한 데 비해 그 권한은 가볍다는 것이었다.[73]

그러나 이런 갈등 상황에서도 인사고과에서 우수한 성적을 거두었을 뿐 아니라 지역사회에서도 목민관의 평판을 얻어낸 지방관의 성공 사례를 발견할 수 있다. 이 장의 주인공 이진옥(李陳玉)은 바로 명조체제가 종말을 향해 위태로운 행보를 거듭하던 숭정연간, 절강성 가선현(嘉善縣) 지현을 역임하면서 명관으로 이름을 떨친 인물이다.[74] 재임 중에는 그의 인물됨과 업적을 칭송하는 노래가 지방에 널리 퍼졌다고 하며[75] 지역을 떠난 후에는 그의 공적을 기리는 거사비(去思碑)가 세워졌다. 또『가선현지』

71 溝口雄三,「いわゆる東林派人士の思想: 前近代期における中國思想の展開」(東京:『東洋文化研究所紀要』1978年 3月); 夫馬進, 1980, p. 596.

72 (明)袁宏道,「龔惟學先生」, 심경호 외 역, 같은 책 2, 5권, p. 197.

73 (明)袁宏道,「送榆次令張元漢考績序」, 심경호 외 역, 같은 책 5, 18권, p. 152.

74 李陳玉은 강서성 吉水현 출신으로 동향인 동림 계통의 저명한 관료 鄒元標의 문하에서 학문을 닦았고 명말을 대표하는 대규모 문인 결사인 復社의 동인으로서 활동하였다. 숭정 14年에 禮部主事로 승진했고 뒤이어 감찰어사를 제수 받았다. 그 후 친족인 李芳華가 左都御史에 취임하자 회피제를 적용하여 일시 귀향한다. 이진옥의 사적은 (康熙)『嘉善縣志』卷11, 名宦과 (光緒刊本)『重修嘉善縣志』卷15, 官師下 참조. 명조 멸망 이후, 그는 비분강개하여 세상을 등지고 湖北·廣東지방 등 각지를 전전하다가 생을 마쳤다.

75 (明)錢士升撰,「退思堂集敍」, (明)李陳玉,『退思堂集』(明崇禎年刊本, 日本尊經閣文庫藏本), p. 9.

(嘉善縣志)에는 명대를 통틀어 8인의 명환(名宦) 중에 한 사람으로 올라 지방 역사의 일부로 남아 있다.[76] 즉 그와 관련된 기록 속에서 그는 전통적인 목민관상에 손색이 없는 이상적인 지방관으로 그려졌다. 뿐만 아니라 7년간의 긴 재임 기간을 거쳐 예부주사(禮部主事)로 승진, 중앙관료로 영전하는 최고의 출세 코스를 밟았다.

4장에서는 가선현에서 이진옥이 밟았던 행적을 통해서 다음과 같은 사실을 확인해보고자 한다. 먼저 고찰이 강화되는 와중에서 최상의 평가를 받은 지방관은 과연 어떻게 성공적인 업무수행이 가능했을까라는 문제이다. 그리고 두 번째는 이와 밀접하게 관련된 문제로 목민관의 평가를 얻기까지 이진옥은 지역사회와 서로 어떤 관계를 맺고 있었는가에 대해서이다. 이진옥이 관료 경력을 시작한 절강성 가선현은 문화의 중심지인 강남지방에서도 동림당(東林黨) 계통의 저명한 관료와 문인을 다수 배출한 인물 · 재력 · 문화로 손꼽히는 곳이다. 명대 이 지방에 부임했던 54명의 지현 중 진사 출신이 40명을 차지한 데서 알 수 있듯이, 이곳은 자격을 갖춘 지방관을 선임하는 대표적인 번현(繁縣)이었다. 특히 이곳 지역사회는 쟁쟁한 지역 지도층들이 자치적 활동을 선도적으로 이끌어온 곳으로 주목을 받아왔다. 왕조 말기의 악조건 속에서 목민관의 평판을 얻은 이진옥은 가선현 지역사회를 상대로 어떤 식으로 선정을 펼 수 있었을까.

이진옥은 숭정(崇禎) 7년(1634)부터 14년(1641)까지 약 7년간 가선현의 지현을 역임하면서 지현으로서 처리했던 업무에 바탕을 둔 방대한 기록을 그의 문집 『퇴사당집』(退思堂集) 속에 담았다. 가선현에서의 체험이 실

76 (康熙)『嘉善縣志』에는 侍郎 曹勳이 이진옥을 기리는 비문 「邑侯李謙菴去思碑記」(卷11)와 이진옥이 嘉善 출신의 동림당 인사 魏大中의 후손들에게 준 「魏里八字序」(卷11) 등의 기록이 실려 있다.

린 이 기록들은 지방관 소임에 대한 일반론을 나열한 보통의 관잠서와는 달리 지방이 안고 있는 여러 모순점과 여기에 대한 대응책 그리고 지방사회와의 접촉 과정 등을 상술하고 있다. 따라서 그의 기록은 가선현이라는 지역과 지방관의 관계를 파악할 수 있는 안성맞춤의 자료라고 할 수 있다. 또한 이 문집 속에 포함된 『고만사적책』(考滿事蹟册)이라는 문서는 고만 때에 제출하는 공식 보고서의 제목과 형식을 띠고 있다. 그러나 이 시기는 공식적인 고만 보고서가 지현 개개인에게 요구되지 않았을 뿐 아니라 문서 성격 역시 뒤에 상술하듯이 상부기관에 제출한 공문서로 보기도 어렵다. 따라서 이 문서는 이진옥이 자발적으로 작성한 '업적 보고서'로 이해할 수밖에 없고, 그런 만큼 유사한 예를 찾아보기 힘든 기록이다. 이 수수께끼의 문서를 분석하면서 명대 말기의 지방관과 인사평가, 지역사회의 관계를 보다 미시적으로 살펴보기로 한다.

1. 가선현의 조량 문제

1) 숭정 7년 조량의 경과

이진옥은 숭정 7년(1634) 12월, 가선현에 부임했다. 가선현 지방지(地方志)와 이진옥에 관련된 전기들, 그리고 무엇보다도 그 자신이 남긴 업적 보고서에 의하면 그가 명관으로 평가받게 된 주요한 계기는 가선현의 조량(漕糧) 징수 및 납부에 관련된 문제를 성공적으로 해결한 데 있었다.[77] 조량이란 강남(江南) 및 호광(湖廣)지방에서 세금으로 징수된 곡물을 운하를 통해 북경(北京)과 통주(通州) 등으로 운반하여 중앙의 재정 수요를 충

77 (明)錢士升, 「退思堂集序」, 같은 책, pp. 3~4 참조.

족시키는 제도를 말한다.[78] 주지하는 바와 같이 명대 중기 이래, 상품경제의 발달로 경제규모가 커지면서 은(銀) 유통량이 급격히 증가했고 조세에서도 은납(銀納)의 비중이 커졌다. 그럼에도 질이 좋은 강남산 미곡을 현물로 징수하여 운하를 통해 북경으로 운행하는 조운(漕運)의 관행은 명대를 통틀어 변함없이 유지되었다. 매년 12월에서 1월에 걸쳐 가선현을 포함한 강남 전역에서는 징수된 미곡을 운군(運軍)[79]에게 전달하는 '조태'(漕兌)라고 불리는 작업이 이루어졌다. 조량을 운송하는 운군은 명대 고유의 군사제인 위소(衛所)제 하에 배속된 직업군인들로 구성되었다. 이들 운량(運糧)에 종사하는 군사는 그 업무가 전문화되어 특별한 경우를 제외하고는 본래의 군인으로서의 기능은 배제된 존재였다. 그런 까닭에 일반 군사와는 별도로 운량군사(運糧軍士) 또는 간단히 운군으로 불리고 있었다.

명대 말기에 접어들어 중앙정부의 재정이 악화되면서 지방에 부과되는 세량 중에서 조량(漕糧)의 종류와 분량도 크게 늘어났다. 곡창지대인 강남 지방의 경우에는 각종 명목의 부가세가 200만 냥 가까이 늘어났다.[80] 강남의 민생을 위협하는 고질적 문제 중에 하나였던 조운은 운군과 직접 접촉하는 독특한 성격으로 인해 지방사회에 더욱 커다란 부담을 안겨주었다. 조운 과정에서는 정량의 세금 이외에도 출발지에서 목적지에 도착할 때까지 소모되는 미곡의 양을 미리 예상해서 보충하는 가모(加耗)라는 부가세가 함께 징수된다. 그런데 이때 가모미(加耗米) 명목으로 거두는 곡식

---

78 원래 민간의 책임으로 부과되었던 조량의 운송은 宣德年間(1426~1435)을 전후해서 운군이 전담하게 되었다. 『明史』, 卷79 食貨. 明代 漕運의 전반적인 상황은 星斌夫, 『明代漕運の研究』(日本學術振興會, 1963); 『大運河發達史: 長江から黃河へ』(東洋文庫 410, 平凡社, 1982); 鮑彦邦, 「明代漕粮折色的派征方式」(『中國史研究』, 1992年, 第1期) 참조.

79 星斌夫 1982, 第4章 「明代漕運の軍士組織とその運營」 참조.

80 『明會要』(續修本) 卷54, 食貨2, 田賦, 加派, pp. 464~466.

의 양은 자의적으로 책정되기 일쑤였다. 즉 운군의 식량을 비롯한 조량 운송에 필요한 일체의 경비를 가모로 조달하는 관행이 고착되어 있었기 때문에 정규 세금보다도 오히려 가모의 부담이 더 무거워지는 현상도 자주 발생했다. 명대 말기의 총체적 재정 위기 속에 가모는 각종 명목이 붙어 크게 증가했다.[81] 여기서 숭정 7년 가선현에서 이루어진 조운의 실태를 이진옥의 기록을 통해 살펴보자.

절강 서쪽지역의 [운군에게 곡식을 건네는] 조태(遭兌)는 내 고향 강우(江右)지방 [강서성의 별칭]과는 다르다. 고향에서는 세량 전달이 성의 수도에서 이루어지기 때문에 운군은 늘 지척에서 감독관인 독량(督糧)[82]의 감시를 받는 상태였다. 절강성은 강의 폭은 좁은데 징수 지역은 그 범위가 넓고 액수도 많다. 7성[가선이 속한 가흥부(嘉興府)의 7현]의 총액은 50만 석인데 가선현의 조료[漕遼: 요향(遼餉)에 해당하는 조운 미곡]는 10만 석에 달하니 곧 천하의 50분의 1에 해당한다. 또한 절강지역의 조태는 거의 가선현 가까이에서 이루어진다. 일개 현에 수천 개의 깃발이 모여들고 백여 척의 배가 현을 에워싼다. 전달과 운송 과정은 신속히 이루어져야 하는데 군인들은 교만하고 사나우니 지역이 당하는 압박과 괴로움은 묻지 않아도 알 수 있는 일이다. 가감분(耗)이니 증여분(贈)이니 하는 명목은 해마다

81 이런 구조가 정착된 원인은 명조 세량 징수체계의 근본 모순에서 기인한 것으로 보인다. 명조는 징세에서 명초에 정해진 원래 액수를 부과한다는 이른바 '原額主義' 원칙을 고수하였다. 그러나 점차 재정지출이 증가하면서 원액만으로 중앙정부의 수요를 충당하는 것은 불가능해졌다. 이 때문에 원액은 그대로 둔 채, 부가세적 성격을 띤 加耗를 통해 세금 수입의 초과 수요를 충당하는 방식이 암묵적으로 관례화되었다. 또 지방에서 재해가 발생했을 경우, 해당 지방에 대한 세량의 삭감 또는 면제 역시 加耗糧의 한도 내에서 이루어졌다. 岩見宏, 「晩明財政の一考察」(岩見宏, 谷口規矩雄編, 『明末清初期の研究』, 京都大學人文科學研究所, 19) pp. 271~300; 岩井茂樹, 「中國專制國家と財政」, 『中世史講座』第6卷(學生社, 1992), pp. 273~310 참조.

82 稅量의 徵收와 運送을 독려하는 직책으로 明代에는 推官이 이를 겸임하였다.

점점 늘어나며 날마다 변한다. 길흉과 화복이 눈 깜짝할 사이에 결정되는데 오직 수령 한 사람만이 이를 조정할 수 있을 뿐이다. 수령이 너무 강경하면 일 자체를 망쳐버리고 유약하게 보이면 백성이 쉽게 명령에 복종하지 않는다. 강약의 중간에서 적절하게 균형을 잡지 않으면 임무 수행은 기대할 수 없다.[83]

당시 명조 조량의 정규 총액은 400만 석이며, 여기에 공식적으로 책정된 가모를 가산하면 518만 석이었다.[84] 이 기록에 기재된 바와 같이 가흥부 7현의 하나인 가선현이 가흥부에 배당된 50만 석 중 5분의 1을 담당했고, 대부분의 운군은 가선현 부근에서 최종적으로 집결하여 조태를 집행했다. 당시 절강성이 부담해야 하는 조운 세량은 정규 액수에 가모미가 더해졌는데 가모미는 공식적으로는 1석(石)당 7두(斗)로 정해져 있었다.[85] 그러나 대부분의 경우 이것의 몇 배에 달하는 미곡이 부가적으로 징수되는 것이 상례였다. 매년 결정되는 가모 분량에 따라 지방의 경제적 부담이 크게 변화하는 것은 새삼 말할 나위도 없었다.

또한 많은 수의 운군 병력이 가선지방에 주재하는 것은 지역사회에 추가적인 부담을 안겨주었다. 당시 이 지방의 유력한 지역 지도자인 진용정(陳龍正)은[86] 이 문제에 대해서, "수년 동안 운군은 올 때마다 뱃길 주변을

---

83 (明)李陳玉, '崇禎七年冬抵任兌漕始末', 같은 책, 「考滿事蹟册」, 附事蹟摘略, pp. 37~43.

84 星斌夫, 1982, p. 110.

85 加耗米는 원칙적으로는 출발지와 도착지 간의 거리에 의해 결정되었다. 宣德 6年(1431)의 규정에는 조량 1석에 대해 湖廣지방은 8斗, 강서와 절강은 7斗, 南直隸는 6斗, 北直隸는 5斗의 가모미가 설정되었다. 『明史』 卷79, 食貨志3, 漕運, p. 1917 참조.

86 陳龍正(1585~1645)은 동향인 魏大中(1596~1625), 無錫지방의 高攀龍 등 동림당의 지도 인사와 친교가 깊었고 여러 전기물에도 동림 계통으로 분류된다. 외조부인 丁賓으로부터 양명학을 전수받았고 숭정 7년 진사에 합격했지만 숭정 10년에 中書舍人에 임용되기까지 향리에서 지방사회의 일에 관계했다. 숭정 13년 다시 귀향해서 가선현의 기근 구제사업을 이끌었다. 그의 전기는 『明史』 卷258, 列傳146, '陳龍正'; 『明儒學案』(北京: 中華書局, 1985) 卷61, 「東林學案」 4, '中書陳幾正先生龍正'; 陳鼎, 『東林列傳』(『明代傳記叢刊』 5) 卷110 참조.

마음대로 약탈했다. 심한 경우는 임산부까지 상해를 입히고 많은 사람을 죽였다. 또한 이들의 방화와 약탈 때문에 상인과 신사(紳士)들조차도 참화를 입지 않은 사람이 없었다. 지방에 도착해서 관원까지 구타하고 백성을 약탈해도 누구도 감히 이를 저지할 수 없었다"[87]라고 커다란 우려를 표시했다. 이진옥이 부임한 시점에서 조운 문제는 가선현이 안고 있는 가장 심각한 문제 중에 하나였다.

당시 조운 과정에서 나타난 운군의 횡포는 비단 가선현뿐만 아니라 조운을 통해 세금을 운송하는 지역에서는 어디서나 재앙으로 간주될 정도였다. 지방민의 입장에서 보면 무리한 요구를 일삼고 여의치 않을 때에는 갖은 횡포를 자행하는 운군의 존재는 그야말로 액귀(厄鬼)나 다름없는 원한의 대상이었다. 한편 운군의 입장에서 본다면 일용할 식량조차 만족스럽게 얻지 못하는 열악한 대우를 받으며 늘 가혹한 노동조건에서 혹사당하는 형편이었다. 명조는 초반부터 운군의 처우를 둘러싸고 각종 개선안을 모색했지만 결국 아무런 효과도 얻지 못했다. 중앙행정의 기강이 흐트러지면서 운송 담당관과 운군이 지역사회에 미치는 폐해는 점점 심해져 갔다.

여기서 지방민이 운군에게 직접 곡물을 납부하도록 하는 명초 이래의 규정은 이들 간의 분쟁을 가속화시켰다. '민태'(民兌)라는 이 방식은 지방이 자치적으로 미곡의 징수, 관리 및 납부의 전 과정을 담당하는 명조의 독특한 징수 체계의 일부였다. 원래 이갑제(里甲制) 정역(正役)의 하나로 설정되어 민간에서 순번제로 임명되는 양장(糧長)[88]은 세량 징수 이외

87 (明)陳龍正, 漕運議, 『幾亭全書』(康熙乙巳余一元刊本, 『四庫禁燬書叢刊』 集12~13, 北京: 北京出版社, 2000年) p. 25.

88 糧長에 대한 연구는 梁方仲의 선구적 연구 이래 많은 성과가 축적된 분야이다. 梁方仲, 『明代糧長研究』(上海: 上海人民出版社, 1957初版); 小山正明, 「明代の糧長について」(『東洋史研

에도 징수된 미곡을 운군에게 교부하는 '태'(兌) 혹은 '교태'(交兌) 임무를 담당했다. 양장이 운군과 직접 접촉 · 교섭해야 하는 과정에서 백성과 군의 마찰은 불가피했다. 운군 측은 각종 명목을 내세워 될 수 있는 한 많은 양의 미곡을 징수하려 했다. 이로 인해 조운 때마다 운군의 무리한 요구 때문에 파산하는 양장들이 속출했는데, 이것은 지방 전체를 경제적 파탄으로 몰고 가는 주요 원인 중 하나였다. 미곡 운송의 중심지인 강남 지방에서는 매년 조운 문제를 둘러싸고 갖가지 분규가 끊이지 않았고 절강성 가선현도 그 예외가 될 수 없었다. 그러나 한편 가선현에서는 이런 마찰을 최소화시켜 피해를 줄이려는 지역사회의 독특한 자구 노력이 있었던 점이 주목된다. 이 과정에 직접 참여했던 진용정의 기록을 직접 인용해본다.

> 항주 · 가흥 · 호주(湖州) 등의 사민은 납세에 즈음하여 순순히 따르기도 하고 저항하기도 했지만 절색(折色)의 '타흠'(拖欠), 즉 지연과 결손은 일상적으로 존재해왔다. 조량은 빙산의 일각에 지나지 않을 정도였다. [그러나] 우리 읍에서는 백여 년 동안 1승 1합도 남김없이 모두 청산해왔다. 숭정 3년 초봄, 상부에서는 다른 읍의 세량이 체납되자 특별히 저도(儲道)를 파견하여[89] 각 읍을 순행하면서 조량을 모두 창고로 운반하라고 했다. [……] 저도는 다른 지방을 지나면서 매번 수십 명을 매질했는데 그 횟수는 번번이 수천 번에 이르렀다. 개정(改亭) 정관보

究』 27-4, 1969); 濱島郭俊, 『明末江南農村社會の硏究』(東京大學出版會, 1982), pp. 209~245. 양장은 조량 이외에도 水利 등 부가적 임무에도 종사해야 했다. 濱島郭俊, 1982, pp. 18~21. 여기에 의하면 양장은 里甲制 하에서 10년에 한번 편제되는 里甲正役의 하나이다. 절강지방에서는 徭役을 토지에 科派하는 一條鞭法이 시행되면서 다른 요역은 거의 은납화가 이루어졌지만 세량을 징수 · 운송하는 요역은 그대로 유지되었다. 특히 조량에 관련된 양장의 임무는 부담이 무거운 重役으로 악명이 높았다.

89 『明史』 卷75, 職官4, 布政司參政 · 參議分司諸道, p. 1842. 여기서 儲道는 세량 독촉을 위해 파견된 督粮道를 말한다.

(丁官保)는 아흔 살의 고령이었지만 담당 관료가 가선현에 도착한다는 이야기를 듣고 배에서 연회를 베풀고 친히 나가 맞이하였다. 정관보는 가선현에서는 지금까지 조량을 체납한 일이 없었음을 상세하게 설명했고 1승 1합이라도 결손이 생기면 자신이 모든 책임을 지겠다고 했다. 담당자는 그 말에 순응하여 창고에 들어가서는 대략을 살필 뿐 백성을 매질하는 일 없이 지역을 떠나갔다. 무릇 다른 읍의 향신들도 향토를 사랑하는 마음이 있어 스스로 사태 해결에 나서서 정관보 공과 같이 미리 담당관에게 자세한 지역 실정을 전달했다면 다른 지방의 만백성이 부당하게 매질을 당하지 않아도 되었을 것이다.[90]

여기 등장하는 정관보란 이부상서를 역임한 가선현 출신의 정빈(丁賓)을 가리키며 바로 진용정의 외조부이기도 했다. 그는 요향 징수로 인해 민간에 대한 단속이 강화되던 때, 신사가 향유하고 있던 우면(優免), 즉 세금 감면 특권을 스스로 포기하고 서민과 같이 납입하겠다고 요청했다는 일화의 주인공이다.[91] 또한 가선현에 재해가 발생해서 대규모 기근이 일어나자 정빈은 진용정과 함께 사재를 털어 구황(救荒)사업에 솔선수범하는 등 모범적 지도층의 모습을 보였다.

정빈은 위에서 보듯이 조량 과정에서 지방민을 보호하기 위해 고령임에도 스스로 담당관을 설득하는 작업에 나섰다. 원임(原任) 이부상서 정빈의 명성과 지명도가 여기서 중요한 역할을 했음은 분명하다. 고관 출신의 영향력 있는 향신에 의한 당부와 해명은 담당관에게는 곧 직접적인 압력으로 작용했을 터이다. 그러나 한편 이것은 정빈 스스로의 이해관계 때문

90 陳龍正, 같은 책, 卷29, 政書, '漕運', pp. 1~2.

91 丁賓의 전기는 『明史』 卷221, 列傳109, '丁賓' 참조. 그가 遼餉을 자청했던 사실은 魏大中과 나눈 편지글에서 확인된다. 魏大中, 『藏密齋集』(續修本, 1374冊) 卷17, '與丁改翁', '與周開鴻.' 이 내용은 濱島郭俊, 1982, pp. 465~466에서도 인용된 바 있다.

이 아니라 어디까지나 횡포한 공권력으로부터 지방민을 보호하려는 목적에서였다. 진용정은 결론적으로 조운과 관계되어 지방민이 피해를 입게 될 상황에 직면해서 신사층들이 직접적 이해관계가 없을지라도 지방을 위한 활동에 적극 나섰는데 이런 노력이야말로 백성을 지켜주는 힘이 되었다고 평가하였다. 이 점은 당시 공권력의 부재를 틈타서 지방 유력자들이 사리사욕을 채우기 위해 지역사회에 각종 횡포를 자행하던 이른바 '향신의 횡포'가 커다란 사회문제로 부상했던 사례들과는 뚜렷한 대조를 보여준다.

사실 명대 중기 이후부터 정치 · 경제 · 문화의 여러 측면에서 큰 영향을 미쳤던 향신 또는 신사로 불리는 지역 엘리트들의 존재는 당시 시대상을 이해하는 데 있어서 매우 중요한 요소이다. 지역사회와의 관계에 한정해서 본다면 지역이 처한 상황이나 특수성에 따라 그들의 역할은 대단히 다층적으로 나타난다. 지역민생에 커다란 폐해를 끼치는 이른바 토호(土豪) · 열신(劣紳)에서부터 높은 윤리의식과 경세적(經世的) 이상을 가지고 지역을 위한 적극적 구제활동과 개혁운동에 앞장서는 지도자층에 이르기까지 그 성격과 영향력은 각양각색이었다. 이들 각각을 향리에 뿌리를 내린 지역 엘리트, 즉 '향신'이라고 해서 늘 같은 범주로 묶어 표현하기는 하지만, 경제적 기반에 근거한 계급적 분류만으로는 쉽게 이들의 존재를 동일시하기는 어렵다.

가선현은 개혁 지향적인 지역 엘리트층의 활동이 두드러진 지역이었다. 지역 지도자들이 지방을 수호하려는 노력과 관련해서 진용정의 기록으로부터 또 하나의 유사한 예를 소개한다. 천계(天啓) 7년(1627)에 당시 지현 임선춘(林善春)은 상부로부터 조운 미곡을 철저히 징수하라는 명령을 받고 세량 독촉에 나섰다. 여기서 그는 경제력을 가진 관호(官戶)는 일괄 독촉 대상에서 제외시켰고, 오로지 무력한 민호(民戶)를 대상으로 해서

무리하게 강제적으로 징수하기 시작했다.[92]

이 사태에 직면하여 원임 태상시경(太常寺卿) 이사가(李四哥)는 급히 강제 징수와 형벌의 현장으로 달려갔다. 그는 "백성들은 지금까지 대단히 양순했다. 만약 1석이라도 부족하면 내가 직접 그만큼을 배상하겠다"라고 하며, 백성들에 대한 태형과 처벌을 중지하도록 설득했다. 고관 경력을 가진 지역 유력자의 적극적인 만류로 임 지현은 더 이상 강경책을 감행할 수 없었고 단속을 완화시켜야만 했다. 지현이 상부명령에 따라 공무를 수행할 때에도 지방의 이익에 상반되거나 불공평한 방식을 취했을 경우에 가선현에서는 이와 같은 대응조치가 취해졌던 것이다. 각 지역의 상황은 개혁 성향의 지역 지도자들의 존재 여부와 이들의 자구 노력 여하에 따라 현저히 다른 모습으로 전개되었다.

이상의 두 가지 사례, 그리고 이를 기록으로 남긴 진용정의 입장을 통해 볼 때 지방민을 보호한다는 명분이라면 공권력을 저지하는 적극적인 실력행사도 어느 정도 정당화되고 있었던 것으로 드러난다. 주로 동림당 계통의 신사층을 중심으로 전개되었던 이러한 지방사회 보호와 자치적 움직임은 이들이 지역민으로부터 지지를 받았던 주요 요인이었음에 분명하다. 그러나 이런 종류의 자구 노력들이 가지는 한계는 분명히 존재했다. 국가가 위기에 처한 상황에서 지역 사정을 고려하여 세금 미납분의 징수에 저항하는 것은 중앙의 재정 결손을 초래하고 나아가 공권력과의 대립구도로 몰릴 위험성을 내포한 행동이었다. 따라서 지역 신사층의 노

---

92 隆慶年間(1567~1572) 이후 강남지방에서 신사의 소유 토지는 일반 民戶와 구별되게 '官甲書册'에 기재되어 官甲을 형성했다. 여기에 기재된 가구가 바로 官戶이다. 관호는 세량의 독촉, 징수, 교부 작업에서 里役에 의존하지 않고 개별적으로 知數 · 家人 등을 고용하여 진행할 수 있었다. 관호들이 '搖役優免'의 특권을 이용하여 체납과 避役을 일삼은 것은 명말 부역제도 붕괴를 초래한 주요 원인을 제공한 것으로 평가된다. 濱島敦俊, 1982, p. 197, pp. 209~245; 川勝守, 『中國封建國家の支配構造』(東京大學出版會, 1980), pp. 185~202.

력은 대부분 가능한 한 모든 영향력을 동원하여 공권력과 타협하는 수준에서 이루어졌다.

한편 이렇게 방어적 성격을 띤 움직임 이외에도 가선현을 비롯한 강남 지역 일대에서는 조운에 관련된 요역(傜役)을 균등하게 부담해야 한다는 개혁안이 활발히 제기되고 있었다. 정부로부터 부과된 여러 종류의 요역 중에서도 조운 세량에 관련된 '북운'(北運)은 가장 부담이 컸다. 이에 비해 지방비 명목으로 징수되는 '남량'(南粮)은 비교적 부담이 가벼운 경역(輕役)이었다. 당시 강남지방에서는 관호로 지정된 신사들 일부가 갖은 수단을 동원해 북운을 회피하고 남량만으로 요역을 부담하는 현상이 두드러졌다. 그 결과 북운을 담당했던 민호들이 과중한 부담을 견디지 못하고 몰락하는 사태가 속출하게 되었다.

가선현의 세역체계 역시 강남 여타 지역과 마찬가지로 관호와 민호가 구분되어 있었고 관호들이 영향력을 이용해서 무거운 요역을 피하고 경제적 이익을 독점하는 현상 또한 마찬가지였다. 지역 지도자 진용정은 이런 상황을 타파하기 위한 개혁안을 제시했다. 숭정 4년(1631)에 진용정은 자신의 이름으로 관호에게도 북운을 적용시켜야 한다고 주장하는 「신미년 균역논의」(辛未均役條議)[93](이하 「조의」[條議]로 약칭)를 발표했다. 이것은 진용정을 필두로 일부 신사층이 세역 불균등을 해소할 방책을 놓고 진지하게 논의한 결과였다. 「조의」에서 제기된 의견은 지방 내부의 갈등과 제약 요인에도 불구하고 상당히 적극적으로 추진되었던 것으로 보인다.[94]

---

93 (明)陳龍正, 『幾亭全書』 卷27, 政書, pp. 1~8.

94 陳龍正에 대해서는 앞의 溝口雄三, 1978의 연구를 필두로 그의 사상, 지역 지도자로서의 활동, 사회복지 사업의 전개 등 많은 방면에서 연구가 이루어졌다. 均田均役法 시행과 관련해서는 濱島郭俊(1982) 연구가 가장 자세하며 최근 연구로는 馮賢亮, 「陳龍正: 晩明士紳社會生活的一個側面」(『浙江學刊』, 2001~6期) 참조.

그로부터 3년 뒤 지현으로 부임한 이진옥은 당시 가선현의 요역 부담 실태를 다음과 같이 평했다. "본 군(郡)의 역법(役法) 실시 현황을 보면 가선현이 가장 평등에 가깝다. 다른 읍에서는 유력자들이 남운의 이익을 독점하고 의지할 데 없는 백성만이 북운의 번거로움과 고통을 당하고 있다. 가선은 '남북품탑'(南北品搭)을 중시하여 호랑이해에 북운을 담당하면 그 다음 토끼해에는 남량(南糧)을 맡게 된다. 백성도 남운에 해당되는 해는 휴양할 수 있다"[95]고 기록했다. 그리고 이것은 지역 내부에서 스스로 관호에게도 북운을 적용시키자는 의견이 제기되어 실현되었던 덕분이라고 밝혔다. 지역 신사층의 이와 같은 자발적 개혁의 움직임은 자신들의 사적 이익을 자제하면서 민생보호를 목적으로 했다는 점에서 분명히 일정한 공공성을 인정할 수 있는 사례이다.

그러나 가선현의 지방 자치적 노력은 언제라도 공권력과 마찰과 갈등을 빚을 수 있다는 한계를 지니고 있었다. 숭정 7년 정월의 조량 역시 지역사회와 운군이 직접 마찰을 빚어 파국을 향해 치닫는 위태로운 국면이 연출되었다. 이 해에 항주위(杭州衛) 소속 운군들이 부가분 미곡인 '모미'(耗米)를 대폭 늘이라고 요구했던 것이다.[96] 원래 가선현은 관례적으로 쌀 100석에 대해 부가세 명목으로 9석 8두의 미곡을 부담해왔다. 항주위 운군은 여기에 추가해서 '임첨'(淋尖)이라는 명목으로 1할, 그리고 '십봉'(十捧)이라는 이름으로 2할의 미곡을 더 요구했다. 뿐만 아니라 순풍(順風)·추화(抽花)·괘홍(掛紅)·개창(開倉)·회주(會籌) 등 각종 명목을 새로 만들어 부가세를 대폭 증가시켰기 때문에, 부가분 미곡은 정규분 100석당

95 (明)李陳玉,「爲均派南糙倉糧事」,『退思堂集』第6, 申參, pp. 1~8.

96 이하 숭정 7년의 조운 과정은 (明)李陳玉, '崇禎七年冬抵任兌漕始末',「考滿事蹟册」, 附事蹟摘略, 같은 책, pp. 37~43 및 같은 책, 申參,「爲申明處弁兌漕事」, pp. 26~30,「再申漕院文」, pp. 31~36을 정리한 것이다.

50~60석이라는 엄청난 분량에 이르렀다. 그러자 가선현 지역사회는 여기에 크게 반발하면서 세량 교부작업에 응하지 않았다. 사태가 지연되면서 급기야 운군과 지방민들 사이에 커다란 분쟁이 발생했다. 당시의 지현 마성명(馬成名)은 이 사태의 책임을 지고 상부에 의해 쫓겨나고 말았다. 당시 관례상 마성명의 파직은 중앙에서 파견된 조운 감찰관인 순조어사(巡漕御史)와 민정 최고책임자인 순무의 결재에 의한 것이었다. 가선현은 난폭하고 사리를 모르는 운군뿐만 아니라 지방의 최상부 공권력과도 결정적인 갈등 국면에 접어들었던 것이다. 이진옥은 바로 축출된 마 지현의 후임으로 가선현에 부임했다.

그가 도착한 것은 숭정 7년(1634) 12월 28일 오후 3시로 지방민과 운군 간의 갈등은 그야말로 폭발 직전의 단계에 다다랐다. 이미 수많은 조운선이 결집해 있는 가운데 운군과 지방민은 교부 업무를 처리해줄 신임 지현을 기다리고 있었다. 그는 상급기관에 부임 보고를 할 겨를조차 없이 곧장 조운 문제의 현장에 투입되었다. 여기서 이진옥이 운군과 교섭해나가는 과정을 그가 작성한 「숭정 7년 부임 직후의 조태 기록」(崇禎七年冬抵任兌漕始末)을 통해 재현해본다. 이진옥은 기실 자기 자신의 업적을 밝히기 위해 일일이 기록으로 남겼던 것이지만, 결과적으로 이것이 당시 조운의 생생한 실정을 알려주는 가장 상세한 증거로 남았다.

> 내가 수레에서 막 내렸을 때 가선 지방은 조운선에 둘러싸여 불안에 떨고 있었다. 당시 운군은 같은 절강성의 엄주(嚴州)·태주(台州)·처주(處州)·해녕(海寧)의 위군(衛軍)으로 구성되어 있었다. 나는 연초에 발생한 대분쟁의 주역인 항주위가 제외된 것에 주목하여 각 위군들을 개별적으로 설득하기로 했다. 나는 먼저 원래의 가모 분량인 9석 8두 이상의 양곡은 결코 용인하지 않겠다는 방침을 분명히 밝혔다. 만약 신임 지현인 나마저 재차 분규에 휘말릴 경우에는 가선

지방뿐만 아니라 운군에게도 불이익이 될 것임을 주지시켰기 때문에 운군 측은 상당히 위축되었다. 계속된 교섭의 결과, 처주위(處州衛)를 제외한 나머지 세 곳의 위군들은 모두 옛 규정대로 세량을 접수(兌運)하기로 합의하였다. 그러나 처주 소속 운군만은 계속 정월에 제시했던 증가분을 고집하면서 교부에 응하지 않았다. 나는 몇 차례에 걸쳐 처주지휘(處州指揮) 하대진(何大眞)을 찾아가 협상을 시도했으나 실패로 끝나고 말았다.

이때 가선현 사태를 해결하기 위해 상부에서는 조정 역으로 항주부(杭州府) 황추관(黃推官)을 파견하였다. 다행히도 황 추관은 나와 같이 공부했던 동문 친우였던 까닭에 나는 크게 고무되었다. 황 추관은 나를 지원하는 입장에서 부가미곡의 분량을 예전처럼 9석 8두로 하되, 그 대신 증여 명목으로 은 6량을 더 주라고 제안했다. 그러나 9석 8두라는 분량은 원래 증여분이 미리 포함된 것으로 보아야 한다. 이 때문에 나로서는 이 조정안을 거부할 수밖에 없었다. 당시 인근 가흥현(嘉興縣)과 수수현(秀水縣)에서는 황 추관의 제안대로 조량이 이루어졌고, 가선현 역시 정월의 세량 교부 과정에서도 전임 지현이 증여를 승낙한 전례가 있었다. 황 추관은 이 이상의 타협은 불가능할 것이라고 단언했다. 나는 "부임하자마자 이 지방을 위해 조금도 도움이 되지 못하고 오히려 정해진 규정을 파괴하는 단서를 만든다면 운군들은 좋아할지 모르지만 지방에는 죄를 짓게 되는 것이오. 만약 정해진 규정을 지켜 지방이 조금이라도 짐을 덜 수 있다면 나는 쫓겨난다고 해도 기꺼이 받아들이겠소"라며 간절하게 탄원했다. 황 추관은 여기서 일단 조정을 포기하고 가선현을 떠나서 1차 협상은 결렬되고 말았다. 그 후 사태는 급전했다. 처주지휘 하대진은 상부의 순조어사에게 "가선현의 미곡에 '삽화'(揷和) 즉 불순물이 다량 함유되어 있는데, 이것은 지현이 감독을 게을리 한 것이다"라는 탄핵문을 올린 것이었다. 순조어사는 곧장 나에게 포고문(牌文)을 보내서 해명을 요구했다.

나는 추관 황공, 독량(督糧) 후공(侯公) 그리고 이미 교부에 응한 엄주위(嚴州

衛) 위군의 증언을 바탕으로 두 편의 보고문을 제출했다. 특히 처주위(處州衛) 탄핵문 가운데 가선현의 미곡이 전반적으로 불량한 것은 관리를 소홀히 한 탓이며, 그 중에서도 관호들이 납부한 미곡의 질이 불량하다는 내용이 들어 있었다. 여기에 대해서는 다음과 같이 구체적 증거를 들어 상세히 반론했다. 예를 들면 내각대학사(內閣大學士) 전사승(錢士升)은 원래부터 관호의 미곡에서 불순물이 많다는 사실을 우려했다. 그래서 몸소 집안 일꾼들을 이끌고 곡식을 키로 까불러서 불순물을 제거하는 '선양'(揊颺) 작업을 독려하여 불순물을 제거하는 데 힘을 기울여왔다. [이런 해명의 노력이 주효해서] 결과적으로 가선지방은 정월에 추가되었던 다양한 명목의 가모가 삭제되고 종래와 같이 9석 7두의 분량만 납입하게 되었다. 경제은(輕齊銀)은 1만 3천 냥 ,그리고 고교은(庫交銀)[97]은 3냥 2전 5분 선에서 타결되어 가선현의 부담은 더욱 가벼워졌다.

여기서 언급된 전사승은 숭정 7년(1634)부터 9년 초까지 최고 권력자인 내각대학사를 역임한 인물이다. 이진옥이 부임한 시점에 전사승은 이미 중앙에서 활동하고 있었음이 분명하다. 그럼에도 관호의 미곡 관리가 양호하다는 증거로서 전사승 집안의 예를 일부러 인용했던 것이다. 곧 전사승이 늘 가인들에게 조량 미곡의 관리를 철저히 하도록 지시했기 때문에 납부한 미곡이 모두 불순물이 없는 상태였다는 것이다. 여기서 이진옥은 전사승의 영향력을 이용할 의도를 가지고 있었고 또한 전사승의 집안에서도 여기에 협력했음을 알 수 있다. 이 사례는 이진옥와 가선현의 지도자층이 일종의 상호 협력관계를 바탕으로 지방에 유리한 방향을 모색하

97 輕齊銀이란 漕糧에 부과되는 정식 耗米 외에 운송군의 요구에 의해 증가된 부가 耗米의 일부를 銀으로 환산한 것이다. 庫交銀 또한 창고에 미곡을 적재할 때에 드는 비용 명목으로 요구된 耗米를 은으로 환산해서 징수한 것이다. 『明史』 卷79, 食貨志, 漕運 및 星斌夫, 앞의 책, p. 44 참조.

고 있었음을 말해준다.

숭정 7년 같은 해에 진사가 된 동년 관계의 진용정과 이진옥은 보다 긴밀하게 연결되어 있었다. 진용정은 지현 이진옥의 요청을 받고 운송선 주변에서 정보를 수집하는 역할을 맡았다.[98] 처주위 운군의 동정을 관찰한 끝에 이들이 타협할 기미가 없다고 판단한 진용정은 이진옥에게 성의 수도로 가서 상부 관청에 직접 처주위 군대의 부당함을 호소하도록 권고했다. 또한 만약 상관이 지현 이진옥의 호소를 받아들일 경우에 가선지방은 정해진 기한 내에 신속히 세금을 완납할 것을 보장했다. 결국 이진옥은 책임자인 순조어사를 찾아가 지역의 입장을 대변하게 되었다. 그 뒤로는 이진옥의 호소가 효력을 발휘한 것인지 사태는 점점 가선지방에 유리한 방향으로 전개되었다. 이진옥이 순조어사와 면담한 지 10일 후 가선현은 조량을 완납했다. 이때 납입 분량은 처음 이 지역에서 분쟁이 일어났던 숭정 6년 이전의 수준으로 환원되었다. 이와는 대조적으로 인접한 가흥부 여러 현에서는 어쩔 수 없이 운군의 요구를 그대로 받아들였다가 감당치 못하고 대규모 세금체납이 발생했다. 이런 과정에서 가선현의 조량 완납은 결국 이진옥 자신의 커다란 업적으로 인정되었다.

2) 이진옥의 개선안

이진옥이 부임 직후 무사히 처리했던 조운 업무는 사실 어느 정도 행운이 작용했던 것이다. 먼저 조운의 실무 관료인 추관이 동문 관계의 지인이었기 때문에 추관이나 동지(同知) 등 순조어사의 실무진이 오히려 이진옥 편에 서서 그를 비호해주는 입장이었다. 또한 전임 지현이 쫓겨난 숭정 7년 정월의 대분쟁이 이진옥에게 오히려 유리하게 작용했다. 가선현에서

98 (明)陳龍正, 「與李謙菴邑尊」 같은 책, 卷42, 文錄, pp. 6~7.

다시 지방의 실력행사가 일어나 후임 지현까지 사퇴하는 사태는 어떻게든 피해야 한다는 점이 상부에도 상당한 부담이 되었을 것으로 보인다.

그러나 이런 요행만으로 또다시 다음 겨울로 닥쳐온 조량 업무가 순조롭게 이루어질 수 있을지는 누구도 보장할 수 없는 형편이었다. 이 점을 누구보다도 절실히 느끼고 있던 이진옥은 숭정 8년의 조운을 앞두고 지역민들에게 협력을 구하는 고시문을 공표했다.

> 살피니 조량을 운군에게 교부하는 일은 절강 서쪽지역에서는 가장 번거롭고 어려운 일이다. 본관이 처음 수레에서 내리자마자 갑작스레 이 일을 당하여 대단히 애를 먹었다. 이 실패를 두 번 다시 되풀이하지 않기 위해 우리 백성을 위하여 항구적인 대책을 세우고자 마음먹게 되었다. 그러나 날짜가 구름처럼 빨리 흘러가서 계획을 세우지도 못한 채 다시 이번 해 조량을 맞게 되었다. '오(吳)나라 소가 달을 보고 우는 격'[오나라는 더운 지역이므로 소가 달을 해로 알고 울었다고 하는 고사로 많이 늦었다는 뜻]이 되고 말았지만, 우리 백성들과 함께 깊이 상의하지 않고서야 어찌 지나간 과오를 되풀이하지 않을 수 있겠는가. 또 그동안의 쌓인 폐단과 법과 규율의 붕괴는 실은 지역 자체 내에서 연유하는 바가 컸지만 습관이 되어버린 탓에 근절하기 어려웠다. 현 수령이 걱정 없이 우리 백성을 위해 전력으로 임무를 수행하고 기간 내에 조량을 교부하려면 무엇보다 구습을 타파하고 정해진 법규를 준수하지 않으면 안 될 터이다. 지난해 창졸지간에 일을 끝낼 수 있었던 것은 실로 두려워할 일이며 결코 여기에 의지할 바는 아니니다. 부로자제(父老子弟)들은 깊이 생각하여 내가 뒤에 열거해둔 각각의 조목을 보고 만약 더욱 긴요한 일이 있으면 숨김없이 말하도록 하라. 다만 사사로운 생각을 '공론'으로 위장하거나 작은 일을 큰 일로 잘못 보는 일이 없도록 주의하라.[99]

99 (明)李陳玉, 「爲開徵錢糧, 整飭漕規, 各宜遵守, 以永平善事」, 같은 책, 文告, 漕糧示, pp. 53~54.

이진옥은 이 포고문의 뒷부분에 조운 과정에서 나타난 지역 자체 내에서 연유하는 갖가지 병폐를 10여 개 항목으로 나누어 지적했다. 여기서 이진옥이 지적한 가선지방 내부 문제는 크게 양장 요역의 포람(包攬), 신사층의 궤기(詭寄), 그리고 미곡의 관리 및 보관상의 결함이라는 세 가지 문제로 나뉜다.

첫째, 양장들의 포람이란 세량을 징수하여 운군에게 건네는 역할을 맡은 양장의 요역이 이갑정역(里甲正役) 중에서 가장 무거운 부담이었던 데서 발생한 문제였다. 양장을 맡게 된 가구는 운군의 횡포가 두려운 데다 각종 번잡한 비용이 과외로 부과되는 것을 피해서 포두(包頭)라고 불리는 일종의 중개인들에게 이 요역 업무를 위임해버리곤 했다. 포두들은 실상은 운군과 결탁하여 온갖 횡령을 일삼고 있었기 때문에 오히려 지역에 큰 해를 가져오는 존재였다.

가선현의 경우도 포두들이 사파(私派), 즉 운군 측에 자의적으로 부과하는 비용에서 남는 이익을 독점할 목적으로 미곡을 창고에 운송하는 작업과 불순물 제거작업을 방해하고 있었다. 뿐만 아니라 유력자들의 노복과 결탁하여 관호 명의로 토지를 이전하는 등, 온갖 수단을 동원하여 체납과 피역을 일삼아 지방 부역 부담의 구조를 파괴하기에 이르렀다. 이진옥은 이들 포두의 존재와 신사층의 포람이야말로 가장 심각한 폐단이라고 진단하면서 단호하게 대처하겠다는 의지를 밝혔다. 한편 이진옥은 이런 작업이 지방의 자발적 노력 없이 지현의 힘만으로는 해결될 수 없음을 강조했다. "관청은 지방민들이 도리를 지키는 한 지역을 지키는 장벽이 되어줄 수는 있으나 지역의 폐단을 은폐해줄 수는 없다"고 하면서 양장이 미곡 관리 및 적재 작업을 규정대로 행한다는 전제가 있어야만 지현의 수호자로서의 역할이 가능하다고 경고했다.

두 번째로 열거한 신사층의 궤기란 일반 민호가 요역우면(徭役優免)의 특권을 가진 관호의 명의로 토지를 이전해서 요역을 피하려는 현상을 말한다.[100] 가선현 조량의 경우, 총 10만 냥의 조량 중에서 관호가 부담하는 양은 3만, 그리고 민호는 7만으로 설정되어 있었다. 그런데 궤기에 의해 관호 명의의 토지가 증가하게 되자 관호의 부담은 줄어들고 민호의 세량은 반대로 점점 더 늘어났다. 그 결과, 견딜 수 없게 된 민호가 몰락해서 유랑하는 현상이 속출했던 것이다. 가선현에서는 앞에서 등장한 진용정과 전사승 등 개혁파 신사들에 의해 관호의 요역 부담을 증가시킬 것을 골자로 하는 이른바 '균전균역'(均田均役) 논의[101]가 자발적으로 시작되었다. 그러나 이진옥이 부임한 숭정 7년의 상황에서는 전면적 효과를 기대할 수는 없었고, 궤기의 문제는 이때까지도 여전히 지방을 괴롭히고 있었다. 이진옥은 지역사회를 향해서, "가선이 비록 '고관(高官)들의 요람'이라고 불리기는 하지만 실제 그 숫자는 손가락으로 꼽을 수 있는 정도이다. 관료사회에서는 청백의 명성이 높은 지방에서 관호의 명의로 수만의 조량이 옮겨진 것은 대체 무슨 연유인가?"라며 지방 신사층의 반성을 촉구했다. 당시 강남의 세역 체계를 파괴하고 있던 궤기의 관행은 가선지방에도 예외 없이 커다란 폐해의 온상이었다.

세 번째 문제는 종래 운군들이 미곡 교부 과정에서 미곡의 건조 상태나

---

100 包攬은 결국 역부담자를 영세화시켜 소농민에게 가장 무거운 요역이 부과되는 기현상이 속출하게 된다. 濱島敦俊, 같은 책, p. 216.

101 均田均役은 명말청초 주로 강남 델타지역을 중심으로 행해진 부세제도 개혁안이다. 각 지역마다 약간의 차이는 있지만 보통 다음 네 가지 내용으로 이루어진다. 첫째는 '優免限制'로 향신에 대한 요역 면제에 제한을 두었다. 둘째는 '照田派役'으로 田土를 기준으로 里甲을 편성하고 일정 전토마다 里長을 충당한다. 셋째는 '官收官解'로 里甲正役 해체에 따른 국가에 의한 세량의 징수와 수송을 말한다. 넷째는 '自封投櫃'로 은납화된 부역을 세납자 자신이 납부하는 것이다. 가선현의 경우 숭정 4년(1631) 진용정을 중심으로 하는 지역의 신사층이 당시의 지현 蔡鵬霄에게 보낸 공개 건의서 「辛未均役條議」를 올린 것을 효시로 볼 수 있다. 陳龍正, 같은 책, 권27, 政書, pp. 1~8.

겨 · 잡초 등 불순물의 함유를 구실로 추가로 부가세를 요구하는 관례에서 생긴 문제였다. 10만 석에 달하는 미곡을 일일이 건조시키고 청결하게 보존하는 작업에는 실로 엄청난 노력이 소모되었다. 이 때문에 종래 서리와 아역들은 주로 민호에 대해서 정미가 부실하다는 구실로 중간착취를 일삼곤 했다. 반면에 관호는 관청의 통제가 미치기 어려운 점을 악용하여 겨나 잡초투성이의 미곡을 그대로 내놓기 일쑤였다. 결과적으로 교부 과정에 와서는 상당 분량의 미곡이 불량한 상태이다 보니 운군이 이를 구실로 부가미를 징수하더라도 변명의 여지가 없었던 것이다. 이진옥은 미곡 전체가 청결 건조한 상태로 창고에 보존된 상태라야만 운군과의 교섭에서 유리한 위치에 설 수 있다면서 자신이 직접 미곡 관리에 관여하겠다고 제안했다.

한편 이상 세 가지 문제들은 당시 가선현뿐만 아니라 절강 및 강남지방 전역이 공유하고 있던 문제였다. 관호에게 주어지는 특혜로 인해 궤기가 성행했고 서민의 부담이 계속 커져버렸다. 원래 양역(糧役)은 대토지를 소유한 이른바 '대호'(大戶)들이 맡아야 하지만 이들은 궤기를 통해서 이 요역을 피해나갔고 반면에 경제력이 미약한 중호(中戶)나 소호(小戶)가 양장에 임명되는 현상이 두드러졌던 것이다. 결국 양장 역을 맡은 민호는 몰락하고 부역 자체가 불충실해지는 악순환이 거듭되었다. 과중한 세금에 시달리는 백성과 파산 직전에 몰린 양장이 미곡 관리를 제대로 할 수 없음은 당연한 일이었다. 이것은 결국 미곡의 부실을 초래해서 운군에게 부가세를 증가시킬 명목을 제공하는 결과를 낳았다. 이상 세 가지 문제점은 각각의 문제가 상호 인과관계로 얽혀 있었다고 말할 수 있다.

지역 내부의 모순을 타파함으로써 조운의 병폐를 개선하자고 했던 이진옥의 주장은 현실에서 어느 정도의 성과를 거둘 수 있었을까. 제한된 임기 동안 이진옥이 가장 힘을 기울였고 또 가시적 성과가 드러났던 것은 세 번째 미곡 관리와 관련된 개선 방안이었다. 이진옥은 미곡의 질을 향상시키기 위해 구체적 실천 방안을 모색했다. 당시 10만 석이 넘는 미곡을 일일이 관리하는 일은 실로 엄청난 노력을 요했고, 더욱 심각한 문제는 독자적으로 미곡을 관리하는 관호들에게는 지현의 명령을 관철시키기가 사실상 불가능했다.

이진옥은 일단 창고에 적재된 민호의 미곡에 대해 관청과 민간 인력을 동원해서 관리에 나섰다. 전 지방을 20개 구획[102]으로 나누고 각각의 구획 내에 총계 390칸의 창고를 배정하였다. 그 관리자로 현 소속 관료인 현승(縣丞)·전사(典史)·주부(主簿), 학교를 담당하는 학정(學政) 세 사람, 의료 담당인 음양의관(陰陽醫官) 두 사람 등 관아의 인원을 8명 동원했고 서리와 농민 한 사람씩을 추가 배치했다. 그리고 이들 10명의 관리인에게 두 구획씩을 맡겨 미곡의 건조와 정미 작업을 진행시켰다. 이진옥 자신은 총감독이 되어 각 구역을 수시로 순시하면서 작업 과정을 살폈다. 이 작업은 이진옥이 해당 연도 조량의 성패를 걸었던 만큼 철저하게 운영되었다. 이 때문에 가선현 일각에서는 이진옥이 백성을 긍휼히 여기지 않고 지나치게 가혹하게 군다는 악평이 퍼졌다고 한다. 한편 미곡 관리에서 결정적인 난제인 관호의 납부 미곡에 대해서는 지역 내 일부 신사들의 협력이 있었던 점이 확인된다. 이진옥은 그 진행 상황을 다음과 같이 상부에 보고했다.

> 다행히 지금 우리 현에는 어진 이들이 많고 모두 의로움으로 마음을 같이 합니다. 내각대학사 전사승은 앞장서서 미곡을 창고에 적재시키자고 주창했고, 여

102 區는 세량의 많고 적음에 따라 구획 지어지며 양장의 설치 단위이기도 하다. 가선현이 20區로 구성되어 있음은 지방지에서도 확인된다. (光緖重修本)『嘉善縣志』 卷10, 食貨志2, 土田, "本朝康熙三年淸丈造册, 仍照萬曆原額報部, 嘉善縣原設版圖二十區二伯圖 [……]."

러 향신들은 여기에 호응하여 함께 미곡의 불순물을 제거하는 작업을 했습니다. 이에 힘입어 본관은 관호가 창고에 미곡을 적재하지 않으면 관호로 인정하지 않았고 불순물을 제거하지 않으면 관호의 가속인 지수(知數)를 구금하였습니다. 관호가 이미 이처럼 법령을 따르고 있으니 민호들이 이를 따르는 데 무슨 어려움이 있겠습니까? 따라서 올해 조운 업무는 마땅히 다음해부터 영구적인 모범으로 삼을 만합니다.[103]

이처럼 미곡 관리가 군민 양측에 이익이 된다는 이진옥의 주장에 동의하여 전사승을 필두로 한 신사층이 이 작업에 적극적으로 참여했다고 한다. 이들은 자진해서 관호 전용 창고에 쌀을 적재시켜 체납을 자제했을 뿐 아니라 가속들을 동원하여 불순물 제거작업에 나섰다는 것이다. 이진옥은 이런 과정을 일일이 피력한 뒤에 "상부의 나리들도 이목이 있으니 가선지역의 노력을 인정해줄 것임에 분명하다"라고 공언하기에 이르렀다. 이듬해 숭정 8년의 조운은 유례없이 신속하게 그리고 말썽 없이 끝났다. 가모의 양이 이전의 9석 8두로 통과되었을 뿐만 아니라 배에 적재하는 과정을 둘러싼 분쟁에서 야기되는 지역의 부담도 크게 줄어들었던 것이다.

불순물 제거 과정이 엄격하게 행해져 미곡이 건조 청결하다는 이야기가 파다해지자 감독관들의 감시가 현저히 줄어들었다. 군인들의 협박과 군대의 북소리, 소란도 확실히 줄어들었다. 그래서 이들을 맞아들이고 보내는 횟수가 열 번에 여섯 번은 줄었고, 체벌과 채찍질은 아홉 번 정도가 줄었으며, 언쟁도 열에 일곱 번은 줄었다. 명목도 없이 지출되던 비용과 과외 부담이 줄어든 것은 헤아릴 수

103 (明)李陳玉, 「爲官戶具呈漕糧上倉事」, 같은 책, 申參, pp. 11~12.

없을 정도였다.[104]

이처럼 미곡 관리를 통해 운군과의 갈등을 줄이는 방침이 성과를 거두자 가선현에서는 그 이듬해에도 조운에 앞서 똑같은 준비 태세를 갖추었다고 한다. 숭정 9년 조운에서는, "사방 인접 지역에서 내분이 일어나지 않은 곳이 없고 부담액이 증가하지 않은 곳이 없었던" 와중에도 가선현은 열흘 내에 증가분 없이 조운을 마쳤다. 조운 관련 업무가 이진옥의 가장 빼어난 업적으로 손꼽히는 것은 바로 이 때문이었다.

그러나 한편 지방사회와 이진옥의 상호 협력체제에는 명백한 한계가 존재하고 있었다. 가선현의 조량이 순조롭게 진행되었다고는 하지만, 이진옥이 지적했던 일부 향신들의 궤기 및 포람 등 지방 내부의 모순은 결국 미해결인 채로 남아 있었다. 진용정과 전사승 등 개혁파 향신이 공론을 이끈 반면, 다른 한쪽에서는 기득권을 고수하려는 향신층도 다수 존재했다. 그들은 결코 부역의 불균등 탓에 발생하는 이익을 포기하려고 하지 않았다. 명대의 부역제도는 과중한 세금 때문이 아니라 불평등한 과세로 인해 붕괴되었다는 통설은 가선현의 경우도 예외는 아니었다. 요역 부담에서 벗어나려는 관호와 이들에 기생하는 아역 및 서리층 등 중간착취 집단이 있는 한 요역의 균등 배당은 애당초 무리였다. 이것은 바로 전술한 가선현에서 제기되었던 개혁론의 한계이기도 했다.

이 문제의 근본적 해결을 위해서는 10년 단위의 토지조사 작업인 '편심'(編審)을 통해 토지소유권을 바로잡는 작업부터 시작해야 했다. 당시 강남지방 개혁파 신사들과 지방관들 사이에서는 편심에 근거한 '균전균역'이야말로 궤기를 방지하고 포람을 적발하는 가장 효과적인 방법이라

---

104 (明)李陳玉, 「崇禎八年漕糧始末」, 같은 책, p. 44.

는 의견이 공론화되고 있었다. 인근 해녕현(海寧縣) 등에서 편심에 기초한 균전균역법이 실시되었고, 가선현에서도 숭정 4년(1631)에 지현 채붕소(蔡鵬霄)와 진용정의 주도 하에 균전균역법이 추진된 적이 있었다. 이진옥은 전임 지현 채붕소의 정책을 높이 평가하면서 균전균역에 대한 지지를 표명했다. 그러나 10년 단위로 시행되는 편심은 숭정 14년(1641)에나 실시할 수 있었지만, 이 해에는 이진옥이 승진해서 그 지방을 떠났고 가선현의 균역은 결국 후임 지현의 과제로 넘겨졌다.[105]

이와 같은 조운 과정에서 발생하는 모순과 지방관의 역할을 둘러싼 갈등은 청대(清代)에 접어들어서 겨우 해결의 단서를 찾기 시작했다. 순치(順治) 6년(1649)에서 강희(康熙) 초년까지의 기간 동안 조운을 둘러싼 일대 개선책이 실시되었다. 북경으로 운송되는 북운 조량의 경우, 지역의 양장이 아니라 지현이 전적으로 징수와 납부를 실시하는 '관수관태'(官收官兌) 방식이 채택되었다. 가흥(嘉興)·소주(蘇州)·상숙(常熟)·절강(松江)·호주(湖州) 등 5부에 부과되었던 백량(白糧) 역시 지방 관청이 교부 및 운송을 맡는 관태(官兌)와 관운(官運)의 원칙이 정해졌다. 결과적으로 조량에서 지방관의 책임 영역은 확대되었고 그 만큼 지방사회와 운군의 직접 마찰을 피할 수 있게 되었다. 한편 이런 개혁의 추세에 비추어볼 때 진용정이 일찍이 제기했던 '관수관태론'은 특히 주목할 만하다. 가모의 정액화와 지현이 주도하는 관리체계의 정립을 주장한 이 논의는 숭정연간 당시는 사회적 혼란상으로 인해 실현에 이르지 못했다. 그러나 이것은 나중에 청대에 이루어진 개혁안의 핵심과 거의 일치하는데, 그 개혁안을 제시한 대표적 인물이 가선 출신의 급사중(給事中) 가용(柯聳)이었음은 결코 우연은

---

105 진용정은 숭정 14년(1641), 다시 지방의 공의를 모아 후임지현 劉大啓에게 균전균역 실시를 건의했다. 지현은 이를 받아들여 작업에 착수했으나 도중에 병사하여 가선현의 개혁은 결국 무위로 끝나고 만다. (明)陳龍正, 「致劉暾日邑尊公啓」, 같은 책, 卷 47, p. 12.

아닐 것이다.[106]

이상의 과정에서 이진옥은 조운 교섭 과정에서 자신의 주도적 역할을 거듭 강조했다. 그는 관례적으로 서리들이 작성하던 세량 보고서, 포고문 및 호소문 등을 모두 스스로 기록했음을 내세웠다.[107] 그의 설명에 의하면, 관행대로 서리들이 공문서를 작성하면 정보 누설의 우려가 있고 지방 실정을 전달하기가 힘들며 무엇보다도 시종일관 선두에 서서 사태를 처리한 자기 자신만이 정확하게 현상을 파악할 수 있다는 것이다. 숭정 7년, 이진옥이 부임한 직후부터 시작된 조량 임무는 지현 이진옥과 가선현 지방사회의 공조에 의해 무사히 수습될 수 있었다. 이진옥과 가선현 지방 지도자 간에는 조량 과정 내내 긴밀한 의견 교환이 이루어졌고, 이진옥은 이런 협조와 조화를 기반으로 공무에 착수했던 것이다.

2. 선정의 평가와 이진옥

이진옥은 지현으로 부임했을 당시 이미 세상물정에 밝은 장년기에 접어든 나이였다. "나는 10년간 효렴(孝廉)으로 지내면서 수모를 당한 일이 적지 않았다. 그러나 이를 원한으로 삼지 않고 오히려 스스로 분발하는 계기로 삼았다"라는 그의 말과 같이,[108] 향리인 길수(吉水)에서 수재(秀才) 신분으로 오랜 세월을 지낸 탓에 민간의 고충을 생생하게 알고 있었다고 한다. 그리고, "나 자신 아역들의 폐단을 빠짐없이 잘 알고 있기 때문에 한 사람을 전적으로 쓰지 않고 한 가지 일도 완전히 맡겨버리지 않았다.

106 (康熙)『嘉善縣志』 卷10, pp. 53~54에는 柯聳의 「酌減漕耗加贈疏」가 실려 있다.

107 (明)李陳玉, 「再申漕院文」, 같은 책, 崇禎 9年 10月.

108 (明)李陳玉, 「與友人」, 같은 책, 奏讀, p. 34.

[……] 수재로 7년, 효렴으로 10년간을 지내면서 집 부엌에는 반 년분의 양식도 없었으나 [청탁을 위한] 관아 출입은 자제했다"[109]라고도 술회했다.

스스로 피력한 이런 연륜과 경험이 조량이라는 난제의 해결에서 유용했다는 주장은 당시의 경과로 볼 때 상당히 설득력이 있다. 이진옥은 문제 해결을 위해 지역 신사뿐 아니라 전임 지현에게서 자문을 구하는 노력도 아끼지 않았다.[110] 또한 동문의 친우인 추관 황공의 예에서 보듯이 사건 해결을 원만하게 이끌 인맥과 연결되어 있었다. 이진옥은 당시 전국적 연계망을 가진 문인 결사인 복사(復社)의 동인으로서 강남 문인사회나 관료조직과 직간접의 네트워크를 가지고 있었다. 이것이 가선현 지방 사회와의 접촉 과정에서 커다란 힘이 되었음에 분명하다. 무엇보다도 지역 지도자인 진용정이 같은 복사의 주요 회원이었고, 두 사람은 시종일관 여러 차원에서 긴밀한 협조관계를 유지했다. 두 사람은 지방에서 발생한 문제들을 해결하는 데 있어 이념적으로도 뚜렷한 동질성을 보이고 있었다. 다음 기록은 이진옥이 지역 자치활동과 지역 지도자로서 진용정의 활동을 어떻게 평가하고 있는지 잘 보여준다.

> 향약(鄕約)은 내 고향인 길수지방에서 가장 잘 행해졌다. 관료가 위에서 제창하면 지방은 스스로 교화에 나섰다. 오래지 않아 사람마다 공론을 두려워하여 소송사건들이 현저히 줄어들었다. 어떤 지방관이 이를 싫어한 일이 있었는데 그의 사람됨과 정치는 굳이 말하지 않아도 가히 알 만하다. 내가 자란 읍에는 손영공(孫令公)이라는 분이 온힘을 기울여 향약을 주도한 결과, 6년 안에 도적이 없어지고 백성들은 무뢰(無賴)에게 의탁해 다투고 뺏는 일들이 없어졌다. 당시

109 (明)李陳玉, 「與黃年兄」, 같은 책, 奏讀, p. 51.

110 (明)李陳玉, 「與前任馬駿如」, 같은 책, pp. 21~22; 「復太守潘默菴先生」 같은 책, 奏讀, pp. 36~37.

지방의 모습은 평온하고 밝았다. 이것은 내가 어릴 때 직접 목격한 바인데, 그 뒤에는 [아마도] 향약이 폐지되고 풍속도 점점 변해버렸다. 한편 이런 일을 실행함에 있어서 향약과는 또 다른 것이 있다. 지방이 곧 스스로를 다스리는 '향위정'(鄕爲政)이 그것이다. 가정은 가정마다 스스로를 가르치고 마을은 마을 스스로 가르침을 전수한다. 여기서 조금이라도 관의 편의에 따라 간섭하여 강제적인 것이 되어서는 안 된다. 즉 관에서 주도한다면 그것은 향약이 아니라 관약(官約)이라고 불러야 할 것이다. 나의 오랜 벗 진기정(陳幾亭, 기정은 진용정의 호)은 동선회(同善會)를 조직하여 매년 4월 강학회(講學會)를 열고 복지사업을 편다. 이것이야말로 진정한 향약이라고 할 수 있다. 안타까운 점은 모든 구역과 진(鎭)에서 이를 따르지는 못하는 형편인데 나 자신 역시 이를 충분히 일으킬 힘이 없다는 것이다.[111]

이 기록은 향약을 장려한 고시문에 덧붙여 지방자치에 대한 자신의 견해를 피력한 것이다.[112] 여기서 이상적 자치 형태의 예로 든 동선회는 진용정이 숭정 4년(1631)에 조직한 단체였다. 잘 알려진 바와 같이 동선회는 강학활동을 통해 신사층들의 횡적 연대를 추진하고 공통의 경세사상을 바탕으로 지방 복지와 구휼사업을 추진한 자치단체였다.[113] 이것은 진용

---

111 (明)李陳玉, 「鄕約示」, 같은 책, 文告, pp. 16~17 "鄕約惟吾吉行之最善. 官府提唱於上, 鄕自爲敎. 久之, 人畏公論, 底訟稀少. 往時有有司惡之, 其人其政可知矣. 余邑有孫令公, 力行主盟, 六年之內, 里絕盜賊, 民無貉賴, 爭奪之事, 一時光景, 殊覺照然. 此余童時所親觀記, 殆後漸廢, 而俗亦漸訛矣. 然行之此中, 又有不同鄕約者, 鄕爲政也. 家自爲政, 里自爲訓也. 稍涉以官便屬牽强矣. 此中大概官爲主則仍是官約耳. 惟吾年友陳幾亭興擧同善會, 每季一擧, 有數講有賑施, 是眞鄕約也. 惜乎,各區各鎭, 無有倣此而通行者 余自恨興起無力矣."

112 告示는 정부에서 국가시책이나 명령, 중대 안건과 처리 결과 등을 백성에게 알리는 것으로 內閣 · 六部 · 都察院 · 通政司 · 大理寺 등이 포고권한이 있었고 지방에서도 주현관 등 각 관청 책임자들이 이를 자주 통치에 이용했다.

113 가선현 동선회의 결성 및 운용실태는 夫馬進, 『中國善會善堂史硏究』(同朋社, 1997), p. 166 참조. 가선현의 동선회는 고반룡이 무석에서 결성한 조직을 본보기로 삼았다. 여기서는 1

정의 다음과 같은 '향위정'(鄕爲政)의 정치관을 근간으로 한 것이었다. "지방에 거주하면 당연히 그 지방의 이익과 폐단을 살펴 방책을 도모한다. 가까운 것에 마음을 쏟아서 천하일에 통달하지 못하는 이는 있을 터이나, 가까운 것을 소홀히 하고 먼 것에만 밝은이는 없다. 천하의 큰일은 높은 지위가 아니면 실행할 수 없고 언론의 책임을 진자가 아니면 말하기 힘든다. [그러나] 지위가 있건 없건 모두 함께 진술할 수 있는 것은 오로지 그 지방의 일이다"[114]라는 자치적 발상은 동선회 조직과 지방자치 활동에 그대로 투영되었다. 위의 기사와 같이 이진옥은 지방자치 노력이야말로 가장 이상적 통치 형태라며 이 활동에 적극 공감했다. 나아가 공권력을 대표하는 지현의 입장임에도 불구하고 지방의 자치활동에는 관청의 개입이 가능한 한 제한되어야 한다고 주장했다. 황제를 대신하여 백성 위에 군림하며 중앙의 명령을 충실히 이행하는 행정관상은 이진옥에게서 애초부터 찾아보기 힘든다. 실제로 숭정 15년(1642)경에 귀향한 이진옥은 고향인 길수현에서도 동선회 조직의 가능성을 모색했던 것으로 드러난다.[115]

한편 가선현에서 구황에 대비하기 위해 사창(社倉)을 건설하는 과정에서도 이진옥은 다음과 같은 입장을 밝혔다.[116] 숭정 8년(1635) 중앙에서 미곡 비축 명령을 내리자 이진옥은 비축분이 없는 상태에서 더 이상의 부

년에 4회, 강학회를 열어 교화에 힘쓰는 한편 빈민구제와 무연고 시신의 장례, 빈곤한 생원의 가계 지원 등 다양한 지역 복지활동을 전개하였다. 운영기금은 회원들의 기부 및 진용정이 희사한 同善莊의 수입으로 충당되었다.

114 (明)陳龍正, 「鄕籌序」, 같은 책, 卷23 政書, 鄕籌1, p. 30. "居是鄕, 則籌是鄕之利弊, 留心於近而不能通天下者有矣. 未有忽近而明遠者也. 天下之大務, 非高位不得行, 非有言責不得言, 有位無位, 可以共陳, 則惟鄕邦之事."

115 夫馬進, 1997, p. 140.

116 (明)曹爾坊纂, (淸)卞璟修, 『嘉善縣纂修啓禎條款』(淸順治七年刊本, 台北: 國立故宮博物院, 1997), 卷2, 「豫備倉糧」.

가세 징수는 무리라고 하면서 자체적으로 사창을 건설할 방안을 제시했다. 먼저 이진옥 자신이 봉록에서 50냥을 내놓으면서 신사들에게 함께 돈을 내어서 구제활동을 하자고 호소했다고 한다. 진용정이 가장 먼저 300냥을 냈고 다른 신사들도 순조롭게 기부에 응한 결과, 쌀 천 석을 모을 수 있었다. 그 결과 신사들의 자발적 모금에 의해 수천 냥의 기금이 모여 2천여 석의 미곡을 사서 기근에 대처하게 되었다. 이진옥은 이것을 사창, 혹은 상평창(常平倉)의 형태로 관리하기를 희망했지만 어디까지나 지방 신사들의 자치적 운영에 맡겼다. 공권력이 주도할 경우에는 서리들의 농간이 발생할 수 있고 관청에 예속되면 오히려 백성을 괴롭힐 단서가 될 우려가 있다는 이유에서였다. 이진옥의 이런 자세는 진사 출신인 그의 인맥과 이념적 동질성이라는 기반과 어우러져 가선현 신사층의 지지를 얻는 데 큰 힘이 되었음에 분명하다.

그러나 관료 경력을 막 시작한 초임 지현이 지방사회와 접촉하는 이면에는 각종 고충이 따랐던 것으로 보인다. 부임 직후 조량 업무에 착수한 이진옥이 이를 위한 전문적 지식이나 구체적 대처 방안을 미리 습득했을 리는 없다. 지인에게 보낸 편지글에서, "매번 일을 끝내고 돌아올 때마다 한 차례씩 통곡을 하며 이전 수재 시절에 한 가지라도 공무를 습득하지 못했음을 한탄합니다"[117]라고 토로한 것처럼 이진옥이 업무를 수행하는 과정은 결코 순조롭지만은 않았다. "주변 사람들과 이별한 뒤 홀홀히 혼자 몸으로 부임해보니 모든 일들이 번잡한데 가장 힘든 일은 10만 냥의 미곡을 거두어 조운선에 납부하는 일이었습니다. 심혈을 기울여 애쓴 결과 겨우 해결의 실마리를 잡게 되었습니다"[118]라는 것이 첫 임무를 마친

117 (明)李陳玉, 「復葉瞿山年兄」, 같은 책, 奏牘, p. 31.
118 (明)李陳玉, 「與家太常公」, 같은 책, 一奏牘, p. 44.

그의 감회였다.

초임관 이진옥에게 있어 가선현은 관료로서의 성패와 부침을 결정짓는 첫 관문이었다. 그는 3년간 가선현에서 재직하는 동안 끊임없이 자신의 업적 평가와 승진 여부에 대해 관심을 기울였다. 3년 임기가 끝날 무렵, 이진옥은 동문 우인에게 한 통의 편지를 보냈다. 여기에는 인사고과 결과를 놓고 초조해하는 그의 모습이 생생하게 그려져 있다.

> 형께서 남경 도찰원(樞部)에 부임하셨다는 소식을 듣고 대단히 기뻤습니다. 저는 형과 정원로(程垣老)에게 두 개의 큰 짐을 안길 심산입니다. [……] 하나는 이 하급 관료의 고만이 가까워온 일입니다. 이 동생은 일체의 세금을 기간 내에 납부했고 군사 관련 일도 모두 완료했습니다. 다만 상부 담당자께서 과연 이 말단 관리의 고생을 알고 계실는지요. [……] 저와 두 형은 동문의 관계에 있습니다. 무릇 동문이란 동년보다도 열 배, 백 배나 더 가까운 것이 아닙니까?"[119]

이 편지에서 이진옥은 고만을 맞은 자신의 인사 문제를 친우에게 '큰 짐'을 지우는 것으로 청탁했다. 그의 다른 한 가지 부탁은 점차 긴박해지는 군사적 위기상황에 대해 지역 방위에 관련된 정보를 얻고자 한 것이었다. 인사고과에서 자신의 신고(辛苦)를 인정받아 보기 좋게 승진하고 싶다는 갈망은 이진옥의 행적 중에서 많은 부분을 해명할 수 있는 열쇠가 된다. 그리고 이런 모습은 유독 이진옥에게만 두드러졌던 것은 아니었을 터이다.

---

119 (明)李陳玉, 「與歐陽樞部易水年兄」, 같은 책, 二奏牘, p. 24.

3. 『고만사적책』의 성격

숭정 10년(1637) 5월, 이진옥은 3년 임기를 마친 후 고만에 대비하는 형식의 『고만사적책』(考滿事蹟冊)이라는 문서를 공포하였다. 이 문서는 그의 문집 『퇴사당집』(退思堂集) 속에 본문과 독립된 부록 형식으로 실려 있다. 책자는 징세 · 조량 · 재판 · 치안 · 교육 등 총 29개 항목으로 구성되었는데, [표 4]에서 보듯이 각 항목은 자신이 성공적으로 수행했던 업무 내용을 열거한 것이었다. 그리고 별도로 자신이 얼마간 지현 대리를 겸직했던 평호(平湖)현에서의 유사한 업적 9개 조항을 덧붙였다. 또한 함께 첨부된 「부사적적략」(附事蹟摘略)에는 가장 중요한 업적이라고 할 수 있는 조량 업무와 대도(大盜) 원주수(袁珠壽) 검거를 사건 추이를 좇아 상세하게 기록하였다.

『고만사적책』이라는 제목 자체는 공식적인 인사평가를 위해 제출하는 보고서에 걸맞은 명칭이다. 1장에서 살펴보았듯이 명대의 관료들은 해당 직책에서의 임기가 끝난 후, 임기만료와 업무수행 내용을 상부에 보고하는 고만 절차를 밟게 되어 있었다. 또한 이 제도를 제정한 태조 홍무제는 주현관급 지방관의 인사평가 때에는 재판 · 권농(勸農) · 황정(荒政) 등 민정의 각 분야에서 달성한 업적을 상세히 보고하도록 규정한 바 있다. 그러나 유사한 예를 찾기 힘든 이진옥의 『고만사적책』을 그러한 성격의 공문서로 보기는 어렵다. 1장에서 검토한 바와 같이 명 중기 이후 주현관급 관료의 '부경(赴京)고만'은 중단되었고, 고만의 구속력은 이미 상실된 상태였다. 또한 거듭되는 감찰로 인해 3년 고만을 맞는 지방관은 한정된 인원에 불과했다. 이진옥이 이 책을 출간한 숭정연간에는 이미 인사제도로서의 고만의 비중은 명목만 남아 있었다고 해도 과언이 아니었다. 그러므로 『고만사적책』이 제목 그대로 고만에 대응해서 중앙의 인사 담당자에

[표 4] 『고만사적책』의 목록

1) 省比較以善催科	세금을 가혹하게 독촉하지 않고 납부하게 함
2) 整漕規以便軍民	조운관련 규정을 바로잡아 군과 백성을 편하게 함
3) 清帑藏以肅奸蠹	국고를 엄격히 관리하여 아역의 중간 착취를 단속함
4) 設法併蓬以完宿逋	임시 조처를 마련하여 체납된 조세를 완납함
5) 革火耗以勸樂輸	부가세를 혁파하여 [조세의] 순조로운 납부를 권유함
6) 力裁省以恤各運	절약에 힘써서 운송군을 구휼함
7) 獲劇盜以安地方	대도적(大盜)을 체포하여 지방을 안정시킴
8) 嚴指扳以安良民	타인의 죄에 억울하게 연루되지 않게 해서 양민을 안도시킴
9) 嚴人命以安繇賴	인명 사건을 엄격히 관리하여 무뢰배들을 단속함
10) 清詞訟以省弊擾	소송사건을 줄여 부패와 혼란을 없앰
11) 省贖鍰以寬民力	보속금을 줄여서 백성의 재력을 넉넉히 함
12) 嚴買價以甦舖行	관아용품 구입을 엄격히 관리하여 상인들을 소생시킴
13) 興孝弟以敎民厚	효제를 선양하여 백성을 돈독하게 교화시킴
14) 嚴骼胔以敎民葬	백골을 수습하여 백성에게 장의를 가르침
15) 興學校以養人材	학교를 일으켜서 인재를 배양함
16) 講鄕約以化民俗	향약을 강론하여 백성의 풍속을 교화함
17) 修城垣以重保障	성벽을 보수하여 안보를 튼튼히 함
18) 修演武亭以專操練	연무정을 정비하여 훈련을 전담하게 함
19) 練民壯以(備)防禦	민장을 훈련시켜서 방어태세를 갖춤
20) 治賭博以儆無良	도박을 치죄하여 불량한 자들을 단속함
21) 治打降以護愚善	불법조직을 단속하여 선량한 백성을 보호함
22) 逐娼優以防(淫)盜	창기와 배우를 물리쳐 도적을 막음
23) 禁投獻以安民業	토지의 위장 증여를 금지하여 백성의 생업을 안정시킴
24) 理鹽政以完鹺額	염정을 잘 관리하여 염세를 완납
25) 勸開荒以甦賠累	황무지 개척을 장려하여 파산한 자들을 갱생시킴
26) 積儲蓄以備荒亂	비축분을 두어 기근에 대비함
27) 汰冗役以清衙蠹	불필요한 역역(力役)을 줄여 불법을 자행하는 서리들을 단속함
28) 清監舖以廣欽恤	감옥을 정비하고 죄인에 대한 판결을 신중히 함
29) 督濬築以修水政	수로 공사를 감독하여 수리를 정비함

게 직접 보고되었을 가능성은 희박하다.[120]

또한 당시의 공문서의 유형이나 전달 경로로 볼 때에도, 『고만사적책』을 공문서로 판정하는 데는 무리가 따른다. 건국 초부터 공문서 체제를 확립했던 명조에서는 사안에 따라 해당 문서의 양식이 확립되어 있었다. 행정 문서들은 대개 작성자와 수신자 · 용도 · 시기 등을 밝혀야 할 뿐만 아니라 문서에서 취급하는 사안이 어떤 경로로 작성자에게 맡겨졌는지 자세한 이력까지 기록되는 것이 상례였다. 그러나 『고만사적책』이란 책자는 작성자는 있지만 수신자나 담당 기관이 밝혀지지 않았고 당연히 문서의 처리 기한이나 목표도 기재되지 않았다. 오히려 이 책자에는 일반 공문서에서 볼 수 없는 지방 유력 인사의 증서문 4편이 포함되어 있어서, 행정에 필요한 공문서라기보다는 개인 치적에 초점을 맞춘 전기문 혹은 선전 자료의 성격을 띤다. 무엇보다도 이진옥 자신이 책 첫머리에서 밝힌 저술 이유가 이 점을 가장 명확하게 보여준다.

> 3년 주기의 업무 평가에서는 업적을 기록한 책자를 올리는 통례가 있었다. 이것은 예로부터 내려오는 '술직'(述職)의 의미이다. 자신이 직접 쓰지 않고 서리에게 대필시키는 것은 마치 '본을 놓고 호리병을 그리는 격'이 되므로 신하된 자가 기만하지 않아야 한다는 도리에 어긋난다. 본관 진옥은 이 지방에 부임해서 이미 3년을 보냈다. 재능은 열등하고 성격은 완고하지만 마음에는 한 점의 거짓도 없다. 만백성의 만 개의 눈을 어찌 속일 수 있을 것인가. 위에서 아래를 볼 때는 분명치 않은 법이지만, 아래에서 위를 볼 때는 불을 보듯이 환하게 보이게 마련

120 吏科都給事中 許弘綱이 萬曆 21년에 올린 상소문에 의하면 지방관의 고만은 祖法이기는 하지만 이미 사문화되어 주현관의 경우, 번잡함과 불편함을 이유로 고만 보고서가 중앙에 올라오는 일은 거의 면제된 상태라고 한다. 許弘綱, 「條擧切近事宜以裨銓務疏」, 吳亮等編 『萬曆疏綱』(日本尊經閣文庫藏), 卷21.

이다. 삼가 자신의 행적을 살펴 붓을 잡고 먹을 떨쳐 예에 따라 스스로 진술하려는 것은 결코 명예를 위해서 쓰는 것은 아니다. [……] 무릇 위에서 불을 보듯이 살피는 것은 나를 평가하는 엄한 규범이 된다. 그렇지만 상부 담당자인 순무와 순안어사에게 평가를 받지 않고 먼저 지방에서 평가를 받으려는 이유는 무엇인가. 모든 정치 업무의 각 항목들이 입으로 말만 할 뿐 아직 실행되지 못하고 있는 것은 아닌지, 혹은 실행되었다고 해도 폐해가 따랐던 것은 아닌지, 혹은 아름다운 이름만 얻었을 뿐 실제는 여기 미치지 못했던 것은 아닌지, 혹은 자신은 백성에게 이익을 주려던 터였지만 오히려 손해가 된 바는 없었던가. 생각건대 이 20개의 구, 204리 중에는 연장자와 젊은이, 귀인과 천민, 현자와 어리석은 자, 여섯 손가락 장애자와 다리가 불편한 자, 말없이 심사숙고해서 양해해주는 자가 있는가 하면 금방 입을 삐죽 내밀고 눈썹을 치켜 올려 시비를 가리려고 하는 자들이 있으니 어찌 옛날 [한나라 때] 왕생(王生)처럼 뒤에서 지방 장관을 불러 세워놓고 [대궐] 문지기 앞에서 눈앞의 급한 일을 알려줘서 도움을 주려고 했던 일이 생기지 말라는 법이 있겠는가.[121] (리[里]마다 한 부씩 배포)[122]

이렇게 이진옥은 어디까지나 가선현 '만백성의 만 개의 눈'을 향해 자신의 업적을 평가해달라고 요청했다. 즉 『고만사적책』의 배부 대상은 가선현의 모든 지방민이었고, 실제로 책자를 204리에 한 부씩 배포했다. 그

121 왕생의 고사는 『漢書』 卷89, 循吏傳59, '龔遂' 참조.

122 (明)李陳玉, 「職言小引」, 같은 책, 考滿事蹟册, pp. 1~3. "三載考績, 例有事績之册, 亦古者述職意也. 例書胥代之, 畵依樣之葫蘆, 非人臣不欺之義也. 陳玉承乏此邦, 歲更三紀, 才劣性執, 心則無僞. 萬姓萬目, 其將瞞乎. 上視下如理暗, 下視上如觀火. 謹自度平日所曾爲者, 伸毫灑墨, 循例自陳, 其以貢譽以自文乎. [……] 夫此上視如觀火者, 又考我之嚴師也. 則未以考諸上臺, 先以考諸國中, 凡滋條件, 或能言而未必行歟, 或行之而不無弊歟, 或名美實不至歟, 或我以爲利民, 猶以爲害歟. 計此二十之區, 二百四里之中, 皤者黃者, 圭者耒者, 慧者僕者, 跂者跛者, 寡言深目而善恕者, 長喙尖眉而好議者, 豈無王生從後之呼, 門卒當前之告, 以爲長吏請益乎"(每里各給一册).

의 문집에는 책자의 배포를 공시하는 포고문이 함께 실려 있다.[123] 그는 왜 공문서 형식을 띤 책자를 지역민들에게 배포한 것일까. 그리고 고만 담당자인 정부기관보다 지역사회의 다양한 사람들에게 먼저 평가를 받아야 할 이유는 어디에 있었을까. 무엇보다도 이진옥은 지역사회가 책자에 자세히 기록된 자신의 업적을 이해하고 평가해줄 것을 기대했다. 지역 엘리트의 영향력이 강했던 곳에서 지방관은 이들이 조성하는 여론의 움직임을 예의주시해야만 하는 입장에 서 있었다. 지현에게 있어 지방 여론은 고과 담당자보다 더 무서운 존재가 될 수 있었음을 이 문서는 여실히 보여주고 있다.

특히 이 글의 마지막 부분에서 한나라 때 왕생의 고사를 인용한 것은 그가 지역민들에게 무엇을 기대했는지를 잘 보여준다. 이것은 한나라 선제(宣帝) 때의 전설적 순리(循吏)인 발해태수(渤海太守) 공수(龔遂)가 황제의 부름을 받고 입궐하려고 했을 때, 부하 왕생이 술에 취해 있다가 뒤늦게야 쫓아가 황제와의 문답에 요긴하게 쓰일 답변을 이야기해주었고, 이로 인해 공수가 좋은 평가를 받게 되었다는 고사를 빌려 자신의 바람을 전달한 것이다. 이처럼 이진옥은 가선현 각계각층의 다양한 사람들에게 공식 인사고과에 앞서 자신을 평가해달라고 요청했다. 그리고 이것은 마치 왕생이 공수를 위해 결정적 역할을 해준 것처럼 지역민들도 이진옥 자신이 순리로 평가받을 수 있도록 도와달라는 직접적 요구로 이해된다.

이 때문에 『고만사적책』에는 자신의 업적이 매우 상세히 설명되어 있고, 앞에서 검토했던 조운의 추이에 대해서도 가장 풍부한 정보를 수록하고 있다. 이진옥은 또 이 책자에서 자신의 생활상과 근무 자세의 소개에도 상당한 지면을 할애해서 자신이 얼마만큼 성실하게 임무를 수행했는

123 (明)李陳玉, 「稟送政成錄事」, 같은 책, 批記, 卷7.

지를 강조하고 있다.

> [……] 매일 새벽에 일어나 정무를 보러 나갈 때면 언제나 혼잣말로 이렇게 되뇐다. 나는 지금 공적 없이 봉록만 축내고 있다. 무엇을 해야 할 것인가. 일을 파한 뒤 돌아와서도 반드시 스스로 반성해본다. 하루의 일중 마음에 꺼리는 바가 적을 때에는 선친의 초상 앞에 분향하고 길게 읍한 후에 느긋하게 침소에 든다. 만일 하루가 지났음에도 한 일이 없거나 혹은 했더라도 마음에 차지 않았거나 기쁨과 노여움 등의 감정이 온당치 못했다거나 행동거지가 적절치 못했을 경우, 이런 밤은 감히 선친의 상 앞에 인사조차 올릴 수 없다. 밤새 전전반측하면서 다음 날에는 반드시 이를 보충할 방법을 찾아내려 했다. 그래서 날마다 반드시 기록하여 직무를 다했는지 가늠한 것이니 가벼이 조롱하지 말기를 바라는 바이다.[124]

또한 지역에 배포한 고시문에서는 자신의 검소한 생활을 자세히 소개했다. 이를테면 자신은 일용품 일체를 간소하고 검박하게 하는 데다가 육식을 하지 않기 때문에 한 달이 지나도 관용으로 도살을 한 적은 없다는 등 청렴한 생활상을 강조했다.[125] 더욱이 관아 용품을 조달하는 매판

---

124 (明)李陳玉, 附事蹟摘略, 같은 책. pp. 36~37. "每辰出時, 必自念言, 我今素餐, 應作何事, 罷堂入署, 又必自念, 一日所作, 如其稍慊, 則對先君像前焚香長揖, 泰然歸寢. 如於是日了, 無所作, 或作而慊熹怒過當, 行止乖宜, 則是夕不敢揖先君座矣. 輾轉反側, 次日必求以補之者, 故日必有記, 尋常盡職, 不敢見笑."

125 李陳玉이 육식을 하지 않았음은 수렵을 자제하기를 촉구하는 (明)李陳玉, 「禁捕殺細物示」, 같은 책, pp. 113~114; 같은 책, 文告12, 買辦示, p. 12 등의 告示文에서 확인된다. 李陳玉은 여기서 불교의 자비사상에 근거하여 지방민들에게 육식의 갖가지 폐단을 경계하도록 충고하면서 자신이 일체 육식을 하지 않는다는 이야기를 덧붙였다. "念民間一絲一粟, 皆係血本, 貴人一日之食, 小民一日之粮, 官不能養民, 乃反以民養乎. 何福何德而能消受. 故本縣日用一切, 苛簡儉薄, 安分已久. 連日斷肉, 彌月不殺, 視以爲常. 今合革除買辦差人, 恐其借官誆詐, 若應用薪米蔬菜諸物, 皆令庫吏, 持錢私買, 點硃不出頭門, 分毫皆照時值, 如有託言本縣者, 卽不得與之交易."

상인이 민간에 폐를 끼치는 것을 경계해서 일용의 땔감과 쌀·소채 등을 모두 회계 담당에게 돈으로 직접 사게 했다고 한다. 그 이유는, "민간의 쌀 한 톨, 실 한 올은 모두 피처럼 소중한 것이다. 귀인이 하루 먹는 음식은 가난한 백성의 한 달 양식에 해당되니 관이 백성을 기르는 것이 아니라 오히려 백성이 관을 부양하는 격이다. 내가 무슨 복과 덕이 있어 이를 누릴 수 있겠는가"라며 민생을 보호하기 위한 것임을 밝혔다. 스스로의 평가에 의하면 재임 기간 동안 채소 한 다발도 백성에게 누를 끼치지 않았고 한 사람의 일품도 반드시 보수를 치렀으며 아역들이 관을 사칭하여 수탈하는 관행을 엄격히 금지하여 민간의 부담이 크게 줄었다고 한다.

이처럼 목민관 이진옥의 공적과 인품을 세상에 알리고자 한 것은 바로 그 자신이었다. 이진옥은 법률이나 행정의 손길이 미치지 않는 곳에서도 움직이고 있는 여론을 대상으로 명관의 이미지를 전파하고자 한 것이었다. 사실 지방사회의 여론은 이진옥의 관료 생명에 결정적 영향력을 행사할 수 있는 요소였다. 목민관 이진옥의 탄생은 도덕적 이상을 바탕으로 지방민을 교화시켰다고만 해서 실현된 것은 아니었다. 이진옥은 지역사회 여론의 존재를 늘 의식하면서 상부의 공권력과 지역사회 간의 창구 역할을 함으로써 성공리에 임무를 수행했다. 지역사회의 여론은 그에게 시종일관 호의적이었다고 단정할 수는 없고 오히려 지방관과 지역사회 사이에는 늘 긴장관계가 유지되었던 것으로 보인다.

일단 이 번성한 지방에 부임하고 보니 아침저녁 떨면서 마치 봄날 얼음 밟듯이 조심스러워 무엇이건 감히 마음대로 할 수가 없습니다. 한 가지 일을 행하고 한 사람을 만나는 일에도 조금이라도 그릇됨이 있을 때는 순식간에 비방하는 논의가 일어나게 됩니다. 관아에 거처한 지 수개월이 지나도록 감히 처자를 데려

> 오지 못하니 그 적적함이 심히 고통스러우며 수심에 잠김이 마치 옥에 갇힌 듯 합니다.[126]

이진옥은 언제라도 발생할 수 있는 비방의 움직임, 곧 '방의'(謗議)로 인한 개인적 고통을 이렇게 토로했다. 이를 통해 볼 때 가선현 지역 여론이 무시할 수 없는 힘을 가지고 있었던 것은 분명한 사실이다. 이 현에서 재임했던 전임 지현 다섯 명이 인척 때문에 지방민의 구설수에 올라 임기를 채 끝마치지 못하고 물러난 사실을 이진옥은 익히 알고 있었다.[127] 이진옥은 이처럼 힘든 '엄읍'(嚴邑)에서 살아남기 위해 살얼음을 딛는 듯한 노력을 기울여야 했다. 즉 그에게 있어서 가선 지방사회는 관료로서의 운명을 결정짓는 실험대나 마찬가지였다.

『고만사적책』은 그가 백성의 부모로 손색이 없는 모습을 보이기 위해 얼마나 노력을 집중했는지 그리고 얼마나 성실하게 업무를 처리했는지에 대해서 지역사회를 향한 선전과 호소를 동시에 담은 책자였다. 여기에 나타난 지현 이진옥의 행정 처리업무는 실로 방대한 양에 달한다. 숭정 7년 12월에서 9년 5월까지 1년 5개월 동안의 재임기간에 상급기관에 대한 보고문서 '신참'(申參)이 64건, 부하 관료 및 민간에 대한 명령 문서인 '비기'(批記)가 290건, 지역민에게 전달 사항을 알리는 고시문이 65건 실려 있다. 한편 소송 안건의 내용과 처리 과정을 기록한 '헌어'(讞語)는 무려 300여 건에 달한다. 이것은 당시 민간에서의 소송의 성행을 실감케 하는 자료이기도 하다.

이진옥의 이런 노력은 결국 좋은 결과를 거둔 것으로 보인다. 그는 가

126 (明)李陳玉, 「與衙幕賴無啓」, 같은 책, 二奏牘, p. 34.
127 (明)李陳玉, 「答門人胡蓬嶼」, 같은 책, 二奏牘, p. 51.

선현에서 7년의 긴 세월을 무사히 재직했고 이후 중앙의 예부주사(禮部主事)로 승진했다. 숭정연간, 전국적으로 주현관의 임기가 대단히 짧았던 데 비하면 이러한 이진옥의 경우는 이례적인 장기 연임이었다. 당시 진사 출신 지현은 최장 3년 임기를 마친 뒤에 중앙 과도관으로 승진하는 것이 일반적인 엘리트 코스였다. 이 점을 감안하면 이진옥이 과연 연임을 스스로 원했던 것인지는 판정하기 어렵다. 그러나 7년 연임이 가선현 지방사회의 동의 없이 불가능했음은 분명하다. 지방의 이익을 지켜주는 지방관에 대해 조직적 유임운동이 벌어지던 당시 분위기에서 가선현은 이진옥의 연임에 호의적이었던 것으로 보인다. 이미 언급했듯이 가선현의 지방지에 의하면 이진옥의 재임기간 중 그의 인품과 업적을 칭송하는 노래가 널리 퍼졌고 이임 후에는 그의 공적을 새긴 거사비가 세워졌다. 흔히 보이는 선정의 표상이기는 하지만, 이진옥의 경우 가선현에서 이를 획득하기까지는 나름의 분전고투가 따랐음에 분명하다.

맺으며

관료의 인사란 실시 주체인 국가와 대상이 되는 관료, 양자의 관계를 축으로 한 문제이다. 국가는 정기적인 인사평가 및 인원 교체를 통해서 관료들을 통제 · 조정한다. 인사이동은 마치 인체의 신진대사와 같은 역할을 수행하며 관료제 유지를 위해 필수불가결한 요소로 자리 잡았다. 고찰은 조직의 원활한 신진대사를 촉진하는 역할을 수행하면서 지방관에 대한 인사고과제로 정착했다. 고찰의 주체인 공권력의 입장에서 고찰 방법을 제시한 기록들에서는 서민과 지역사회는 어디까지나 고찰을 위한 수동적인 여론 채취의 대상으로 그려졌다.

그러나 3장에서 살펴본 바와 같이 실제 고찰 과정은 감찰 담당자들의 주도에 의해서만 움직이고 있었다고 보기는 어렵다. 인사고과 행정이 현지로 무게중심이 옮겨지면서 지역사회의 원심력이라는 커다란 힘이 이 과정에 개입되기 시작했던 것이다. 지방관의 인품과 능력은 지역민들의 주된 관심의 대상이었고 인사이동에 즈음해서 지방 민심의 주장을 관철시키려는 활동도 벌어졌다. 고찰 실시 과정에서는 향신 · 사민 · 와방 등 사회의 다양한 세력들이 개입했다. 고찰 실무 담당자들이 고심해서 짜낸 여론 수집 방침은 사회 전반에서 일어나는 논의의 물결 속으로 인사평가 과정을 노출시키는 것이었다.

3장에서 검토한 지방 여론을 표방한 증서문은 지방사회의 여론의 행방과 형성 과정을 엿보게 하는 중요한 증거이다. 서문 중에는 지방관에 대한 지방 나름의 포폄, 혹은 지방의 횡포한 세력 때문에 불리한 입장에 처한 지방관의 원군이 되어주려는 움직임이 나타난다. 이런 종류의 증서문은 지방관의 인품과 기량에 대한 지방여론의 인정과 지지를 표방하고 있다. 또한 이것이 이미 공개를 목적으로 작성된 문서라는 점에서 일종의 선전문으로 쓰였을 가능성도 충분히 예상된다. 물론 모든 인사 관련 서문들이 지방여론을 대변한다는 의도를 밝힌 것은 아니며 또 그 순수성 여부를 쉽게 판정하기도 어렵다. 동향 · 동학 · 동년 등 인맥에 의해 어쩔 수 없이 만들어진 것도 상당한 비율을 차지했음에 틀림없다. 또 서문 및 정무 기록 내용이 사실과 동떨어진 허구에 그친다고 해도 지금 그 진위 여부를 판별해내기는 어렵다.

그러나 이런 점을 감안하더라도 여론을 표방한 움직임이 나타나고 국가와 사회 양편에서 모두 그 존재를 인정했다는 사실은 그 나름대로 중요한 의미를 가진다. 중국에서는 전통적으로 민중의 인물평가와 정치비판은 향론(鄕論) 혹은 민평이라는 이름으로 국가와 사회 양편에서 모두 정당성을 인정받아왔다. 명말 사회에서 향론은 바야흐로 눈에 보이는 실체로서 모습을 보였고 공론의 이름으로 자신의 존재를 주장했다. 증서문의 유포에서 보듯이 당시 사회는 다양한 정보가 요구되고 또 정보의 전달 방법을 모색하는 풍토였다. 이런 상황에서 진정한 여론과 여론으로 이름붙인 조작활동도 동시에 나타날 수 있었던 것이다.

중국 관료제 운용의 긴 역사에서 보면, 정치제도는 전적으로 중앙의 방침만으로 일방적으로 움직이는 것은 아니었다. 고찰은 제도 외적인 요소가 크게 작용했던 하나의 흥미로운 사례로 제시될 수 있을 것이다. 여기서 사회의 움직임은 국가에 대해 반드시 배타적인 성격을 띠지는 않았다. 대단히 애매한 일면을 가지고 있기는 하지만, 여론이 공동의 합의점으로 존재함으로써 오히려 양자를 결속하는 역할을 담당하고 있었다고 보아야 할 것이다.

한편 4장의 이진옥의 경우에서 보듯이 명대 말기의 어려운 여건 속에서 덕치를 이룩했다는 지방관상이 출현한 것은 얼핏 모순되는 현상으로 보인다. 그러나 각각 상이한 역사적 여건과 사회적 요구 속에서 덕치의 구체적인 성격은 달라질 수밖에 없었다. 또한 이상적으로 부각된 지방관상 속에서 공권력에 대한 지방사회의 갈망이 내재되어 있었다. 이진옥의 사례는 지방의 분권적 경향이 전통적 관료제와 조화될 수 있는 실마리를 제시했다고 본다. 이진옥의 행적들은 전통적인 순리상에 부합되는 이상적인 목민관의 모습을 보여준다. 그는 실무에서 두각을 나타내는 능리(能吏)임과 동시에 청백의 기풍으로 민에게 모범을 보여주는 교화관료의 모습으로 나타났다. 그러나 지금까지 살펴본 바와 같이 민생의 고충을 덜어주려는 그의 노력은 결국 지역사회의 이목을 전제로 행해졌다. 왕조 말기에 출현한 한 목민관의 모습에는 도덕적인 우월성을 갖춘 군자의 자기실현보다는 성공적 경력과 승진이라는 목표를 이루기 위해 끊임없이 여론을 향해 호소하는 초임관료의 노력이 더 두드러져 보인다.

그러나 한편 주현관에 대한 국가의 인사고과 행정이라는 측면에서 본다면 이진옥에 대한 인사평가 자체는 상당한 갈등요소를 안고 있었음에 분명하다. 이진옥과 같이 지방사회의 지지를 얻은 목민관에 대해 인사행정 담당자들은 객관적 평가를 내리기 어려웠음에 분명하다. 고관 출신 유명인사들이 지역 지도자로 포진한 현지에서 순무·순안어사 역시 이들의 여론에 영향을 받을 수밖에 없었다. 이진옥이 표방한 높은 도덕성과 목민관으로서의 애민(愛民)의 행적은 사실 객관적 평가가 불가능한 부분이었다. 목민관으로서의 자질 여부는 순무 · 순안어사 등 인사 담당관의 자의적 판단에 의존할 수밖에 없었다.

보다 큰 문제는 이진옥이 민생의 보호자인 목민관임에는 의심의 여지가 없다고 하더라도 국가 행정업무의 일익을 담당해야 할 실무자로서도 합당한 존재인가라는 점이다. 세금 징수 문제는 국가 재정과 지방사회의 이해관계가 충돌을 일으키는 문제이기도 했다. 이진옥의 경우는 다행히 양자가 큰 마찰을 빚지 않은 수준에서 조량 문제를 수습할 수 있었다. 그러나 이것은 결코 공식화할 수 없는 임시변통에 불과했다. 진용정과 같은 지역 지도자와의 협조 하에 균전균역법의 예와 같이 지역을 위한 장기적이고 구조적인 개혁에 착수하는 것이 또 하나의 길로 제시될 수 있다. 그러나 지현은 어디까지나 정부의 인사발령에 의해 움직이는 관료조직의 일원에 불과했고 지방에 정착하여 자치적인 사업을 추진하는 것은 불가능했다. 한편 지방의 이익을 중시하는 움직임이 늘어나는 것은 결국 행정의 일관성과 효율성을 해치는 독소가 될 우려가 있다. 당시 명조는 체제 말의 위기사항에 직면한 상태에서 여기에 일일이 대처할 힘을 발휘할 수 없었다.

전통적 목민관상은 지방사회의 여론에 의해 형성된다. 고찰제도는 분명 여론을 중시한 평가제도였지만 여론의 자의성과 불공정성에 대비할 어떤 보완장치도 갖추지 못했다. 다음 장에서 다룰 고찰제도에 대한 비판과 개혁의 움직임은 바로 이처럼 진정한 여론과 함께 여론을 가장한 선전활동과 인사 청탁 등이 혼탁하게 뒤섞여 있던 당시의 세상을 겨냥한 것이었다. 한편 당시 개혁안의 하나로 제시되었던 고성법의 내용에도 분명 이런 지방의 원심력을 겨냥한 중앙정부의 통제 강화라는 발상이 내포되어 있었던 것이다.

제3부

미완의 개혁안

—고성법(考成法)의 불안한 출발

천하에 청백리란 믿을 바가 못 되며 무능한 관료라는 평판도 역시 믿기 어렵습니다. 오로지 교활한 탐관오리가 있어 지혜로는 능히 일을 도모할 수 있고 재간으로 능히 수습이 가능하며 나쁜 일을 은폐할 만한 교묘한 수완을 발휘해야만 이런 [좋은] 평판이 만들어집니다. [……]

—16세기 말 馮琦의 기록 (明)張萱, 『西園聞見錄』 卷31, 考察.

시작하며

명조가 유동적 외부 정세와 내적 갈등으로 체제 위기를 맞고 있던 16세기 중반 무렵, 고찰제도에 대한 불만과 비판이 관료집단과 식자층을 중심으로 대두되기 시작했다. 감찰관을 현지로 파견하여 인사고과권을 부여했음에도 불구하고 지방관의 기풍숙정이라는 목표는 기대하기 어렵다는 판단이 지배적이었다. 지방관의 부정부패는 '북로남왜'(北虜南倭)의 위기에 시달리던 명조의 앞날을 더욱 암울하게 만든 것으로 인식되었다. "여염에 거한 지 삼십 년, 탐욕스럽고 가혹한 지방관을 보는 일이 너무 많았다", 혹은 "관료들이 마치 승냥이와 늑대 같아서 힘없는 백성들은 괴로워도 의지할 데가 없어 끝내 도적이 되었다"고 당시 사회상을 비판했던 조남성(趙南星)은 결론적으로 명조의 위기가 외적의 침입이나 사치풍조가 아니라 지방에 그 뿌리를 두고 있다고 단언하기에 이르렀다.[1]

명말의 사회모순이 깊어지면서 탐관오리를 조기에 적발해낸다는 명분을 표방했던 고찰은 이런 점에서는 그 실효성을 거의 상실한 것으로 인식

1 趙南星, 「申明憲職疏」, 『明經世文編』 卷459, p. 5025.

되었다. 만력 연간의 재상 장거정(張居正, 1525~1582)의 개혁정책 속에서 인사개혁안이 중요한 부분을 차지했던 것도 이런 위기의식이 팽배해진 당시 분위기를 반영한 것이었다. 명말의 체제 위기를 해결하려는 움직임 가운데서 장거정 개혁안이 가지는 중요성은 다양한 각도에서 주목을 끌어왔다. 10년밖에 지속되지 못한 그의 집정과 사후 강하게 몰아쳤던 반동의 물결 속에서 개혁안은 모든 면에서 미완에 그칠 수밖에 없었다. 그럼에도 불구하고 그가 제기했던 개혁 방향, 즉 비대해진 관료조직을 통제하고 국가 행정의 효율성을 제고하려던 시도는 향후 관료제도 운영에 하나의 커다란 청사진을 제시했던 것임에 틀림없다.[2]

이 시기에 장거정이 시행했던 고성법(考成法)은 재정 · 정치적 개혁과 맞물린 완전히 새로운 성격의 인사고과 방식으로서 관료사회에 큰 충격을 안겨주었다. 잘 알려진 바와 같이 고성법은 전국의 주현과 각 관청별로 처리해야 할 행정 안건의 기한을 정하고 그 달성 정도에 따라 포상 또는 처분을 행하는 제도였다. 고성의 결과는 곧바로 담당관의 인사고과에 반영되어 주어진 임무, 특히 세량(稅糧) 징수에서 일정 기준을 완수하지 못하면 제도적으로 승진을 차단하는 강제조처의 성격을 띠었다.[3]

종래 고성법의 성격을 놓고 장거정 개혁의 방향성과 시행과정에서 발생한 여러 문제들에 대해 다양한 차원에서 연구가 진행되었다. 가장 먼저 부각된 것은 이 법의 시행과정에서 야기되었던 문제점에 주목한 '혹법'

2 장거정의 일대기에 대한 단행본으로는 唐新, 『張江陵新傳』(臺北: 臺灣中華書局, 1968); 陳翊林, 『張居正評傳』(上海: 中華書局, 1936), 그의 구체적인 경력은 다음 연보에 자세히 실려 있다. 楊鐸, 『張江陵年譜』(中國史學叢書, 長沙: 商務印書館, 1938) 참조.

3 한편 清初 고성법의 내용 및 확립 과정은 宮崎一市, 「清初における官僚の考成: 清初財政史の一齣」(『釧路論集』 1, 北海道教育大學, 1980)에 구체적으로 정리되었다. 稅糧 滞納과 考成法의 관계에 대해서는 金弘吉, 「明末清初の稅糧滞納に關する一考察」, 『待兼山論叢』 23(大阪: 大阪大學文學部, 1989), pp. 36~39 참조.

(酷法)으로서의 고성법에 대한 연구였다.[4] 만력 원년(1573)에 처음 시행될 당시, 고성법은 장거정의 독재 정치의 일환으로 강제적인 성격을 띠었다. 이 때문에 당시 관료집단에서는 이 제도에 대한 거부감이 강했고 부정적 평가가 지배적이었다. 또한 고성법 시행과정에서 주현 단위의 하급 행정기관에 세량 결손의 책임이 집중됨으로써 지방관들에게 큰 부담을 안겼던 것도 고성법의 평판을 크게 저하시켰다.

더욱이 명조에 이어서 고성법을 채택한 청조는 건국 초기에 이 법을 전례 없이 엄격하게 집행하여 지방관뿐만 아니라 세량 체납자에게까지 처벌을 확대했다. 이로 인해 고성법의 가혹하고 불합리한 측면은 더욱 크게 부각되었다. 강희(康熙) 원년(1661), 만주 사대신(四大臣) 섭정기의 고성 시행과정에서 강남지방 세량 체납자들이 대규모로 처벌당한 곡묘안(哭廟案)과 주소안(奏銷案)이 발생했다. 사건이 일어난 소주(蘇州)·송강(松江)·상주(常州)·진강(鎭江) 지역은 경제와 문화의 중심지였고, 이 지역에서 체납 혐의를 받았던 한인(漢人) 신사층 13,000여 명이 신분 박탈과 함께 심한 형벌을 받은 끝에 목숨을 잃은 예도 적지 않았다.[5] 이 사건은 한인 사대부에 대한 청조의 강압정책을 보여주는 대표적 사례로 간주되었고 또 고성법이 혹법의 전형이라는 이미지를 확산시켰다. 관련된 일부 연구에서도 청조가 특히 강남지방 신사층에 대해 고성법을 엄격하게 적용한 것은 재

4 일찍이 孟森은 청대 초기 고성법 관련 사건인 奏銷案에 대한 자료들을 모아 사건의 추이를 상술하였다. 여기서 고성법의 가혹함이 가장 먼저 부각되기 시작했다. 孟森, 「奏銷案」, 『明淸史論著集刊』(北京: 中華書局, 1986) 下冊; 최근 劉文瑞, 「試論明代的州縣吏治」, 『西北大學學報』(西安: 2001年, 第2期), pp. 102~104에서도 고성법이 '滯徵'의 선례를 열었다는 점에서 혹법의 성격이 강하다고 보았다. 즉 고성법이 시행된 萬曆 元年(1573) 당시의 징수세액뿐만 아니라 萬曆 이전, 隆慶 연간 이래의 결손액까지 포함시켜 담당 지방관에게 커다란 부담과 피해를 주었다는 것이다.

5 孟森의 논고에 수록된 자료들은 기본적으로 사건에 연루된 피해자의 입장에서 고성법과 奏銷案을 본 것이다. 孟森, 1986, 下冊, pp. 434~452.

정 문제보다 이 지역의 반청적 기풍과 명말 이래의 분권적 · 자치적 경향에 철퇴를 가하려는 시도로 이해되었다.[6]

그러나 다른 시각에서 장거정 사후 숭정 연간(1628~1644)에 고성법이 다시 한 차례 부활했고 뒤를 이은 청조도 신체제의 재정 · 인사정책으로 이를 채택한 데 주목하면서 그 개혁적 성격에 중점을 둔 연구들이 발표되기 시작했다. 고성법의 내용 중 실적 중시라는 측면을 강조하여 이를 관료사회 기풍을 변화시키려고 했던 획기적 계획으로 평가한 모해건(茅海建)과 송견지(宋堅之)의 논문은 그 출발점이라고 할 수 있다.[7] 여기서 한 걸음 더 나아가 이와이 시게키(岩井茂樹)는 고성법을 객관적 평가가 가능한 '사공'(事功), 즉 실적을 기준으로 한 합리적 인사고과 시스템으로 규정했다.[8] 고성법 체계의 여러 특징들, 즉 '논의'가 아니라 '실적'을 중시하는 사고방식, 책임 범위의 한정과 명확한 목표 제시, 그리고 행정법규와 명령의 준수 등은 근대 사회의 공공 업무를 담당하는 국가기관에 걸맞은 특징으로 보아야 한다는 것이 그의 주장이다. 종래의 고과제도에서 중시되었던 인격적 · 도덕주의적 요소 대신에 고성법은 징세 · 치안 관련 개별 사건 처리에 대해 비인격적 기준을 설정하고 이를 성문화시킨 획기적인 개혁안이라는 것이다. 이 견해는 합리적 · 객관적 운영방식의 도입이라는 측면에서 명대 관료제를 새롭게 조망한 것으로 높이 평가되었다.[9]

---

6 井上進, 「樸學の背景」, 『東方學報』 64(京都: 京都大學人文科學硏究所, 1992), pp. 311~312.

7 茅海建 · 宋堅之, 「張居正綜核名實的思想和他的考成法」, 『中國古代史論叢』 2(福建人民出版社, 1981). 이 논문에서는 고성법을 장거정 개혁정치의 기본 사상을 상징하는 것으로 평가, 이를 관료사회의 기풍을 변화시키려고 한 획기적인 계획으로 규정했다. 그러나 고성법이 누구를 대상으로 한 것이며 구체적으로 어떤 절차를 거쳐 적용되었는지에 대해서는 언급되지 않았다.

8 岩井茂樹, 「明末の集權と治法主義: 考成法のゆくえ」, 和田博德教授古稀記念論叢, 『明淸時代の法と社會』(東京: 汲古書院, 1993), pp. 168~194.

9 大野晃嗣, 「最近の明代官僚制硏究」, 『中國史學』 13卷(京都: 中國史學會, 朋友書店, 2003. 12).

또한 단순히 왕조의 재정 확보책으로 간주되던 고성법을 관료들을 효율적으로 관리하기 위해 고안된 행정시스템으로 재조명한 이 연구는 명청대 관료제 운영에서 근대 관료제적 요소를 도출해낸 선구적 작업으로서 커다란 의의를 갖는다. 그 이후 고성법에 관련된 연구들이 계속된 것은 사실 그의 새로운 문제제기에 힘입은 바 크다.[10]

그러나 한편 명말청초 당시의 고성법이 과연 체계적 인사행정 제도로 설정되었는지, 그리고 거기에 걸맞은 역할을 수행했는지 여부에 대해서는 아직 뚜렷한 해답이 제시되지 않았다. 고성법이 지방관, 특히 세금 징수의 직접적 책임을 맡은 주현관 인사에 결정적 영향을 미친 것은 분명하다. 그러나 고성법 자체가 전적으로 인사고과만을 위해 기획된 것도 아니며 또 기존 인사고과제를 대체할 의도가 아니었다는 점은 충분히 고려되지 못했다고 본다. 앞에서 살펴보았듯이 명대에는 이미 고만과 고찰제도라는 정규 인사제도가 운영되고 있었고, 이 중에 고찰은 대계(大計)와 경찰(京察)로 명칭이 바뀌면서 청대에도 그대로 유지되었다. 고성이 과연 이러한 인사체계 속에서 어떻게 융합되었는지, 혹은 이를 완전히 대체했는지에 대해서는 아직 체계적으로 설명된 바가 없다. 5장에서는 먼저 장거정 인사고과 개혁안의 전반적인 모습을 파악하고 그 속에서 고성법의 위치를 재검토하고자 한다.

여기에 덧붙여 청대 초기에 '혹법'으로 간주된 고성법의 위상이 과연 시기적으로 청대에만 한정된 것인지, 아니면 제도 자체가 안고 있는 문제점에서 기인한 것인지에 대해서도 밝혀진 바가 없다. 명말 숭정연간

---

10 이후 청대 관료제 연구에서 考成法에서 나타난 업적에 대한 객관적 평가 방식을 청대 행정의 '새로운 경향'으로 인정하는 입장이 뚜렷하게 나타난다. 小野達哉, 「清初, 地方官の考課制度とその變化: 考成と大計を中心にして」, 『史林』(京都大學文學部史學研究會, 85-6, 2002. 11); 谷井陽子, 「明朝官僚の徵稅責任: 考成法の再檢討」, 『史林』(85-3, 2002).

(1627~1644)은 만력 10년(1582)경에 장거정의 죽음과 함께 중단되었던 고성법이 다시 시행된 시기였다.[11] 이때 고성의 전량 징수 기준은 '십분'(十分), 즉 완납으로 이전보다 높게 설정되었고 시행 과정 역시 전례 없이 엄격한 면모를 보였다.[12] 하지만 동란과 왕조 교체의 혼란 속에서 숭정연간 당시의 실태를 알아볼 수 있는 자료는 거의 찾아볼 수 없는 형편이었다.

근래 이 시기 고성법의 구체적 양상을 파악할 수 있는 명대 말기 당시의 두 편의 기록이 간행되었다. 『고성록략』(考成錄略)과 『정화정고선처분시말』(鄭華亭考選處分始末)이라는 두 가지 자료인데, 6장에서는 이를 통해 고성이 엄격히 시행되는 과정에서 지역 단위의 인사행정과 지방관 개개인에게는 어떤 영향을 미쳤는지를 검토한다.[13] 이 두 가지 기록은 같은 시기에 고성법 시행과 관련해서 작성되었다는 공통점을 가졌지만 각각의 목적과 내용은 판이하다. 먼저 『고성록략』은 현직 주현관의 고성과 관련된 업무처리 과정을 그대로 기록으로 남긴 것으로 고성을 위한 예비 자료의 성격을 띠고 있다. 주현관이 고성과 관련해서 직접 이와 같은 업무 기록을 남긴 것은 명청대를 통틀어 유사한 예를 찾아보기 어렵다.

한편 『정화정고선처분시말』(이하 『처분시말』로 약칭)은 숭정 4년(1631)의 정례 조근고찰에서 고성법 규정 위반으로 발생한 옥사(獄事) 관련 공문서

11 岩井茂樹, 1993, pp. 191~192. 여기서는 天啓 연간 주로 東林系 인사들을 중심으로 장거정 복권의 움직임과 함께 고성 재개론이 대두된 사실에 주목했다. 즉 당시 명조가 처한 재정난, 군사적 위기에 대한 일시적 처방이 아니라 시대의 요구에 응하는 '治法主義'의 대두가 고성법이 재등장하게 된 주요 원인으로 보았다.

12 岩井茂樹는 숭정연간 고성법에 대한 사료가 대단히 부족하다고 했고 고성 기준의 상향에 대해서도 (明)談遷, 『國榷』, 卷90, 崇禎 2년 7월 戊子, p. 5493의 기사를 근거로 들었다. 岩井茂樹, 1993. p. 193 참조. 이 기사는 戶部左侍郎 李成名이 邊餉을 납부할 郡縣들의 부담을 9分으로 하도록 건의했으나 황제가 이를 불허했다는 짧은 내용이다. 이런 점에서 이 책에서 다룰 정우원 고성처분 사건은 이 시기 고성의 면모를 증언해주는 중요 자료로 볼 수 있다.

13 『鄭華亭考選處分始末』(淸康熙57年抄本影印)은 『北京圖書館古籍珍本叢刊』 第12卷, 史部, 雜史類; 『考成錄略』(崇禎刻本)은 같은 책, 史部, 政書類 60卷에 수록되어 있다.

들을 모은 일종의 자료집이다. 이때의 고찰에서는 고성과 관련하여 허위 기록을 보고한 혐의에 중앙관료들 상당수가 연루되는 큰 사건이 벌어졌다. 성적 우수자로 선발되어 과도관(科道官)으로 발탁된 주현관들이 실제로는 고성 기준을 달성치 못했던 사실이 밝혀지면서, 관련자 정우원(鄭友元)·웅개원(熊開元) 등과 함께 호부상서(戶部尙書) 필자엄(畢自嚴, 1569~1638)까지 파직 및 유배 처분을 받았던 것이다. 이 자료는 편찬의 주체와 목적이 불분명한 수수께끼의 자료이지만, 추정하건데 사건의 주인공인 정우원을 옹호할 목적으로 관련 기록들을 수합한 것으로 판단된다.

위의 두 자료에 대해서는 지금까지 알려진 바가 거의 없었다. 그러나 두 편 모두 관련 기관의 공문서들이 보다 체계적으로 정비되었던 청대의 경우보다 오히려 더 구체적으로 고성법 운영에 대한 정보를 제시해주고 있다. 이를 통해 숭정연간의 고성이 어떤 절차로 진행되었고 지방관 개개인에게 어떤 영향을 미쳤는지를 구체적으로 이해할 수 있을 것이다.

제5장
체제 말기 개혁론의 등장

1. 고찰 비판론의 대두

명조 체제가 막바지에 접어들면서 주현관급 지방관들은 대단히 어려운 입장에 처해 있었다. 만력(萬曆)연간 이부와 예부의 책임자를 역임한 풍기(馮琦, 1558~1604)는 이들 하급 지방관들의 고충을 다음과 같이 대변했다. "지금 지방관의 업무수행은 옛날보다 열 배는 더 힘들다. 탐관오리라는 비방은 너무도 쉽게 일어나며 지속적으로 조세를 거두기는 이미 불가능해져버렸다."[14] 당시 중앙정부는 심각한 재정난을 맞아 각종 명목으로 세역을 늘렸기 때문에 민간의 부담은 날로 커져갔다. 조세 징수의 최일선에 있던 주현관의 공무수행은 용이하지 않았고 지역에 따라서는 지방민과의 마찰을 수반하기에 이르렀다.

또한 주된 인사고과제로 자리 잡은 고찰제도는 분명 주현관급 관료들에게 가혹한 제도였다. 우선 관료로서의 첫걸음을 시작하는 이들 지방관

---

14 (明)張萱, 『西園聞見錄』(續修本, 1169冊) 卷31, 考察, p. 6.

들이 강화된 고찰의 주된 대상이 되면서 재임 기간이 현저히 단축되고 승진율 또한 낮아지는 추세에 있었다. 힘든 경쟁을 뚫고 보직에 임명된 하급 지방관들은 상당수가 감찰 과정에서 짧게 관료생활을 마감하는 불운을 맞곤 했다. 이 과정이 애초부터 진사 출신 엘리트들에게 유리하게 진행되었다면, 고찰을 둘러싼 불만과 비판은 더욱 고조될 수밖에 없었다. 인사제도상의 변화는 관료 개개인의 행동양식은 물론 관료사회의 기풍에도 깊은 영향을 미치는 문제임에 분명하다.

고찰에 대한 비판은 이부의 인사 담당자로부터 대상이 된 관료층과 재야 지식인 등 다양한 집단에서 제기되었다. 제기된 문제점은 크게 두 가지였는데 첫 번째는 고찰 과정의 공정성에 관련된 것이고, 두 번째는 이를 담당하는 순무·순안어사들에 대한 불신이었다. 먼저 고찰이 자의적으로 불공정하게 시행되어서 사소한 과실이나 착오에 의해서도 퇴출이 결정된다는 점이 근원적인 불안요소로 지적되었다. 다음 기사에서 보듯이 고찰에서 획득된 '명망'에 대해서는 회의적인 시선이 두드러졌다.

> 천하에 청백리란 믿을 바가 못 되며 무능한 관료라는 평판도 역시 믿기 어렵습니다. 오로지 교활한 탐관오리가 있어 지혜로는 능히 일을 도모할 수 있고 재간으로 능히 수습이 가능하며 나쁜 일을 은폐할 만한 교묘한 수완을 발휘해야만 이런 [좋은] 평판이 만들어집니다. 포정사·안찰사 등이 실권을 쥐고 있으면 이들과 결탁하고, 추관(推官)에게 힘이 있으면 추관에게 밀착합니다. 사대부들의 여론이 일어날 우려가 있으면 이들을 제압하고 유객(游客)들이 뭔가 말을 만들어낼 듯하면 이들을 받들고 회유합니다. 하늘을 덮을 만한 그물망을 펴서 사람들의 이목을 가린 연후에 자신의 끝없는 욕심을 채우기 시작합니다. 헛된 명성은 날로 커지고 악한 행적은 상부에 전해지지 않아서 정치가 피폐하고 백성은 곤궁에

빠짐이 이보다 더 심할 수 없을 지경입니다.[15]

고찰의 중요한 기준이 되는 '평판'이 교묘하게 조작되고 호도되는 과정을 꼬집은 위의 정치평론에서 보듯이, '널리 민정을 수집하는' 고찰제도의 시행 방식은 별로 신뢰를 얻지 못했다. 주현관들은 승진을 위해서는 최우선적으로 직속상관들과 고찰 담당의 순무 · 순안어사의 눈에 나지 않도록 각별한 노력을 기울여야 했다. 뿐만 아니라 인사 업무에 영향을 줄 수 있는 모든 집단에 주의를 게을리 하지 않아야 했다. 물론 위와 같은 수단을 능숙하게 구사할 수 있는 것은 일부 지방관에 한정되었을 것이고 많은 관료들에게 이 과정은 좌절을 안겨주었을 공산이 더 크다. 이런 비판은 근본적으로 탐관오리 적발이라는 감찰 본래의 목적이 제대로 충족되지 않았던 데 대한 비난으로 보아도 좋을 것이다. 사실 이것은 명 정부 측에서도 몇 차례에 걸쳐 개선해보려고 했던 부분이기도 했다. 정부는 도찰원 내부 개혁을 통해 순안어사의 업무를 철저히 감시 · 통제하겠다는 방침을 몇 차례고 되풀이해 공포했지만[16] 실효를 거두었다고 보기는 어렵다.

보다 큰 문제점은 고찰 담당자들 중, 특히 순안어사의 권한이 기존 관료조직의 질서를 파괴할 정도로 강대해져서 지방행정에 대한 영향력이 증대한 것이었다. 순안어사에 대한 지방관들의 예속도는 날이 갈수록 심

15 (明)張萱, 『西園聞見錄』 卷31, 考察, 馮琦, p. 6. "天下廉者不肯取, 拙者不能取. 惟有一種貪官猾吏, 智足以運之, 才足以濟之, 巧又足以蓋之. 權在司道, 則結司道, 權在節推, 則結節推. 畏士夫有言, 則挾制士夫, 畏游客有言, 則奉承游客. 張彌天之網, 塗人耳目而後, 得遂其谿壑之欲. 故其虛譽日起, 而惡蹟不得上聞. 政壞民窮, 莫甚於此."

16 嘉靖 6년의 '申明憲綱', 9년의 '巡按約束' 등에는 都察院 업무의 정비를 통해 考察의 단점을 보충하려는 정부의 입장이 확인된다. (明)徐學聚, 『國朝典彙』(北京: 書目文獻出版社, 1996), 吏部 54, 御史, pp. 952~953.

해졌다. 1장에서 살펴보았듯이 명대 말기인 17세기경에 이르면, 순무는 완전히 지방 장관으로 정착했고 한시적으로 파견되는 순안어사의 영향력 역시 포정사나 안찰사를 능가할 만큼 커졌다. 지방관들이 이들에게 자신을 낮추고 아부하는 현상이 지나치게 심해져서 '순무 · 순안을 모시는 것처럼 부모를 모시면 사람들이 모두 효자라고 할 것이며, 이들을 섬기는 것처럼 황제를 섬기면 충신이라고 할 것이다'라는 자조의 언사가 떠돌 정도였다.[17]

즉 순안어사는 생사여탈권을 쥔 존재로 지방 관료사회에 군림했고 고찰이 강화되면서 영향력이 커져갔다. 융경(隆慶)연간(1567~1572)에 첨도어사(僉都御史)를 지낸 관지도(管志道) 역시, "어사가 지방을 순행할 때 지부 이하 주현관들은 한번 그의 추천을 받으면 평생 스승으로 삼으며 스스로 그의 문하생임을 자처한다. 후한 예물로 사례하는 것은 물론이고 설혹 조정을 배신하는 한이 있어도 추천인을 배신하지는 못 한다"라고 지방관과 순안어사의 유착관계를 언급했다.[18] 이처럼 순무 · 순안어사가 지방관 인사고과를 전담하는 인사행정의 현지화 경향은 위기의식을 불러 일으켰다.

당시에 발표된 이런 비판론은 엄청난 양에 이르는데 여기서는 그 중에서 순안어사 순회에 따른 관료사회의 부패상을 가장 적나라하게 표현한 개혁 지향 사상가 진자룡(陳子龍)의 글을 그대로 소개한다.

> 만약 주현관이 6년 정도 지방에 재임한다고 가정할 때, 지역을 거쳐 가는 순안어사가 대여섯 명, 순무는 한두 명입니다. 그밖에도 조운과 염업 관련 업무로

17 (明)伍袁萃, 『林居漫錄』 別集 卷3, p. 110. 또한 布政使 · 按察使 같은 고관들도 순무와 순안어사를 만날 때는 관복을 벗고 素衣와 角帶로 갈아입고 만난다든지 선생 · 대인으로 높여 불렀다고 한다. 卷2, pp. 72~73; 卷3, p. 285 참조.

18 앞의 2부의 제3장 '각주 15' 참조.

파견된 순안어사가 천하의 절반 이상 지역을 지나가며, 직할지 내에는 교육 관련의 학신(學臣)과 관문 순시(巡關), 창고 관련 둔창(屯倉) 어사 등도 순회합니다. 그들이 수도로 돌아가면 반드시 지방관료를 천거하는데 이런 천거에는 사례가 따르지 않을 수 없습니다. 그리고 지방관이 임기만료로 평가를 받아야 할 때면 반드시 감찰관들에게 널리 뇌물을 바치는데 같은 지역 출신이거나 혹은 재임 지역에 '자방'(咨訪), 곧 탐문조사가 미치는 경우는 뇌물이 더 늘어납니다. [……] 대략 어림잡아 백리의 읍의 수령이 되는데 수백 냥이 들고, 6년간 수령을 하면서 사례와 천거, 각종 뇌물에 2천 냥은 족히 소요되며, 조근고찰에서 임용에 이르기까지 3~4천 냥은 들어갑니다. 대개 관료가 되기 전 포의(布衣) 신분에서 어사나 급사중이 될 때까지 수천 냥이 없으면 불가능합니다.[19]

이와 같이 부정부패 방지를 표방했던 고찰제가 오히려 더욱 심각한 풍기이완을 가져왔다는 것이다. 인사고과가 관료집단을 통어할 수 있는 가장 결정적 수단이라는 점에서 순무·순안어사의 인사권 강화는 현지 관료사회의 기풍을 크게 변화시켰음에 분명하다. 진자룡은 이런 현실 비판의식을 갖고 고찰제도의 개선을 지향했다. 그와 뜻을 같이 했던 개혁지향의 문인 서부원(徐浮遠, 1599~1665)이 함께 편집한 방대한 분량의 『경세문편』에는 고찰에 대해 부정적 논조의 글들을 가려 뽑았을 뿐 아니라 고찰을 지지하는 입장의 글에 대해서는 일부러 비판적인 평을 달아 독자들에게 경각심을 주려고 했다.

고찰이 강화되면서 발생한 또 다른 문제점을 하나 더 추가하자면, '자격'에 따른 불평등의 심화를 지적할 수 있다. 이것은 관료예비군의 대다수를 이루는 거인과 감생들이 순무·순안어사의 감찰과 고찰 처분에서

19 (明)陳子龍(陳臥子先生), 『安雅堂稿』(續修本, 1388冊) 卷10, '澄吏道', pp. 59~60.

계속 불리한 처우를 받았던 데서 야기된 문제였다. 특히 청요직(清要職)에 속하는 순안어사직은 진사 출신들이 독점하고 있었기 때문에 지방관 평가에서도 동년·동학의 인맥으로 얽힌 진사들에 대한 우대가 두드러졌다. 순안어사가 천거하는 관료는 반드시 포정사·안찰사 등 고관이거나 진사 출신 주현관에 국한되곤 했던 것이다.[20] 진사 우대에 대한 일차적 책임은 동류의식을 지닌 감찰관들에게 있을 터이지만, 지역사회의 지식인 집단이나 백성들 역시 이들을 더 우대하거나 이들에게 보다 큰 기대를 품는 경우가 많았다.

가정(嘉靖)연간의 대신 갈수례(葛守禮, 1502~1578)는 노골적으로 "백성이 안심하고 생업에 종사하려면 적합한 인물을 지현으로 얻어야 한다. 지현에 적임의 인재를 얻는 데 진사가 가장 좋다"고 발언했다. 진사는 자질이 빼어날 뿐 아니라 스스로의 이름을 아껴 행동을 삼가는 탓에 청렴하고 애민한 정치가 가능하여 백성들 스스로 진사 출신에 대해서는 '사람됨을 보기 전에도 깊게 마음을 의탁하여 복종한다'는 것이다.[21] 이와 같은 사회적 인식은 여타 관료후보군에게 깊은 좌절을 남겼을 뿐 아니라 행정의 실효보다 명망과 인맥을 중시하는 관료사회의 폐쇄성을 강화시키는 결과로 이어졌다.

명말 사회적 위기가 심화되면서 이처럼 고찰에 대한 비판과 인사고과 전반에 대한 개혁론이 급물살을 타게 되었다. 융경제(隆慶帝) 즉위 초기부

20 (明)唐順之, 「答李中谿論擧劾疏」, 『明經世文編』 卷261, p. 708. "요즘 모 순안의 천거와 탄핵 상주문이 이르면 나는 묻지 않고도 그 내용을 알 수 있다. 왜냐하면 천거자는 반드시 포정사나 안찰사 등 지방의 고관임에 분명하며 탄핵자는 반드시 通判, 縣丞 등의 하급관료일 터이기 때문이다"(今日某巡按擧劾奏至矣, 僕不問而知之矣. 何也, 其所擧者, 可不問而知, 其必藩臬方面大官也. 其所劾者, 可不問而知, 其必通判縣丞小官也).

21 (明)葛守禮, 「添進士以裕民牧疏」, 『葛端肅公集』(『四庫全書存目叢書』 集部 第93冊) 卷1, p. 26.

터 권력의 핵심으로 부상한 장거정의 정치개혁안에는 고성법을 필두로 한 일련의 인사 개혁방안이 중요한 부분을 차지하고 있다. 장거정 역시 당시 지식인들과 마찬가지로 고찰제 및 당시 인사 관행에 대해 대단히 비판적이었다. 그의 개혁안은 고찰의 한계가 드러나고 있던 시점에서 여기에 대한 유사한 문제의식을 바탕으로 만들어진 것이었다. 개혁안에서는 '성기'(聲氣), 곧 명망과 평판을 중시하는 고찰의 관행을 깨고 위기에 처한 명조가 필요로 했던 재정 건전화와 지방행정 안정화가 일차적 목표로 설정되었다.

2. 장거정 인사개혁안의 성격

1) 전체 구상과 고성법

주지하는 바와 같이 장거정(張居正, 1525~1582)은 기울어가는 명조 체제를 일으켜 세우기 위해 정치 · 경제 · 사회 전반에 걸친 총체적인 개혁정책을 단행했다. 그의 목표는 황제를 구심점으로 한 중앙정부의 강력한 주도 하에 부국강병의 기틀을 마련하는 데 있었다. 그 중에서도 재정 지출 삭감과 탈세 방지를 위한 토지소유권 조정, 세금징수 방식의 개선 등을 실천에 옮긴 그의 재정개혁안은 단기간에 상당한 성공을 거둔 것으로 평가된다.[22] 그러나 한편 내각의 권한을 증대시키면서 개혁에 비판적인 여

22 장거정의 재정 회복 정책은 먼저 절약을 목표로 지출을 삭감하면서 세금의 전액 징수를 독려하고 이를 고성법으로 정하여 지방관의 성적 심사에 반영하여 실효를 거두도록 했다. 또한 만력 6년에서 3년간에 걸쳐 전국적으로 丈量, 즉 토지 조사를 실시하여 은닉된 토지와 실제 소유자를 찾아냄으로써 탈세와 세금 배분의 부정을 근절하고 과세 대상을 정확히 파악할 수 있었다. 그 결과 전국 경지 면적은 30% 정도 증가하고 조세 수입은 증가했으며 一條鞭法도

론을 억눌렀고, 그 근거지인 각지의 서원(書院)을 폐쇄하도록 하는 강경책으로 무수한 정치적 반대세력을 낳았다.[23] 그의 이른 죽음으로 각종 개혁안들은 미완에 그쳤지만 왕조체제 말기의 사회모순을 적확히 지적했을 뿐 아니라 과감하고 혁신적인 개혁 방향을 실천함으로써 나중에 오는 청조의 정책에 커다란 영향력을 미친 것으로 평가된다.

장거정 개혁정치의 틀 안에서 인사고과 정책개선안은 중요한 비중을 차지했다. 그가 융경제의 신임을 받으면서 처음으로 개혁안의 원형을 제출했던 융경(隆慶) 원년(1567)의 「여섯 가지 일을 아룀」(陳六事疏)이라는 문서에는 그 전모가 잘 드러나 있다.[24] 이 상소문은 인사 · 재정 · 군사 등 여러 문제에 대한 장거정의 정치적 이상을 집대성한 것으로 그 이후의 정책 방향에 대한 예고나 다름없었다. 여기서 여섯 가지의 당면 과제는 ① 논의를 줄이고 내실을 판단할 것, ② 기강의 숙정, ③ 법규를 중시할 것, ④ 관료의 실무 능력을 평가할 것, ⑤ 재정의 건전화, ⑥ 군사력의 정비로 설정되었다. 여기서 인사고과와 관련된 개혁안은 마지막의 군비 관련을 제외한 전 항목에 걸쳐 분포되어 있다.

확대되었다. 이런 개혁안은 성공적으로 진행되어 장거정 집정 기간 동안 10년분의 미곡이 비축, 국고 잉여금은 4백만 냥을 넘어섰다. 이 시기를 다룬 대부분의 저술에는 빠짐없이 장거정 개혁정치의 성과에 대한 내용이 상당 비중을 차지하고 있다. 일례로 F. W. Mote, *Imperial China 900~1800* (Harvard University Press, 1999), pp. 727~734 참조. 중국 연구로는 韋慶遠, 『張居正和明代中後期政局』, 廣東高等教育出版社, 1999; 朱東潤, 『張居正大傳』(北京: 百花文藝出版社, 2000); 이화승 역, 『장거정평전』(서울: 에게, 2010) 참조.

23 장거정에 대한 많은 평가 중 淸代에 四庫全書 편찬 과정에서 그의 저술을 평한 문장을 소개한다. "神宗 초반에 장거정이 혼자서 국사를 좌우했는데 여기에 대한 후세의 포폄은 일치하지 않으며 정해진 평가는 없다. 그가 이룬 실제의 공적과 권력을 마음대로 휘두른 죄상이 어느 한쪽을 덮어줄 수 없기 때문이다"(『四庫全書總目』 集部 別集 存目四. 『太岳集』, "神宗初年, 居正獨持國柄, 後毁譽不一, 迄無定評. 要其振作有爲之功, 與威福自擅之罪, 俱不能相掩").

24 (明) 『穆宗實錄』 卷23, 隆慶 2年 丙午, pp. 625~627.

장거정 인사개혁안의 가장 핵심적인 내용은 정치 및 재정 타개책의 일환으로 제시된 고성법 구상 속에 들어 있었다. 고성법은 앞에서 언급한 대로 전국의 주현 및 각 관청별로 처리해야 할 안건의 기한을 정하고 그 달성 정도에 따라 포상과 처분을 행하는 제도였다. 고성 결과는 지방관 인사에 반영되었고, 특히 세량 징수에 있어서 일정 기준을 완수하지 못하면 승진을 제도적으로 차단하는 강제조치의 성격이 강했다. 고성법이 시행되면서 체납 또는 결손된 세금이 충당되어 당시의 재정난 해소에 크게 기여할 것은 당연한 일이다. 더욱이 지방관의 징세와 행정 실적을 정확하게 평가하는 것은 재정 확보를 위해 필요불가결한 현실적 조처였을 뿐만 아니라 지금까지의 인사고과에서 문제가 되었던 불필요한 '논의'를 줄이고 법규와 기강을 지킬 수 있는 방법으로서 중시되었다. 이처럼 고성법을 중심축으로 하고 나서 그 위에 장거정은 임기와 자격 문제들을 포괄한 종합적인 인사체계 개혁안을 제시했다. 그렇지만 장거정이 제시한 인사고과안은 전적으로 고성법만을 채용하여 완전히 새로운 형태의 방식의 고과제를 만드는 것이 아니었다. 이 개혁안에는 종래 인사평가의 이상형으로 평가되던 고만 및 구임(久任)론이 구체적 형태로 제시되었다.

여기서 장거정이 정치적 기반을 닦았던 융경연간, 무영전(武英殿) 대학사와 이부상서를 겸임하면서 인사의 실권을 쥐고 있던 고공(高拱, 1512~1578) 역시 같은 방향의 개혁을 지향했던 점은 주목할 만하다. 그도 장거정과 마찬가지로 고만과 구임을 인사고과제의 근간으로 둘 것을 주장했고, 건국 초기의 '3회 평가와 9년 근속' 원칙에서 일보 후퇴하여 6년을 장기근속의 목표로 삼았다. 고공은 특히 고찰과 고만을 비교해서 "고찰은 소홀, 소략하고 애매한 데가 많으며 창졸간에 실행된다. 그러나 고만은 상세하며 정밀, 명백하고 안정되어 있어서 고찰보다 우월한 제도다"[25]라고 표현했다. 주관적인 판단에 의해 강제로 탈락자를 만들어내는 고찰제는 이들 고위 관료들에게도 가혹하고 불공평한 제도로 받아들여진 것이다. 장거정과 고공은 융경제 사후에 내각대학사직을 놓고 치열한 정치투쟁을 벌인 숙적이었지만, 인사고과에 대해서만은 이처럼 동일한 해결책을 구상했다. 다만 고공의 대학사 재임기간 중 자신이 주장했던 장기근속안이 실현되었다는 증거는 발견되지 않는다.

장거정 개혁안의 기본 틀은 우선 기존 고만제의 틀을 유지하는 방식으로 짜여졌다.[26] 즉 관료의 평가는 고만을 위주로 하되, 타성에 젖어 복직과 추천을 남발하는 시혜적 성격의 고과에서 벗어나 적합 · 보통 · 부적합 판정을 명확히 해서 성적을 결정해야 한다는 국초 이래의 원칙이 재확인되었다. 이것은 역대 정부에서 여러 번 공포했던 내용이었지만, 장거정은 한 걸음 더 나아가 관료를 평가할 때 반드시 명성이 아니라 '실제 업적'을 중시해야 한다고 강조했던 것이다. 명성에 현혹되거나 출신 자격에 얽매인 평가, 인신공격에 의해 동요되거나 애증을 개입시키는 일, 한 가지 일

---

25 (明)高拱, 「論考察」, 『明經世文編』 卷302, p. 3196. 이 부분은 앞의 1장 '각주 123'에도 인용되었다.

26 이 내용들을 포함, 「陳六事疏」에 나타난 장거정의 인사고과 개혁안은 다음과 같다. "이부에 명령하여 고과법을 엄밀히 시행토록 하는 한편 名實이 부합되도록 조사합니다. 祖宗의 선례를 잘 참조해서 내외 관료의 3, 6년 考滿 때 일률적으로 추천 혹은 복직시키되 恩典을 남발하지 않도록 합니다. 稱職 · 平常 · 不稱職의 평가를 명백히 가려 기술하여 성적을 결정해야 합니다. 만약 대상자의 공과가 확연하게 드러나지 않은 까닭에 급히 승진이나 퇴직을 시행할 수 없는 경우에는 誥勅이나 勳階 조항을 덧붙여 조금 차등을 두어 격려의 뜻을 나타내도록 합니다. 在京 각 아문의 佐貳官은 반드시 그 재능과 기량을 측정하여 적절한 자리에 관직을 제수하도록 합니다. 평상시는 업무수행을 강구하여 장관을 보좌하고 장관직이 공석이 되면 대리로 임명하여 다른 부서에서 찾을 필요가 없도록 합니다. 속관 중에서 과거의 典章제도 및 업무를 숙지하고 있으며 성실하게 근무하는 자는 9년 임기만료 후 이부에 건의하여 京職을 제수합니다. 상위 직급에 있는 자는 곧 해당 기관의 담당관으로 전임시키도록 합니다. 小九卿의 당상관 중 같은 품급 간에는 서로 調用할 필요가 없습니다. 각지의 巡撫는 지방과 잘 조화된다면 임기를 넘어서 品秩을 높여주는 형태로 연임시키고 다른 성에 전임시킬 필요가 없습니다. 포정사와 안찰사, 兩司의 경우 參議로 장기근속한 자는 參政으로, 僉事는 副使로 승진시킵니다. 빈번하게 전근시켜 수고를 더할 필요는 없습니다."

로 전체 성적을 판정하는 것, 작은 과실로 주요한 근간을 덮어버리는 것들이 평가 과정에서 배격되어야 할 요소로 지목되었고 또 이런 내용은 고성법에서도 중시되었다.

그밖에 중앙관청에서 실무 경력을 쌓은 보좌관(佐貳官)을 장관의 직무 대리로 임명하여 행정 효율을 꾀하고, 지방의 포정사(布政司)·안찰사(按察司) 관청 간의 보직 이동을 없애 기존 관할 내에서 인사이동을 시행하라는 세부적인 시행 방안도 내려졌다. 이런 조치가 취해지면, "사람마다 전문 직책이 생겨 책임소재가 명확해지며 인재의 결핍을 걱정할 필요가 없어진다"는 것이 장거정의 구상이었다. 여기 제시된 세부 개혁안은 모두 해당 관청 내에서 고만과 장기근속이 이루어지게 하고 동일 직책 내에서 근속하도록 해서 전문성을 확보하려고 한 점이 주목된다. 당시 재정 담당의 포정사와 사법·감찰 담당의 안찰사 관청 간에는 업무 내용과는 상관없이 품급에 따라 상호 빈번한 이동이 이루어지고 있었는데, 이것이 결국 행정의 연속성을 저해했던 점을 개선하고자 한 것이었다.[27] 이처럼 고만의 연공서열제를 기반으로 하면서 공무의 책임소재를 명확히 하려는 방식은 명성이나 자격 등, 업무 이외의 요소에 오히려 중점을 두었던 고찰의 영향을 감소시키는 해결책이기도 했다.

당시 이 상소문은 황제의 호의적인 비답을 얻었고 즉각 각 부서에서 실행 방안을 제출하라는 명령이 함께 내려졌다. 이부는 기강숙정과 인사 관련, 병부는 군사력 정비 등의 항목에 대해 각각 실행 방안을 제출했다. 도찰원에서는 '명실을 심사한다'(覈名實)는, 즉 명분에 따른 내실을 파악한다는 조항을 심의하도록 했으나, 고만과 구임안은 적극적으로 검토되지 않았던 것으로 보인다. 이 점에 대해서는 다음해(1568) 12월의 사례에 주

27 (明)朱楗, '國朝銓選', 『古今治平略』 卷16, pp. 602~627.

목할 필요가 있다. 당시 호과(戶科) 급사중 위시량(魏時亮)은 "일정 기간, 안정되게 근무하지 않으면 임무의 완수가 어렵다"라고 장기근속제를 도입하자는 상소문을 제출했다. 이부는 원칙 자체는 반대하지 않았지만 전면적인 실시에는 난색을 표했다. 그 이유는 "각 관청의 직책은 다양하며 순번을 기다리는 후보가 많기 때문에 일률적으로 연임하게 할 수는 없다"는 것이었다.[28] 당시 인사 책임자는 일률적으로 장기근속제를 실시할 경우, 관료조직 내부의 수급 불균형과 적체현상이 초래될 것을 우려했던 것이다. 이때 장거정의 권력 기반은 아직 미약했기 때문에 이를 일관되게 추진할 힘은 얻지 못했다.

그 뒤 융경 6년(1572)에 내각대학사가 된 장거정이 실권을 장악하고 만력제 즉위 후 실질적인 섭정 역할을 하게 되면서 이 계획들은 행정의 연속성을 보장하는 장치로 보다 적극적으로 채택되었다.[29] 우선 장거정과 동향인 호북성 강릉(江陵) 출신의 이과(吏科) 급사중 장초성(張楚城)은 장기근속안 시행을 촉구하는 건의안을 제출했다. 여기서는 중앙과 지방 전 관료들을 대상으로 각각 그 원칙과 방법을 제시했는데 융경 원년(1567)의 장거정안과 마찬가지로 임기 상한선을 6년으로 잡았고 능력과 직책이 맞지 않거나 혹은 지방관이 해당 지역과 조화를 이루지 못한 경우에 한해서만 이동을 승인하도록 했다.

지방의 포정사와 안찰사 두 기관은 부서 내 승진만 허락하여 중앙과 지방 간의 잦은 인사이동도 줄이게 했다.[30] 이 요청은 즉각 비준되었고 해

---

28 (明)『穆宗實錄』卷27, 隆慶 2年 12月 丙子, pp. 713~714.

29 구임 정책의 실시 시기에 대해 명말의 鄒元標는 嘉靖연간 戊辰년에 구임법이 시행되었다는 기록을 남겼다. 그러나 가정연간에는 戊辰에 해당하는 해는 없었고 隆慶 2년 무진년의 착오로 보인다. 鄒元標, 「敷陳吏治民瘼懇乞及時修擧疏」, 『明經世文編』 卷446, p. 4900上.

30 (明)『神宗實錄』卷24, 萬曆 2年 4月 丙寅, pp. 622~623. 여기서 한 가지 주목할 만한 특징은 종래 주현관이 임명되던 과도관 자리에 불시에 공석이 생길 경우 6부 주사를 선임하며, 지방

당 관청에서 실행에 옮기도록 했다. 그 다음 달 장초성은 부임 후 2개월 밖에 안 된 형부주사(刑部主事)를 감찰어사로 승진시켰다고 해서 장기근속 방침 위반 혐의로 이부상서 장한(張瀚)을 탄핵했다. 궁지에 몰린 장한은 일단 사임을 표명했다가 간신히 구제받았다.[31] 당시의 개혁안이 인사책임자인 이부상서를 곤경에 빠뜨릴 정도로 큰 효력을 발휘했던 것을 여실히 보여주는 사례였다.

일각에서는 우려하는 목소리가 그치지 않았지만 장거정의 입장은 단호했다. 일례로 이과급사중 혁유교(郝維喬)와 같이 "획일적인 구임제의 운용은 임용행정(銓政)과 인사이동을 혼란에 빠뜨릴 요소를 지니고 있다"고 주장하며, 관료조직의 수급 문제를 감안해야 한다는 의견도 제기되었다.[32] 장거정 내각은 즉각 여기에 대해 "과도관(科道官)이 빨리 승진하기를 바란 나머지 인사이동을 지연시키는 장기근속안에 반대한다"라고 비판하며 이 의견을 묵살했다.[33] 이것은 과도관인 급사중 직을 맡은 혁유교가 연한을 채우지 않고 승진하기를 희망하여 근속을 반대했다는 식의 개인적 비난으로 문제의 예봉을 피한 것이었다. 장거정의 집권기간 동안 이 정책은 지방 관료조직에도 철저하게 시행되었다. 장거정에 대해 비판적인 전기를 남긴 당대의 문인 왕세정(王世貞, 1526~1590)은 장기근속 방안의 도입에 대해 "이부상서 장한이 정책을 주도했지만 중앙의 급사중과 어사·이부 등에는 큰 영향력이 없었고 주로 포정사·안찰사·수령 등 지방관들에게만 적용되었다"고 평가한 바 있다.[34]

의 參政·副使 등도 3년 기한으로 參議, 僉事, 지부로부터 승진시킨다는 방침이다.

31 (明)『神宗實錄』 卷25, 萬曆 2年 5月 丙子, p. 627.

32 (明)郝維喬, 「酌議久任事宜以一法守疏」, 吳亮等編, 『萬曆疏鈔』(尊經閣文庫藏), 卷24.

33 (明)『神宗實錄』 卷27, 萬曆 2年 7月 乙亥, pp. 662~663.

34 (明)王世貞, 『嘉靖以來內閣首輔傳』, 『明代傳記叢刊』(臺北: 明文書局, 1991) 42册, 卷7, 張居正上.

장기근속안과 함께 여타 개혁안도 가속화되었다. 지금까지 관행적으로 이루어지던 남경(南京)의 중앙 부서들을 통폐합하고 신규 임명을 중단했다. 명조는 영락제(永樂帝)의 쿠데타 이후 북경으로 천도했지만, 창업의 바탕이 되었던 남경을 제2수도로 남겨두고 중앙 부서를 이원적으로 운영하고자 했다. 그러나 남경은 점차 수도로서의 기능이 거의 제거되고 형식만 남아 있게 되어 개혁이 불가피했다. 만력 8년(1580)에는 전국적으로 불필요한 직책, 즉 용관(冗官)의 폐지에 착수해서 나이든 고관의 자리와 반드시 필요한 직책 이외의 관직들을 병합, 정리했다.

한편 만력제 즉위 초기부터 여러 차례 이부와 도찰원에 관료들의 출신 자격에 따른 인사이동 제한을 철폐하라는 지시가 내려졌다. 특히 만력 3년 6월에는 순무와 순안어사가 지방관을 천거할 때 갑과(甲科), 즉 진사 출신에 편중하지 말라는 보다 구체적인 지시가 내려지기도 했다.[35] 출신 자격에 의한 차별은 당시 심각한 사회문제로 인식되었지만 그때까지는 개선책이 취해진 적이 없었던 것이다. 이러한 장거정의 자격 철폐안은 거인·감생은 말할 것도 없고 이원(吏員) 출신에게까지 기회를 넓힌 획기적인 내용으로 이루어졌다.

> '삼도(三途)병용'은 강릉공(江陵公: 장거정, 강릉은 그의 향리임)의 건의에 의한 것이었다. 당시 이원 출신으로 지현에 임명된 사람은 산동성 내무(萊蕪)현의 조교(趙皎)라는 자와 비현(費縣) 출신 양과(楊果) 등이었다. 두 사람 모두 9년의 임기를 끝내고 포상을 받은 뒤 지주(知州)와 동지(同知)로 승진한 것을 볼 때, 임용은 성공적이었다고 할 수 있다. 당시의 평판에 의하면 두 사람은 순리(循吏)라고는 할 수 없었지만 일처리가 유능하고 이해가 빨랐기 때문에 복잡하고 규모가 큰

35 (明)『神宗實錄』卷39, 萬曆 3年 6月 戊寅, pp. 906~908.

일도 척척 잘해냈다고 한다.[36]

여기서 '삼도'란 관료가 될 자격을 얻는 세 가지 길, 곧 진사, 거인 및 공생(貢生), 이원을 말한다. 장거정이 자격을 무시하고 당시 지식인 사회에서 백안시되던 서리 출신을 임용한 것은 의심할 바 없이 이들의 능력을 높이 샀기 때문이었다. 실무 경력이 많은 서리들은 행정처리에 유능했고 이 점은 실적을 중시하는 장거정의 구상과 부합할 수 있었다. 그러나 이들 출신 자격이 한미한 관료들이 기존 관료집단의 반감을 샀음에 분명하다.

같은 글에서 인용했던 또 한 사람의 유능한 관료(能吏)는 결국 불행한 최후를 마친 것으로 전해진다. 황청(黃淸)은 강서성(江西省) 상요(上饒)현에서 사법 관련 서리 일을 하다가 장거정에게 발탁되어 일약 가흥(嘉興)지역의 양회운사(兩淮運司) 동지(同知)로 발탁되었다. 애꾸눈에 볼품없는 외모였지만 재능과 지략이 뛰어나서 어떤 일에도 척척 잘 대처했고 관료들의 장단점을 파악하고 있었다고 한다. 지부나 주현관이 예의를 표하지 않으면 즉시 나쁜 정보를 폭로하여 낭패를 시킨 탓에 사람들이 모두 그를 사갈(蛇蝎)처럼 두려워했다는 일화도 전해진다. 결국 황청의 능력을 시기하고 사람됨을 싫어했던 상관이 그를 배로 유인하여 익사시킨 뒤 사고로 위장했다고 한다.

위 사례는 서리 출신이 관료조직에 진입하는 것이 얼마나 어려웠는지를 말해준다. 자격 철폐의 원칙론에도 불구하고 당시의 관료조직은 과거 출신이 아니고서는 접근하기 어려운 장벽이 가로놓여 있었다. 이들의 순혈주의는 점차 경쟁이 치열해지는 관료 직책을 놓고 집단이기주의로 확

36 (明)沈德符, 같은 책, 卷11 吏部, 「異途任用」, pp. 294~295.

산되고 있었다. 진사 출신 집단을 중심으로 특수한 인맥이 형성되어 있었고 지방 관료사회도 예외는 아니었다. 장거정의 개혁은 바로 이러한 사회 기풍에 정면으로 도전했던 것이기도 했다.

2) 첫 번째 고성법

고만에 의한 구임의 실현, 자격 철폐와 실무 능력 위주의 인사평가를 기반으로 한 장거정 개혁안의 가장 큰 줄기를 이루는 것이 고성법이었다. 이 제도는 당시 '호부(戶部)의 고성법'이라고 불렸는데, 일단 호부 관할 하에서 시행되었을 뿐 아니라 명조가 직면한 재정난을 타개하기 위해 전례 없이 엄격한 재정관리를 시도했기 때문이었다. 특히 중점이 주어진 것은 세량 징수 업무였는데 이전과의 결정적 차이점은 체납 세금에 대한 소급 징세의 기준을 세우고 그 달성 여부로 지방관의 성적을 평가한 것이었다.

장거정의 고성법에서는 '체징'(滯徵), 즉 체납분을 징수하는 정례를 만들었는데, 그 해의 전량을 완납하는 것 외에도 융경연간(1567~1572) 이래의 체납 결손분도 일정 부분을 징수하지 못하면 처분을 받도록 했다. 즉 기준을 완수하지 못한 지방관은 승진을 원천적으로 차단당하는 한편 강봉 · 강등 등의 처분을 받아 인사고과에서 결정적으로 불리한 입장에 처하게 되었다.[37] 만력 원년(1573)의 규정에는 지방관의 고만보고가 이부에 도착하면 호부에서 세금 징수 성적을 조사해서 8할 이상을 납부한 경우에 한해서 고만을 허락하도록 했고, 만력 4년(1576)에는 9할 이상으로 기준을 올렸다. 참고적으로 건국 초부터 고만보고는 세금 완납을 의무 조항으로 설정해두기는 했지만 고성법이 본격화되기 전까지는 거의 사문화된

---

37 청대 초기의 세량 체납과 고성법의 관계에 대해서는 앞의 제5장 '각주 3' 참조.

조항이었다.

또한 이 법의 적용 범위가 지방의 최고위 관료인 순무와 순안어사에게까지 미치게 된 점은 주목할 만하다. 지방에 하달된 고성 안건 중에서 이들에게 최종 책임이 돌아가는 사례가 상당수에 달했기 때문이다. 이 때문에 여태까지는 감찰의 주체였던 순무와 순안어사가 고성법 사안 처리의 미비, 또는 지연을 이유로 빈번히 징계를 받게 되었다. 일례로 만력 3년(1575)에 각 성의 순무 · 순안어사의 관할로 분류된 미완 사건을 조사한 결과, 순무와 순안어사 54명이 적발되었고 이때 미완 사건은 모두 273건이었다. 이 중 미완 건수가 많았던 봉양(鳳陽) 순무와 순안어사, 광동 및 절강 순안어사 등은 3개월 봉록 정지처분을 받게 되었다.[38] 고성 항목 중에서는 재정난 타개를 위해 전량 징수 안건이 가장 중시되었지만 범인 검거 등 사법에 관련된 사안도 무시할 수 없는 비중을 차지하고 있었다. 오원췌(伍袁萃)는 강서성 귀계(貴溪)현 지현을 역임할 당시, 도적 검거 안건이 고성법의 대상이 되면서 일어난 소동을 다음과 같이 전한다.

> 이전 어느 무관이 귀계지방을 지나던 중 도적을 만나 피해를 입었다. 이에 장씨 성을 가진 두목을 검거하라는 명령이 고성 안건에 포함되자 순무와 순안어사는 급히 처리에 나섰다. 내가 부임하자 상사는 다른 도둑을 범인으로 바꿔치기할 계획을 제안했다. 바로 이때 옥중의 7명의 도적 중 장씨 성이 있었기 때문에 담당자는 이것으로 책임을 모면하고자 한 것이다. 나는 그 억울함을 변호하여 그를 석방시켰다. 살인하는 것도, 상사에게 아부하는 것도 나로서는 차마 할 수 없는 일이기 때문이었다.[39]

38 (明)『神宗實錄』卷34, 萬曆 3年, 正月, 乙丑, p. 799.

39 (明)伍袁萃, 같은 책, 畸集, 卷3, pp. 478~479.

이처럼 지금까지 인사권을 필두로 지방의 전 실권을 장악하고 있던 순무와 순안어사 역시 고성의 대상이 되었다. 이들이 형사사건의 기한에 쫓겨 황망히 책임을 모면하려고 애쓰는 모습은 고성법의 위력을 여실히 보여준다. 이 점은 장거정이 순안어사의 활동에 대해 부정적인 견해를 지니고 있던 사실과 무관하지 않을 것이다.[40] 장거정은 이들의 고찰과 인사고과가 지나치게 형식적으로 이루어져 지방관의 유능과 무능이 제대로 식별되지 않을 뿐 아니라 오히려 판단을 호도하고 있다고 강하게 비판한 적이 있다.[41] 동시대를 살았던 개혁 성향의 정치가 여곤(呂坤)이 고성법을 평하여, "[장거정은] 고성법을 만들어 순무와 순안어사를 독려했다"라고 한 것 역시 이런 차원에서 이해할 수 있다.[42]

즉 장거정의 개혁정치는 감찰관의 정치적 영향력이 증대했던 정치풍토를 개혁의 대상으로 한 것이기도 했다. 당시 중앙정부의 방침에 비판적 여론으로 맞서는 중앙의 감찰기관들은 순안어사로부터 제공되는 정보에 의존하는 경우가 많았다. 장거정의 시도는 순안어사들 역시 성과 위주의 평가 방식으로 장악하여 비판적 움직임을 원천적으로 봉쇄하고, 넓게는 지금까지 국정을 좌우하던 감찰관들의 영향력을 축소하려는 시도로 이해된다. 이상의 과정들을 종합해보면 장거정의 인사개혁안은 지방관들을 고만과 구임에 의해 직무와 밀착시키는 한편, 그 직무수행 과정을 고성법에 의해 검증하는 것을 근간으로 이루어졌다. 결국 장거정의 인사개혁안은 고만과 고성법을 순무 · 순안 등 성급 감찰관의 고찰과 병행하도록 한

---

40 (明)王世貞, 『嘉靖以來內閣首輔傳』, 卷7, 張居正上, p. 458. "居正念, 御史在外, 驕傲往往淩撫臣, 出其上, 痛欲折之."

41 (明)張居正, 『張居正集』(張舜徽主編, 湖北人民出版社, 1984), 第3冊, 文集11, 雜著19, p. 670.

42 (明)呂坤, 「書太岳先生文集後」, 『張太岳集』(復旦大學圖書館藏明萬曆刻本 上海古籍出版社, 1984), p. 12.

것이었다.

이러한 방안은 그의 다른 개혁안과 마찬가지로 10년에 걸친 집정 기간이 막을 내리면서 함께 중지될 수밖에 없었다. 시행 당시부터 많은 비판이 쏟아졌던 고성법 역시 중단되었고 영구히 소멸될 위기에 처했다. 그러나 한편 장거정의 정적이었던 동림당 계통의 관료들 사이에서도 고성법을 지지하는 움직임이 있었던 점은 주목할 만한 일이다. 장거정 사후 30여 년이 흘러 그의 정치적 유산이 완전히 자취를 감춘 천계(天啓)연간(1621~1627)에 추원표(鄒元標)를 필두로 한 동림당 인사들을 중심으로 장거정 복권의 움직임과 함께 고성 재개론이 대두되었다.[43] 고성법은 단지 당시 명조가 처한 재정난 및 군사적 위기에 대한 일시적 처방이 아니라, 보다 근본적으로 행정과 인사고과에 합리적 · 객관적 기준을 마련했다는 긍정적 성격도 겸비하고 있었던 것이다.

그리고 숭정연간(1628~1644), 재정을 비롯한 총체적 위기상황이 벌어지면서 고성법과 출신 자격 철폐 등 장거정 개혁안의 핵심 내용들은 다시 복원되었다. 당시 숭정제는 꺼져가는 명조의 명운을 되살리기 위해 재정 확보와 관료들의 기강숙정이라는 두 가지 목표를 추진하고자 했다. 여기서 중단되었던 고성법이 우선적으로 다시 부활되었다. 이때 고성의 전량(錢糧) 징수 기준은 '십분'(十分), 곧 전액 징수로 이전보다 훨씬 높게 설정되었으며 시행 과정 역시 전례 없이 엄격한 면모를 보였다. 이런 점에서 이 시기의 고성법을 바로 뒤를 이은 청조 고성법을 낳은 모태라고 보아도 좋을 것이다.

---

43 앞의 제5장 '각주 8' 岩井茂樹, 1993. pp. 186~188 참조.

제6장
숭정연간의 고성법과 지방관

숭정제는 즉위초 고성법을 부활시키면서 주현관에 대한 최상의 포상이라고 할 수 있는 '행취'(行取)제도를 대폭 수정했다. 행취란 중앙의 주사와 3년 임기를 거친 주현관과 추관(推官) 중에서 과도관을 선발하는 제도로 누구나 인정하는 명예로운 출세의 경로였다. 종래 이 제도는 주로 순무와 순안어사들이 관할 주현관 중 우수한 자를 특별 천거하는 방식으로 운영되었다. 수많은 주현관들 중에서 청요직이며 중앙 정계로 나아가는 지름길인 과도관으로 발탁된다는 점에서 행취는 지방관들의 선망의 대상이었다.[44] 그러나 지방 고관들의 추천은 거의 언제나 진사 출신 지방관에게 집중되어 있었던 까닭에 과도관으로의 승진은 여타 자격 출신들에게는 거의 원천적으로 봉쇄되었다. 사실상 행취는 지역에서 명망을 얻은 진사 출신 신예 엘리트들이 중앙 정계로 등장하는 주요한 통로였던 것이다. 이런 풍조를 겨냥하여 숭정제는 모든 지방관들에게 행취의 문호를 개방하도록 명령했고, 징세 미납분이 있을 경우에는 진사 출신이라도 철저히

44 『明史』 卷71, 志47, 選擧 3, pp. 1717~1718.

승진을 차단하라는 명령을 내린 것이었다.[45]

이 시기의 고성법은 날로 심각해지는 재정 위기로 인해 세금징수 기준을 10할, 곧 전액에 해당하는 분량으로 올려 잡은 것이 특징이었다.[46] 게다가 액수가 정해진 정규 세금뿐만이 아니라 부가세에 해당되는 '잡파'(雜派) 역시 고성의 대상에 포함되면서 처분을 면하는 지방관은 극소수에 불과했다. 이런 가혹한 규정은 지방관에게만 적용된 것이 아니라 행정계통의 모든 관료들에게 적용되었고, 최종 책임자인 호부 역시 여기에 대해 책임을 져야 했다. 호부는 주현관을 과도관으로 행취하는 과정에서 재임 중 세금징수 실적이 '완전납부'(全完)였는지 최종적으로 조사하는 역할을 맡았던 것이다.

여기서 장거정 개혁안을 바탕으로 한 숭정연간의 고성법은 뜻하지 않은 결과물들을 보여주었다. 우선 성공적인 출세가도를 약속하는 행취제도에 고성법적 요소가 가미되면서 예기치 못한 부작용이 나타나기 시작했다. 행취가 징세성적 위주로 운영되자 지금까지 여기서 배제되었던 거인·공생(貢生) 출신 지방관들이 발탁을 기대하고 이전보다 가혹하게 세금징수에 나서게 되었던 것이다.[47] 엄격한 규정 적용과 강제징수, 형벌이 이어지는 가운데 파산하는 민호(民戶)들이 늘어났고 곳곳마다 분쟁이 속출했다.

---

45 (淸)孫承澤, 『春明夢餘錄』 卷25, 吏部 六科, pp. 405~406.

46 앞의 제5장 '각주 12', (明)談遷, 『國榷』(張宗祥交點本, 中華書局, 1958) 卷90, 崇禎 2年 7月 戊子, p. 5493 참조.

47 (明)李淸, 『三垣筆記』(元明史料筆記叢刊 中華書局, 1997) 崇禎, p. 8. "往例考選科道多用甲科, 乙榜則間見, 明經竟絶迹矣. 自一體考選之旨行, 於是乙榜, 明經, 無人不催科, 正餉雜項, 無一不考成. 其實甲科初選, 半係腴壤, 間補瘠邑, 不久輒調. 若乙榜明經, 大約瘠邑多於腴壤, 以錢糧難完之地, 而人人思爲科道, 求其必完, 此民所以多病也. 予嘗過恩縣, 見乙榜令催比錢糧, 血流盈堦(階), 可歎."

여기서 종래 고찰 과정에서 여론의 지지를 얻는 목민관으로 평가되어 속속 중앙의 과도관으로 승진하던 엘리트 진사 출신들은 심각한 딜레마에 빠지게 되었다. 이들은 주로 경제력과 힘을 갖춘 번읍(繁邑)의 주현관을 맡아왔고 고찰 과정에서 지방사회의 여론을 등에 업고 행취의 기회를 독점해왔다. 그러나 이제는 승진을 위해서 여론이 아니라 고성법에서 결정된 행취의 기준을 달성해야만 했다. 이들은 중앙의 명령과 지방사회의 여론이라는 양 극단 사이에서 어떤 식으로든 거취를 결정해야 했다. 다음에 제시하는 사례들은 바로 이런 갈림길에 서 있던 엘리트 지방관에게 일어났던 일련의 사건으로 고찰과 고성, 양 제도의 지향점과 갈등요소를 극명하게 드러내준다.

1. 고성법의 희생자: 『정화정고선처분시말』의 전개 과정

숭정 6년(1633), 주현관 재직 시에 성적 우수자로 발탁되어 과도관이 된 관료들 중에서 고성법 에 저촉되었던 사례가 나중에 발각되면서 조정을 뒤흔드는 일대 사건이 벌어졌다. 이전에 시행되었던 숭정 4년의 조근 고찰에서 상당수 관료들이 고성 실적에 관련된 허위 기록을 보고한 혐의로 연루된 것이다. 이 사건은 관련자들은 물론, 관리 소홀을 이유로 재정 책임자인 호부상서(戶部尙書) 필자엄(畢自嚴, 1569~1638)의 처벌로까지 파급 범위가 확대되기에 이르렀다. 애초에 발단은 급사중 주서표(周瑞豹)가 고성 기준을 채우지 못한 채 승진했다가 나중에 부족분을 채웠던 사실이 발각되면서 시작했다. 진노한 황제는 그를 처벌하면서 이와 유사한 사례를 철저히 조사하도록 명령했다. 그 과정에서 다시 이과(吏科) 급사중 웅개원(熊開元, 1599~1676)과 감찰어사 정우원(鄭友元[玄]) 등 세 사람이 적발

되었다.[48]

『처분시말』이라는 기록은 바로 사건의 주인공 중에 한 사람인 정우원의 혐의 사실과 관련된 자료를 모은 필사본이다. 자료의 서두에는 원래의 간본(刊本)이 필사본인 초록(抄錄)으로 만들어진 경위가 간략히 기술되어 있는데 기록자의 이름은 밝히지 않았다. 여기에 따르면 이 기록은 『탁지은우일기』(度支恩遇日紀)라는 책자와 함께 편자의 맏형이 소장해왔다고 한다. 강희(康熙) 57년(1718), 음력 7월 15일, 편자는 맏형에게서 이 간본을 빌려서, '옛사람이 원통한 옥사를 겪은 일을 기록으로 남겨 자손들에게 알려주고자' 필사하게 되었다고 한다. 이어서 『탁지은우일기』도 입수해서 '이 책에 대해서 들어본 적은 있지만 아직 실제로 본 적은 없어서 아주 기뻐하며' 옮겨 적었다고 덧붙였다.

『탁지은우일기』의 저자는 숭정연간 당시의 호부상서 필자엄으로 보이며,[49] 『처분시말』의 주인공은 사건 당사자인 정우원이었다. 즉 숭정연간의 고성법 관련 옥사에 대한 기록들이 간행되어 명조 멸망 약 60년 후까지 남아 있었고, 다시 이것을 베껴 쓴 기록이 오늘날까지 전해지게 된 것이다. 『처분시말』은 지금까지 대충의 윤곽만 알려져 있던 이 옥사의 발단과 전개, 그리고 처리 과정을 14건의 공문서를 통해 상세히 밝히고 있다. 『처분시말』에 따르면 숭정 4년(1631)의 처분안은 실제로 3년 동안 계속 조사가 진행되었는데 호부와 태창고(太倉庫) 담당자, 정우원의 직속상관인 송강(松江)지부 방악공(方岳貢), 당사자인 정우원의 진술이 끝까지 엇갈린 의혹 사건이었다.

---

48 『明史』 卷258, 列傳146, 熊開元, p. 6669.

49 (明)畢自嚴, 『石隱園藏稿』(文淵閣本, 1293冊) 卷2, pp. 414~415에는 「度支恩遇日紀序」가 실려 있다. 한편 『北京圖書館古籍珍本叢刊』 第12卷, 史部, 雜史類에 수록된 (明)畢自嚴撰, 『司徒恩遇日記』 역시 유사한 제목이어서 같은 자료의 抄本일 것으로 추정된다.

자료의 주인공인 정우원은 자가 담석(澹石)으로 호광(湖廣) 경산(京山) 출신이며 천계(天啓) 5년(1625)에 진사로 등과한 뒤, 이듬해에 절강성 청포(青浦)현 지현으로 부임했다. 그리고 숭정 원년(1628) 2월, 실적을 인정받아 번결(繁缺)인 이웃 화정(華亭)현으로 이동했다.[50] 그러므로 정우원은 숭정 4년의 고찰에서 과도관으로 발탁되기까지 5년 4개월간 두 지방에서 지현을 역임했던 셈이다. 정우원에 대해 두 지방에서는 모두 대단히 높은 평가를 내렸다. 첫 부임지인 청포현은 원래 업무가 번다하고 세량 납부 성적이 불량한 이른바 '번극'(繁劇)의 형세였음에도 불구하고 정우원은 "소송사건 처리는 물처럼 유려하게, 밀린 세량의 독촉과 징수는 법도가 있어 형벌을 가하지 않았고 서리들을 잘 단속하여 부역 부과에 공정성을 기했다"고 기록되어 있다.[51]

화정현에서도 정우현은 역시 명관으로 명성을 떨친 것으로 나타난다.[52] 이 지역에서 가장 뛰어난 업적으로 꼽혔던 것은 화정현이 속한 송강(松江) 지방 전역에서 고질적인 문제였던 수리 시설의 정비였다.[53] 이 지역에서는 15세기 전반, 선덕(宣德) 연간(1426~1435)부터 수재 방지와 원활한 수자원 공급을 위해 우(圩)로 불리는 제방의 정비를 위한 논의가 시작되었다.

50 『重修華亭縣志』 卷11, 職官, p. 768 참조. 청포현에서의 정우원의 행적에 대해서는 (光緒5年刊本) 『青浦縣志』 卷14, 職官, p. 919 참조.

51 『江南通志』(文淵閣本, 510冊) 卷114, 職官志, 名宦, p. 354. "鄭友元, 字其山, 京山人. 天啓末知青浦, 崇禎初調知華亭. 兩邑故稱繁劇, 友元口酬手批剸決如流, 催輸有法, 刑罰不加, 而課畢, 登踐更之期, 里胥多詭匿, 友元勾得其實, 任役者輕重若懸衡黴. 入爲御史, 兩邑皆祠祀之(青浦縣志).

52 『重修華亭縣志』 卷11, 職官, pp. 829~830.

53 (明)張國維撰, 『吳中水利全書』(文淵閣本, 578冊) 卷10, p. 352. '水治', "(天啓)六年, 青浦縣知縣鄭友玄, 督治圍田(水災後, 低鄉田畝日窪, 鄭友玄出令著業主出米, 佃戶輸力, 大圩分作小圩, 長圩界爲短圩, 便於戽救. 華亭縣傳以爲式)." 이 사실은 濱島郭俊, 1982, pp. 106~113에서 天啓 6년, 青浦현에서 知縣 鄭友元이 圩의 규모를 둘러싼 개혁 작업의 일환으로 分圩를 시행했고 이것이 주변의 타읍에까지 전파된 사실이 검토된 바 있다.

논의 과정에서 수해 발생 시, 규모가 큰 제방은 일부가 붕괴될 경우에는 오히려 큰 피해를 입기 쉬우므로 제방을 소규모로 나누어 공사를 분담해야 할 필요성이 대두되었다. 그러나 이것은 제방과 인근 토지의 소유권과 비용 분담 등 민감한 문제가 얽혀 있는 난제였다. 이로 인해 제방의 정비는 종종 지역 분쟁으로 비화되기 일쑤였는데, 정우원은 적극적으로 공권력을 투입하여 이를 개선하는 데 성공했다. 정우원이 시행했던 '제방나누기'(分圩) 방법은 제방 내 폭이 1장(丈)인 배수용 하수도를 파는 방법이었는데, 지역 신사층과의 협조 하에 적극적으로 사업을 추진하여 결국 지역 전체에 이익이 돌아가도록 타결을 이루어냈던 것이다.

또 숭정 2년(1629)에는 화정현 지역 신사들의 건의를 받아들여 호구가 아니라 토지 소유를 기준으로 이갑(里甲)의 재편성을 시도했다. 정우원은 당시 이 지방에서 세금체납(逋賦)의 대리 배상으로 인해 지역경제의 중추를 이루던 중간층(中人之家) 이장(里長)들이 연이어 파산하는 현상을 크게 우려했고 이를 적극적으로 개혁하고자 했던 것이다. 지역 내부에서는 여기에 적극 동조하는 층이 있었던 반면, 일부 기득권을 가진 지주와 유력자들의 방해공작 탓에 이 개혁은 결국 성공하지 못했다. 그러나 이러한 일련의 과정에서 개혁파 관료로서의 정우원의 지향점은 잘 드러나 있다.[54] 정우원은 저명한 동림계 인사였던 후각(侯恪)의 추천을 받는 등, 행적과 인맥으로 볼 때 동림당 계열로 분류될 수 있으며, 송강 출신의 개혁사상가 진자룡(陳子龍)과도 친분이 두터웠기 때문에 지역 지도자들과 긴

54 이와 관련된 기록은 (崇禎)『松江府志』 卷12, 役法2, 「崇禎己巳華亭鄭公友玄收兌議」에 실려 있다, 또 濱島郭俊, 1982, p. 349에도 "숭정연간 華亭에서 均田 개혁의 움직임이 있어 지역 향신의 건의를 받아들여 지현 鄭友玄이 숭정 2년 田土에 의한 里甲 편성을 시도했다. 巡撫 曹文衡의 지지를 받아 가닥을 잡는 듯했지만 鄕大老, 곧 향신과 유력자들의 반대로 좌절했다"는 내용이 실려 있다.

밀한 협조가 가능한 위치에 있었다.[55] 수리와 이갑 재편 등의 사업은 지역사회, 특히 지도층인 신사층의 협력 없이는 불가능한 일이었던 것이다.

정우원은 이처럼 개혁적 성향을 띤 목민관의 명성을 쌓으면서 숭정 4년(1631)의 조근고찰에서 감찰어사로 승진함으로써 순조롭게 최고의 엘리트 코스를 밟아나갔다. 그러나 2년 뒤 고성 기준 달성에 대한 일제 단속령이 내려지면서 그의 운명은 일시에 역전되었다. 숭정제는 고성법의 효과를 극대화하기 위해 특히 선정과 행취 과정에서 고성법을 엄격히 적용하라는 명령을 내렸는데 이를 정면으로 위반한 사례들이 적발되었던 것이다.[56] 정우원은 세금징수 성적이 고성 기준을 넘었다는 판정을 받고 어사로 승진했지만, 그때 제출했던 고성보고서 중 일부가 허위로 판명되었다. 현지에서 얻은 명성으로 순무와 순안어사의 추천을 받은 정우원은 관례대로라면 행취 대상자로 가장 적합한 인물이었다. 그러나 그는 전임지인 청포현에서 조세 체납분 징수액이 고성 기준에 미달된 상태로 허위보고서를 제출했다는 혐의를 받았다.

정우원이 정기 조근고찰에 참석하기 위해 북경에 와 있을 당시의 고성보고서는 그가 간신히 기준을 넘어선 것으로 작성되어 있다. 먼저 이 해

55 陳鼎撰, 『東林列傳』 卷20, (明)侯恪傳(文淵閣本, 458冊), pp. 425~426. 한편 정우원은 정계에서 물러난 뒤, 저술 작업에 몰두했던 것으로 보인다. 『欽定四庫全書總目』 卷8, 經部8, 易類存目2에는 『易經小傳』 20卷(明鄭友元撰 浙江吳玉墀家藏本)에 대한 提要가 수록되어 있다.

56 『明史』 卷256, 列傳144, 畢自嚴, p. 6611에는 이 사건의 경과가 다음과 같이 기록되었다. "이때 지현에서 선발된 행취 대상자에 대해 戶部에 그 세금 징수 실적을 조사하도록 했다. 華亭知縣 정우원은 이미 어사가 되었지만 이전 재임했던 靑浦縣에서 金花銀 2,900냥이 체납되었음을 알고 황제는 재조사를 명령했다. 畢自嚴은 정우원이 이미 그 중에서 10분의 7을 납부하여 太倉 창고에 보관했다고 보고했지만 황제가 창고 담당자에게 확인한 결과, 사실과 달랐다. 황제가 노하여 自嚴을 힐책했는데 自嚴은 여러 가지로 변명하다가 더욱 격노를 샀고 결국 투옥 · 유배되었다. 어사 李若讜이 상소해서 구하려 했고 이후 給事中 吳甘來가 다시 抗疏를 올려 구명한 결과 삭적 처분은 면제되었다."

정월 20일, 직속상관인 송강부 지부 방악공(方岳貢)이 올린 보고서에 의하면, 정우원은 청포현 재직 당시의 부족분 금화은(金花銀) 1,500여 냥을 호부 사천사(四川司)로 이송했다고 한다.[57] 즉 재임 중에 미완, 체납되었던 천계 6년(1626)분 금화은 1,500냥이 정월 15일에 송강부로 도착했으며 현재 서일림(徐一林)이란 부하 관료를 시켜 운반 중이라는 내용이었다. 그리고 호부에서는 2월 27일에 이를 수령했다는 기록을 남겼다. 이들 문서는 정우원이 고성에 저촉되지 않았고 부족분을 완납했음을 증명해준다.

한편 호부에서 올린 「남직예 금화은 보고서」(南直金花疏)에 의하면 정우원은 전임지 청포현에서 천계 6년과 7년, 2년 분량의 금화은이 1분(分) 이상 미납된 사실이 적발되었다. 이 때문에 새로운 고성법 적용 사례에 따라 강봉 1급의 상태에서 밀린 세금을 완납하라는 명령을 받았다. 즉 납부 실적이 고성 기준에 미치지 못했기 때문에 처분 판정을 받은 것으로, 이렇게 되면 과도관으로 선발될 수 있는 고선(考選) 자격은 상실된다. 정우원은 이 사실을 '저보(邸報)를 통해 비로소 확인했다'고 하면서, 2월 29일에 자신은 체납과 관련된 처분을 이미 받았으니 이번 강봉 처분을 철회해 달라는 요청 문서를 역시 호부 사천사에 제출했다.[58]

여기에 따르면 정우원이 청포현에서 번읍인 화정현으로 이동된 것은 강봉 1급에 해당되어 이미 고성법의 '신례'(新例)를 준수했고, 게다가 현직 지현이 있는 상태에서 다시 청포현으로 돌아가 체납을 독촉하는 것은 불가능하다고 주장했다. 또 송강부에서 이미 청포현의 천계 6, 7년분 금화은 1,500냥을 호부로 이송 중인데, 그렇게 되면 이미 납부한 실제 액수가 9분 5리에 달해 부족액은 1분 이하가 되므로 고성에 저촉되지 않는다

---

57 (直隸松江府) 「爲申明完解金花事」(『鄭華亭考選處分始末』), 이하 같은 책, p. 792上.

58 (明)鄭友元, 「爲乞恩覈實完欠之(赦)俯賜咨題以遵功令事」, 같은 책, pp. 790下~791.

고 주장했다.

이런 상황에서 3월 7일, 청포현 상민(商民)을 자처하는 이일신(李日新) 등 6명이 정우원의 부족분을 메우기 위해 금화은 2,093냥을 대신 납부·운송해왔다는 보고문이 올라왔다. 이들은 "[청포현이] 토지가 척박하고 백성은 가난하여 세금의 적체와 독촉이 이미 오래전부터 다반사로 있어왔으며, 특히 천계 6, 7년에는 잇달아 수재가 발생하여 유랑 걸식하는 자들의 형상이 비참한 형국이었다"고 호소했다. 그래서 "전임 지현 정우원이 지역을 위해 갖은 노력을 다하다가 체납으로 곤경에 처하게 된 일을 차마 좌시할 수 없어 어진 어버이를 위해 떠돌이 상인들이 돈을 거두게 되었다"고 자신들이 기부에 나선 이유를 밝혔다.

이 금액은 "호부로 직접 이송해야 할 터이나 담당 관료도, 문서도 없으므로 태창(太倉)으로 이송"할 수밖에 없었고 그 문서만이 호부에 도착했다는 것이다. 호부는 태창고에 이것을 영수하라는 명령을 내렸다.[59] 이상의 문서들은 인사고과 과정에서 정우원을 벌봉과 체납 처분에서 구원하여 고성법을 무사히 통과하게 하려는 노력의 소산이었다. 청포현 상인들이 모금한 금액이 태창고에서 호부로 이송하는 과정에서 다소 시일의 지연이 있었을 뿐이며 정우원은 부족분을 납부한 셈이 된다. 이런 노력이 주효해서 정우원은 고성의 추급을 벗어났고 순무와 순안어사가 그를 명관으로 추천했기 때문에 과도관으로 선정될 수 있었다.

그러나 그 이후, 정우원을 포함한 행취 인원 14명에 대해서 납세 실적과 처분 면제 경위를 재조사하고 부정행위를 철저히 밝혀내라는 명령이 내려졌다. 이 과정에서 정우원이 고선에 임박해서 미납 전량을 납부하고

---

59 (明)鄭友元,「爲捐輸欠額乞恩速賜批收事」, 같은 책, p. 792. 이 문서는 청포현의 상인 李日新을 비롯한 5명의 상인이 연명으로 호부에 올린 문서이다. 한편 이들이 창고에 은을 기탁했다는 증명서도 함께 실려 있다. 같은 책,「商民原銀寄庫寄狀」, p. 798.

처벌을 모면했던 사례가 나오자 황제는 이를 고의성이 있는 악질 행위라고 심하게 질책했다.[60] 이부와 호부 사이에 조사 공문이 오고 간 결과, 정우원과 웅개원의 혐의 사실이 드러났고 이에 따라 2급을 강등하는 조용(調用) 처분을 받았다. 조근고찰로부터 1년이 지난 숭정 5년(1632) 4월 7일의 일이었다. 그런데 이 조사 과정에서 운송 담당관과 수령인의 진술이 엇갈렸고, 호부와 태창고의 수령 시일도 일치하지 않았다. 징수 혹은 지역민들이 자발적으로 기부한 은냥을 금화 대정(大錠)으로 통일하는 과정에서 호부로 운송할 날짜가 지연되었다고 했지만, 결국 송강부에서 이송했다고 보고한 액수와 상민들의 모금액 상당 부분이 4년 연말의 회계결산 때까지 호부에 도착하지 않았다는 사실이 드러났다.[61]

숭정 6년(1633) 3월 6일, 황제는 이 사건을 '정우원이 세금을 미납한 채 고선을 통과하려고 계책을 내어 지금까지 미납했던 금화은을 대리로 운반한 것'으로 규정짓고, '파면과 사적(士籍) 박탈' 처분을 내렸다. 이때까지도 송강부에서 보냈다고 하는 최초의 1,500냥 중 일부가 여전히 호부에 도착하지 않은 상태였다.[62] 정부로부터 질책을 당한 호부 사천사에서는 결국 호부낭중 소몽룡(蘇夢龍)·오일기(吳一驥) 등이 공문만 받았을 뿐, 은량은 원액 그대로 호부로 운송된 바가 없고 수령증은 허위 숫자를 기재한 것이었다고 진술했다. 2년에 걸쳐 송강부에 결손 분량을 이송하라고 여덟 차례나 재촉했지만 그때까지도 306냥 6전 3호가 모자란 상태라는 것이었다.[63] 한편 송강부에서 이송한 은량 1,500냥에 대해서는 응

60 吏部等衙門, 「題爲遵旨詳查, 考選各官開復前後緣繇 以祈聖鑒事」, (明)鄭友元, 같은 책, pp. 793~796. 숭정제의 질책과 처분은 같은 문서 p. 796上 참조.

61 鄭成續領硃批驗照, 「呈爲*縣解官未到*便恭進懇恩, 驗貯批照, 以便出納事」 (明)鄭友元, 같은 책, p. 799上; 「太倉銀庫驗明銀兩寄庫(實)枚」. (明)鄭友元, 같은 책, p. 800上.

62 原行查(召)驗明寄庫銀兩牌案 戶部, 「爲解縣未到寄庫,未進等事」, (明)鄭友元, 같은 책, p. 799下.

천(應天) 순무 장조회(莊祖誨)에게 엄밀히 재조사하라는 명령이 내려졌다.[64]

여기서 문책을 받은 송강지부 방악공은 뜻밖의 사실을 진술했다. 숭정 4년 당시, 방악공 자신도 조근고찰을 위해 북경에 가 있었던 관계로 당시 직무를 위임받았던 동지(同知) 전영징(錢永澄)이 정우원의 부탁으로 공문서를 작성하는 데 필요한 도장과 지면을 빌려주었다고 자백했다는 것이다. 그렇다면 정우원은 이를 이용해서 중앙에 전량 운송을 허위로 보고한 셈이 된다. 이로 인해 결국 정우원은 유배형에 처해졌고, 반면 방악공에게는 지방을 위해 고심하는 바를 참작하여 송강지방에 계속 유임하면서 밀린 세량을 독촉하라는 결정이 내려졌다.[65] 참고로 부언하자면, 방악공이 "해마다 세량 미납으로 인해 계속 강급 · 벌봉 처분을 받아 더 이상 내려갈 급수가 없을 정도"로 고성법에 저촉되었고 승진하지 못한 채 13년 동안 이 지역에 유임했다는 사실은 유명한 일화로 남아 있다.[66] 그래서 결국 최종 책임은 실물 은량이 아닌 수령문서 수납항목을 기재하도록 명령했던 호부상서 필자엄에게 돌아가게 되었다.[67] 필자엄에 대해서는 동정의 여론이 일었는데, 여기에 따르면 정우원이 고선을 통한 승진에 열중한 나머지 은량을 스스로 운송한 것이 사건의 주된 원인이었으며 필자엄이 애석히 여기는 마음에서 그를 비호한 데서 사건이 비화되었던 것이었

63 四川淸吏司郎中蘇夢龍謹奏, 「爲遵旨回話事」, (明)鄭友元, 같은 책, pp. 800~801.

64 應天巡撫都察院右僉都御史莊祖誨詳查疏, 「爲遵旨詳查據實具奏事」, (明)鄭友元, 같은 책, pp. 803~804.

65 戶部謹題, 「爲遵旨詳查據實具奏事」, (明)鄭友元, 같은 책, pp. 806~808.

66 李淸, 『三垣筆記』 卷上, 崇禎, p. 8. "上初卽位, 便嚴於錢糧, 部議知府非完錢糧不得升司道, 推知非完錢糧不得與考選. 於是松江方郡伯岳貢(天啓壬戌, 穀城人), 蘇州陳郡伯洪謐(崇禎辛未, 晉江人), 有住俸數十次, 降至八十餘級者."

67 監督淮安倉戶部四川淸吏司員外郎吳一驥回奏疏, 「爲遵旨回話乞恩認罪事」, (明)鄭友元, 같은 책, p. 802.

다고 한다.[68]

이처럼 사건의 핵심을 이루는 혐의, 즉 호부에서 숭정 4년 당시 받았다는 은량은 실물을 수령한 것이 아니라 문서만을 받았다는 것은 사실로 드러났다. 그러나 그 문서가 정우원 혼자서 마음대로 송강부 지부 방악공의 대리인에게 관인을 빌려 위조했던 것이라고 보기에는 지나치게 작위적이다. 또한 정우원이 하인을 시켜 직접 운반하여 수령증을 영수한 기록이 남아 있는 분량의 은량조차도 운송이 지연된 것도 석연치 않다.[69] 조근고찰과 이후 조사 과정에서 만들어진 문서 대부분이 이처럼 실제 은량을 수령했는지 여부가 불확실한 허위 문서였을 가능성이 높다. 문제는 당시 관행으로 볼 때, 이런 애매한 행정처리가 정우원의 예에서만 한정된 것이 아니며 또 문서 자체의 수령 관계만으로는 진위를 가리는 것이 불가능하다는 점이다.

성급 재정기관인 포정사를 필두로 지방관청에서는 주현의 전량 항목들을 정확히 구분해서 납입하지 않고 각 항목을 뒤섞어 시급한 항목부터 채워 넣었으며,[70] 중앙 부서 역시 이런 관행에서 자유로울 수 없었다. 당시 조근고찰과 행취를 전후해서 호부 관료들은 업무의 폭주로 대단히 시달렸다고 한다. 회계장부의 등기와 확인 업무가 쇄도하면서 대부분 서기들이 행정을 떠맡게 되었다. 이들은 뇌물을 받으면 이전 징수 분량을 유용, 다음해 분으로 미루어서 '미완'(未完)을 완납으로 만들어주었기 때문에

68 (淸)孫承澤, 『春明夢餘錄』 卷45, 刑部2 愼刑, pp. 943~944.

69 정우원의 가속인 鄭成이 제출한 수령 요청서에 보면 청포현에서 운송된 2,093냥은 같은 해 2월에 태창고에 수령한 것으로 되어 있다. 鄭成續領硃批驗照, 「呈爲*縣解官未到*便恭進懇恩, 驗貯批照, 以便出納事」, (明)鄭友元, 같은 책, p. 799上.

70 (明)朱國壽, 「爲積欠移補滋累事」, 『考成錄略』, p. 17上에 의하면 각 州縣에서 布政司로 錢糧을 이송했음에도 포정사에서는 그 항목을 別項으로 이전 처리해버렸고, 이로 인해 그 해의 錢糧이 戶部로 운반되지 못하여 주현관이 未完처분을 받기도 했다는 것이 당시의 관행으로 소개된다.

한때 "천자의 조회에 나가기 전에 먼저 서기를 배알하라"는 풍자의 노래가 돌기도 했다는 것이다.[71] 따라서 '미완'을 '완납'으로 위조하는 수법이 하급 서리들 사이에 횡행하는 현실에서 정우원과 송강 지부, 포정사, 혹은 태창고나 호부 어느 지점에서 허위와 횡령이 이루어졌는지를 정확히 판별해내기는 어렵다. 같은 시기의 인물인 손승택(孫承澤)에 의하면, 문서의 수령 · 기록 · 이송 과정에서 서리들이 농간을 부려 유령문서가 횡행하고 온갖 부정이 자행되고 있었는데 특히 재정 관련에서는 이런 사례가 비일비재했다고 한다.[72]

분명한 것은 정우원이 숭정 4년의 조근고찰에서 고성법에 저촉되지 않기 위해 필사적으로 여러 가지 방편을 동원해서 여기에 대처하려고 했다는 사실이다. 이 과정에서 그를 우수 관료로 추천했던 송강지부와 순무 · 순안어사 등도 여기에 협조적이었던 것은 분명하다. 정우원은 최초의 문서에서 상부에서 자신을 납세 의무가 많은 화정현이라는 '복잡한 임지로 보직이동(調繁)' 시킨 것이 이미 강봉에 해당하는 조처라고 주장했다.[73] 그러나 이와 같은 '조번'(調繁)은 형식상 지방관의 평행이동이었고, 명대의 어떤 규정도 조번이 처벌에 해당하는 강봉으로 규정한 바는 없었다. 오히려 조번은 행정업무 능력을 인정받은 주현관에 대한 승진 인사로 인식되었던 반면, 간이 지역 이동인 조간(調簡)은 상대적으로 능력이 떨어지는 주현관에 대한 좌천이나 실무 견습이라는 성격을 띠고 있었다.

명대 초기의 관행을 다뤘던 2장에서 언급했듯이, '조번조간'(調繁調簡)

---

71 앞의 '각주 66' 참조. "[……] 若推知考成錢糧, 只不過京邊遼餉, 後又益以雜項, 時戶部堂司皆窮於磨對, 惟書手爲政, 若得賄, 便挪前推後, 指未完作已完, 不則已完亦未完也. 故一時謠言有未去朝天子, 先來謁書手之誚."

72 (淸)孫承澤, 『春明夢餘錄』 卷25 吏部 六科, pp. 405~406.

73 앞의 '각주 58' 참조.

또는 '조용'(調用)은 지역간 불평등을 매우기 위한 최소한의 보완조처로 통치의 난이도와 세량의 다과에 따라 지역을 번간으로 나누고 지역 특성에 맞는 인재를 임명하고자 한 것이었다.[74] 번간 이동을 둘러싼 명확한 규정은 없었지만, 대체로 실력과 배경을 인정받은 진사 출신들이 주로 번읍에 임명되었고 그 밖의 자격 출신들은 간읍(簡邑)에 배치되었다. 고성을 달성할 수 있는 것도 역시 경제력을 갖춘 번결(繁缺) 쪽이었다. 이 장의 6장 2절에서 등장할 주국수(朱國壽) 역시 세량 완납으로 실력을 인정받은 뒤에 포상의 성격으로 조번되었던 것이다.

지역 신사층 및 현지 상부기관과 협조하면서 명망과 인맥의 혜택을 누리고 있던 정우원을 화정현으로 '조번'한 것은 분명히 유망주를 양성하려는 의도적인 인사조처로 이해하는 것이 마땅할 것이다. 그러나 지역의 목민관 정우원은 조근고찰에서 승진을 위해 갖은 노력을 기울였음에도 불구하고 결국 고성의 벽을 넘지 못했다. 송강지부 방악공과 같이 지역사회와 긴밀한 관계를 맺으며 선정을 인정받았던 관료 역시 고성법을 피해갈 수는 없었다. 그러므로 이 사례를 통해서 볼 때 고성법은 지역에서 명성과 업적을 인정받으면 그대로 중앙의 엘리트 관료로 승진하던 명대 고찰제도의 관행을 저지하는 역할을 했음은 명백하다. 한편 지방 여론의 이름으로 멀리 지역에서 중앙을 조종하는 문인 네트워크의 세력은 숭정연간을 전후로 해서 최고의 힘을 발휘하고 있었다. 수많은 고관을 배출했던 송강현 지역사회는 방악공의 예와 같이 정부 방침에 정면으로 배치되는 지방관을 지역 민생을 보호하는 목민관의 이름으로 보호해주었다.[75] 비

74 제1장에서 설명한 바와 같이 調繁 · 調簡과 같은 이른바 調用은 동일한 省이라고 할지라도 각각의 州縣이 자연환경이나 인구, 경제력 면에서 엄청난 차이가 있고 이로 인해 징세 · 치안의 행정업무 역시 지역 차가 크게 벌어진 데서 비롯되었다. 1장 'pp. 82~84' 참조.

75 方岳貢은 松江지역에서 뚜렷한 자취를 남긴 목민관으로 평가되었다. 文淵閣本(50冊), 『江南

록 중앙무대로 진출하지는 못했지만 송강 지역사회는 계속 자신들의 '부모관'을 현지에 머물도록 영향력을 행사했던 것이다.

숭정 4년 12월, 호부상서 필자엄은 결국 체포되어 투옥당하는 한편 삭적(削籍)이라는 엄중한 처분을 받았다. 무너지는 명조 재정을 유지하는 데 중추적 역할을 담당했던 필자엄이 이런 가혹한 처벌을 받기에 이른 것은 당시 고성법의 위력을 실감하게 해준다. 이 사건을 두고 당대의 역사가 담천(談遷)은 "고선에서 먼저 세량 징수 성적을 위주로 지방관을 평가했기 때문에 이들은 백성을 어떻게 보살필지는 안중에도 없이 오로지 세금을 재촉하는 데만 전념했다. 이것이 법제의 커다란 변화다"[76]라고 평가했다. 당시 상당한 파문을 불러 일으켰던 정우원 사건은 고성이 주현관급 지방관의 위상, 지역사회와의 관계, 대민 자세 등에 있어서 하나의 획을 긋는 '법제일변'(法制一變)의 전환점이었음을 분명히 보여주는 중요한 사건이었다.

이처럼 고성법이 정착하는 과정에는 예기치 않은 복병이 도사리고 있었다. 방악공과 정우원의 예에서 드러난 것처럼, 여론을 의식하고 여기에 의지하려는 움직임이었다. 정우원의 경우는 중앙의 조사 과정으로 인해 실패로 돌아갔지만, 다음에 제시할 사례는 고성법 역시 당시의 관행에서 자유로울 수 없음을 보여준다. 정우원이 조근고찰을 맞을 무렵, 지현으로 첫 임기를 끝낸 한 지방관은 고성법 통과와 여론의 지지라는 두 마리 토

通志』 卷114, 名宦3, p. 354. "方岳貢, 字四長, 穀城人. [……] 崇禎初知松江府, 明敏强記, 案牘過目不忘, 謝絕饋問罷, 諸徵索廉能之譽, 騰於遠邇郡東南瀕海, 颶潮衝擊, 漂沒田舍, 岳貢相度經營, 築石塘二十餘里以捍之." 이 기사는 『松江府志』 卷42, 名宦에서도 확인된다.

76 (淸)談遷, 『國榷』, 崇禎 4年 12月 己巳, 91, p. 5578. 한편 谷應泰編, 『明史紀事本末』 卷72, '崇禎治亂'에도 같은 기사가 실려 있다. "四年十二月, 時考選科道後, 更核在任征輸. 於是戶部尙書畢自嚴下獄, 熊開元鄭友玄俱謫, 吏科都給事顏繼祖上疏救, 上切責之. 自是考選, 將及先核稅糧, 不問撫字, 專於催科, 此法制一變."

끼를 모두 잡기 위한 노력에 나섰다. 그런 가운데 고성법 절차와는 전혀 무관한 『고성록략』(考成錄略)이라는 기묘한 문서가 등장한다. 원래 실적 위주로 운영되어야 할 고성법이 고찰 체계와 병존하면서 나타난 변형과 굴절 현상이었다.

2. 수수께끼의 문서

1) 『고성록략』(考成錄略)의 구성과 성격

『고성록략』은 숭정 4년(1631)부터 약 4년여에 걸쳐 섬서(陝西)·사천(四川)지역에서 포성(浦城)·경양(涇陽)·내강(內江) 등 세 현의 지현을 역임했던 주국수(朱國壽)가 자신의 업무처리 내용을 엮어서 간행한 책이다. 저자 주국수는 직예(直隷) 단양(丹陽) 출신으로, 숭정 4년 신미과(辛未科) 진사로 급제해서 같은 해에 섬서성 포성현에 부임했다. 첫 부임지에서는, "정무처리는 화평했고 지방지를 중간(重刊)했다"는 등의 기록이 남아 있다. 숭정 7년(1634), 같은 섬서성 내의 경양현 지현으로 전보되었으며 다시 사천의 내강현 지현으로 자리를 옮겼다.[77]

『고성록략』은 주국수가 이 세 지역의 지방관으로서 처리했던 업무와 활약상이 하나하나 열거된 기록이다. 이 책은 청(淸)·신(愼)·명(明)·근(勤)·인(仁)이라는 다섯 항목으로 나뉘어져 있는데, '청'은 세금 징수, '신'은 유적 진압, '명'에는 형명(刑名), 즉 민사형사소송과 사법 관련 사건의 처리 문서들을 실었다. 이어서 '근'은 기민구제, '인'은 교화와 교

77 (光緒年間刊本)『四川通志』卷7上, 名宦. "朱國壽. 崇禎中知內江. 形家言縣治窪下宜培之, 因於治內建譙樓. 丙子鄉闈得十一人, 一時稱盛."

육, 재해 관련, 건축 등에 관련된 업무와 처리 내용을 담았다. 구체적 내용은 [표 5]를 참고할 수 있다.

[표 5] 『고성록략』의 체제와 내용

분류	세부 항목
청(淸)	세금의 완납(完錢糧)
신(愼)	유적의 포획(擒流賊)
명(明)	구례에 의해 진술함(申仍舊例). 도로 건설 건을 논의함(酌議開鑿). 기민 구제를 신청(申請賑濟). 부가세 부과 면제 신청(申請免派). 인재 천거(薦擧人才), 향현 천거(薦擧鄕賢), 무인 천거(薦擧將材), 학생 천거(薦擧童生), 불법 아역 검거(拏獲衙蠹: 9건), 간교한 서리 검거(拏獲奸吏: 2건), 비밀 주조범 포획(拏獲私鑄), 밀염 범죄 적발(拏獲私鹽), 인감날조범 검거(拏獲假印), 가짜 표 적발(拏獲假票), 사교 숭배 적발(拏獲崇邪), 불법 부과세 적발(拏獲科派: 2건), 인신매매 검거(拏獲興販), 주인 반항, 배반 사건 적발(拏獲叛負), 반역 노복 검거(拏獲叛奴), 반역과 노략질 적발(拏獲叛劫), 간통 사기 적발(拏獲姦騙), 인명 관련 범죄에 대한 반박, 각하 건(人命批駁: 10건), 강도 사건 각하 건(强盜批駁), 간통죄 각하 건(姦情批駁: 2건), 도당을 지어 4명을 해치려한 죄 적발(朋謀四命), 간교한 서리 검거(拏獲奸吏: 80건), 인명으로 무고한 건(指命誣害: 2건), 도적으로 무고한 건(指賊誣害: 2건), 재산 사기 해결(剖明謀產), 사기 사건 해결(剖明詐騙), 배반 · 거역 사건 해결(剖明叛忤), 교사 사건 해결(剖明批唆), 무리를 지어 모함한 건 해결(剖明党害), 배반 · 약탈 사건 해결(剖明叛搶), 사기 · 구타 사건 해결(剖明騙毆), 교사죄 해결(剖明主唆), 기망 사건 해결(剖明欺罔), 날조 · 무고 사건 해결(剖明捏誣), 간통 약취건 해결(剖明姦占).
근(勤)	기민구제(賑饑民) (극빈자[極貧] 3,297명 / 빈한한 학생[寒生] 62명)
인(仁)	**홍기시킬 일과 폐지할 사안들 목록(陳興革 / 計開)** 황제의 성유를 깨우쳐 강화에 힘쓸 것(興聖諭勤講事), 문묘를 수리하고 홍기시킬 것(興文廟大修事), 인재를 고무하고 격려할 것(興鼓勵人材事), 효자와 절부를 표창할 것(興加意孝節事), 사학을 널리 홍기시킬 것(興廣開社學事), 실용에 힘쓰도록 가르칠 것(興訓練務實事), 염정 개착에 힘쓸 것(興鹽井宜開事), 황지 개간에 힘쓸 것(興招種絕逃事), 고루를 수리할 것(興(鼓)樓重修事), 창고 저장분 무단 반출 금지할 것(興倉糧勒盤事), 불법 아역에 대한 公共의 고발과 처벌 권장(興公首衙蠹事), 임기를 다한 서리를 교체할 것(興吏滿當選事), 나무를 심도록 권장하는 일(興勸種材木事), 고아와 빈민에게 유념할 것(興軫念孤貧事), 죄수들에게 식량을 공급할 것(興給糧獄囚事), 화모 명목을 줄일 것(革火耗多端事), 차역의 세금 독촉을 없앨 것(革差役催徵事), 세금 장부를 통일할 것(革糧簿多設事), 부가세 무단 징수를 줄일 것(革傾解科派事), 역마의 유용을 없앨 것(革驛馬私派事), 인명 상해와 약탈을 줄일 것(革指命抄劫事), 향병으로 인한 징세를 없앨 것(革鄕兵巧派事), 비정규 차역의 파견을 없앨 것(革白役交差事), 창고 담당 서리의 횡령을 없앨 것(革倉吏袖吞事), 탑교로 인한 부가세를 폐지할 것(革搭橋科派事), 채용 수속 관련 횡령을 금지할 것(革納參巧取事), 성 수리로 인한 부과세 폐지(革修城科派事), 가짜 은으로 인한 피해를 없앨 것(革假銀害衆事), 평민의 두건 착용을 금지할 것(革小民戴巾事), 주인을 무시하고 반역하는 일을 없앨 것(革藐主叛皆事), 기민 구제를 청한 일(請賑濟), 역전 관련 문제 해결(蘇驛困), 고루의 수리(修[鼓]樓).

이렇게 『고성록략』이라는 제목과 업무 달성도를 나열한 내용으로 보면 일견 고성과 관련하여 중앙에 제출했던 업무보고서로 보인다. 그러나 명청대의 고성법 시행과정에서 주현관이 이런 종류의 공식문서를 제출해야 하는 규정은 없었다. 즉 고성은 중앙의 육과(六科)가 고성 장부를 만들어 해당 부서로부터 업무완수 보고가 들어온 사항을 기록하고 주소(奏銷) 및 점검을 끝마치는 것을 주된 절차로 하는 제도였다. 흔히 '호부(戶部)의 고성법'으로 불렸던 데서 알 수 있듯이, 주현 단위에서의 세량 징수분을 설정하고 달성 여부를 점검하는 것이 고성의 가장 주요한 목적이었던 것이다. 또 이 책에 기록된 방대한 업무 기록 중에서 실제로 고성과 관련된 항목은 '청'의 세금징수 부분과 최대한 범위를 넓혀 치안 관련 업무를 포함시킨다 하더라도 '신'의 유적 토벌 및 검거 사실에 국한될 뿐이다.[78] 책의 대부분을 차지하는 여타 업무 기록은 고성법과는 전혀 무관한 것이었다.

그런 까닭에 정식 공문서로는 볼 수 없는 이 책의 간행 목적은 첫머리에 실린 서문을 통해 추측할 수밖에 없다. 저자의 서문은 없지만 앞부분에 지역 유지와 지인, 같은 해 진사로 합격한 동년(同年) 관료가 쓴 세 편의 서문이 책머리에 실려 있다. 왕손란(王孫蘭)은 「주생생연옹고성서」(朱生生年翁考成序), 동년 진사 출신의 중서과(中書科) 중서사인(中書舍人) 유희백(劉希伯)은 「주생생년부모고적서」(朱生生年父母奏績序)를, 모봉채(毛鳳彩)는 「주생생선생고성서」(朱生生先生考成序)를 각각 증여하였다. 이들 서문에서는 한결같이 주국수가 섬서의 포성 및 경양·사천의 내강 등 전통적인 난치 지역만을 두루 섭렵하면서도 일찍이 볼 수 없었던 업적을 거둔

78 청대의 경우, 정규의 大計에서 卓異 대상자가 선발되기까지는 3년의 근무 연한을 채우고 錢糧 및 盜案 처리에서 고성법 기준을 달성하는 한편 이전의 행정업무에서 降級, 革職당한 일이 없어야만 한다. 『大淸會典事例』(續修本 799冊) 卷80, 大計通例, pp. 344~361.

빼어난 인재이며 진실로 옛 목민관의 모습을 재현했다고 칭송하고 있다.[79]

서문을 쓴 목적은 그의 크나큰 공적을 추려 기록해서 '위로는 진신(縉紳)들이 기꺼워하고 아래에서는 사대부와 백성들이 찬양하는 바'를 널리 알리고자 한다는 것이었다. 나아가 주국수가 이제 '상부 감찰기관(上臺)에 업무 보고를 올리는 대비(大比)의 예', 즉 3년 단위 인사평가인 대계(大計)를 맞아 중앙 인사기관의 평가를 받게 된 사실을 환기시키면서, '세 읍은 그의 능력에 비해 너무 작으며 불후의 업적을 여기에 다 담아내지는 못했지만 곧 장래 천하를 무대로 활약하며 국가의 대들보가 될 것임'을 확신하며 그의 앞날을 축수하는 내용으로 일관했다.

관료의 인사에 관련해서 이런 종류의 서문을 작성, 증정하는 것은 앞서 3장에서 살펴보았듯이 명말에 흔히 볼 수 있는 관행이었다. 또한 인신공격과 각종 유언비어가 난무하는 고찰의 정보 수집과정에 대비하거나 혹은 중앙 인사고과 과정에서 순무와 순안어사가 작성해 올릴 평가 책자인 고어책(考語冊)을 겨냥하여 지방관 자신의 업적을 알리는 저작을 간행한 사례도 이미 검토한 바와 같다. 4장에서 살펴본 숭정 10년(1637)에 간행된 가선현 지현 이진옥(李陳玉)의 『고만사적책』(考滿事蹟冊)은 고만제도와는 무관한 시점에서 인사고과를 겨냥하고 자발적으로 간행되어 지방에 유포되었다. 이 책은 지방에서의 '업적'을 일일이 열거했다는 점에서 『고성록략』과 그 성격이 매우 유사하다.

따라서 『고성록략』 역시 인사이동을 맞은 지현이 지인들의 입을 빌려 자신의 치적을 찬양하는 서문을 싣고 이를 입증할 수 있는 자세한 정무 내용을 덧붙인 일종의 선전 책자라고 할 수 있다. 사실 고성법은 이러한

---

79 王孫蘭, 「朱生生年翁考成序」, 『考成錄略』, pp. 1~4.

여론이나 평판 등 자의적인 요소가 행정에 개입되는 것을 방지하려는 목적 하에 의도적으로 실무 업적평가에 초점을 맞춘 제도였다. 그러나 『고성록략』의 경우에서 알 수 있듯이 고성의 취지에 역행하는 노력들이 고성을 의식하고 함께 진행되고 있었던 것이다.

2) '선정'의 증명과 고성법

『고성록략』에서 주국수의 가장 큰 공적으로 든 것은 책머리에서 소개되었듯이 포성현에서 수십 년간 적체된 세량에 대해 15개월 동안 18만 냥을 완전히 징수 · 수송했다는 '완해'(完解) 사실이다. 그런데 주국수가 지현으로 재임한 숭정 4년(1631)부터 숭정 7년(1634)이라는 시기에 섬서성 전역은 자연재해와 기근, 유적의 창궐로 전례 없는 참혹한 상황에 놓여 있었다. 명조 체제를 붕괴시킨 이자성(李自成)의 반란이 이미 이 지역을 기점으로 발발한 상태였고, 연이은 크고 작은 봉기들로 섬서성 전역은 만성적인 재난과 약탈로 시달리고 있었다. 주국수가 부임한 숭정 4년은 반란군의 공세가 일시적으로 수그러들었던 때이기는 했지만, 때마침 발생한 자연재해로 기근이 발생하여 아사자들이 속출했고 많은 농민들이 유민으로 떠돌게 되었다. 이 시기는 농민반란의 범위가 섬서성을 넘어 하남(河南)과의 경계 지역과 호광(湖廣)지방까지 오히려 확장되기 시작한 전환기이기도 했다.[80]

이러한 위기상황에서 신임 관료 주국수가 어떻게 『고성록략』의 서문 글귀처럼 '평화 시에도 쉽게 할 수 없는 일'을 완수하고 고성법의 족쇄에서 성공적으로 벗어날 수 있었을까? 책 첫머리에 나오는 '청'(淸)은 「세금

---

80 李文治, 『晚明民變』(國立中央研究院 社會科學研究所總刊, 上海: 中華書局, 1948), pp. 26~32 참조. 鄭天挺 · 孫鉞, 『明末農民起義史料』(上海, 1954), pp. 517~529.

의 완납」(完錢糧)이라는 단일 항목으로 구성되어 있다. 두말할 나위 없이 고성의 가장 중요한 기준이 바로 세금징수 성적이었다. 이 항목에서는 상부에서 하달된 공문서들을 일일이 옮겨 적은 뒤, 자신이 이 명령을 어떤 식으로 이행했는지 경과를 기록하였다. 기록상으로 볼 때, 주국수가 세금징수에서 고성 기준을 달성할 수 있었던 가장 큰 요인은 무엇보다도 체납분을 고성 대상에 포함시키지 않도록 한다는 정부의 재가를 얻은 데 있었다. 두 번째는 해당 연도의 세량을 감면받았기 때문에 공식적으로 회계보고를 해야 할 징수량이 크게 줄어들었던 사실을 들 수 있다. 연이은 흉년과 기근, 반란 등으로 섬서성 전반이 위기상황에 처해 있었기 때문에 이미 정부 차원에서 이 지역에 대한 감면 조처가 연달아 시행되고 있었다. 이런 정책적 배려로 인해 주현관의 세량 징수 부담은 크게 경감될 수 있었던 것이다. 『고성록략』에는 이런 사정이 그대로 드러나 있다. 주국수는 부임 후 상급기관에 올렸던 첫 번째 상주문에서 다음과 같이 간청했다.

> [이 지역은] 원래 토지는 척박하고 백성은 곤궁하여 평상시에도 연체와 결손이 많습니다. 병진(丙辰)년 이래, 떠도는 유적뿐만 아니라 지역에 근거를 둔 향적(鄕賊)들이 봉기하여 백성들이 병란의 피해를 고스란히 겪고 있습니다. [……] [이처럼] 올해의 징수분도 도저히 채우기 어려운 상황에서 체납분의 독촉 명령이 하달되었는데 만약 여기서 올해 징수량인 현징(現徵)에 더해서 이전의 결손 분량까지 포함된다면 저는 고성의 희망이 없습니다. [……] 먼저 올해 징수 분량에 연체된 결손 액수를 이전하지 않도록 해서 고성을 맞아 본관이 중복되어 연루되지 않도록 해주십시오.[81]

81 朱國壽, 「爲地荒盜起, 民悍糧繁, 現徵足數萬難, 積欠移補滋累事」, 같은 책, p. 16下.

이 상주문은 호부로 전달되었는데 호부는 여기에 대해, "지방관의 세량 납입 의무는 먼저 해당 연도 분량을 완납한 후에야 비로소 연체된 분량에 착수하는 것이 정해진 규정이다. 따라서 몇 년간 연체된 결손 분량을 올해로 이전시켜 보충한다는 것은 있을 수 없는 일이다"라고 시정명령을 내렸다. 이 지시에 따라 순무는 "이번에 새로 선임된 포성현 지현 주국수의 보고문은 원인과 결과가 상응하니 모두 허가 · 시행하기로 결정했다. 마땅히 올해 분량부터 구분하여 징수해서 현임자로 하여금 연체액 독촉의 고통을 겪지 않도록 하고 후임자가 타인의 몫을 떠맡아 탄식하는 일을 방지하여 공과 사가 모두 안정되도록 하라"고 인준했다. 이 명령이 다시 순안어사, 포정사(布政使), 안찰사(按察使) 및 독리양저도(督理糧儲道), 동관병비겸분순도안찰사(潼關兵備兼分巡道按察使), 서안부(西安府) 지부, 서안부 추관, 서안부 독량통판(督糧通判)의 명령 계통을 차례로 거치면서 시행되기에 이르렀다. 참고로 이런 명령 계통은 주현관이 통상적인 행정 업무를 보고하고 비준을 받을 때 거쳐야 하는 정상적인 과정이었는데 당시 공문서 체계가 철저한 위계질서에 의해 운영되었던 까닭에 오히려 중복과 비효율성을 띠고 있었던 점을 보여준다.

일단 자신의 고성 달성 기준치를 해당년도 분량만으로 국한시킨 뒤, 주국수는 연이어 그 액수 자체를 감면해주기를 요청했다.[82] 이 상주문에서

---

82 朱國壽, 「爲地荒盜起, 民悍糧繁, 見徵足數萬難, 懇乞轉請題減分數, 以消饑民隱禍, 以廣本縣考成事」, 같은 책, pp. 21~22. 이 상주문의 주요 내용은 다음과 같다. "浦城縣은 55里, 징수해야 할 額糧은 77,577石, 糧站, 遼餉, 均徭, 贍田, 優免, 贍鹽 등을 합하면 납부해야 할 은량이 111,544냥입니다. 이것을 12개월로 나누어 分徵하면 매월 9,297냥 8전이 되며, 윤달이 들어 13개월로 분징하면 8,582냥 6전입니다. 풍년이 들어 催科를 할 때에도 종래 십 분의 칠, 팔 정도밖에 거두지 못했습니다. [……] 滯納은 평상시에도 늘 있어왔습니다. 崇禎 元年, 流賊이 발생한 이래 이 지역은 계속 피해를 입어왔고 4년 5월, 대규모의 침입과 약탈이 있은 뒤, 本府 推官이 巡按御史의 명령을 받아 직접 피해 지역을 순시하고 난민들을 조사한 뒤 賑濟를 요청했습니다. 그런데 그해 11월에 流賊이 다시 北鄕을 침략해 완전히 휩쓸어갔으며 5

는 지역이 겪고 있는 피해상을 구체적으로 나열하며 섬서의 다른 재난지역에 적용된 세량의 감면 및 정지를 청했는데 이것 역시 호부의 허가를 얻었다. 당시 중앙에서는 섬서성 경계지역에서 병화를 입은 각 지역들에 대해서 각각 부가세인 가파(加派)의 감면 및 정지 조처를 내리도록 결정한 상태였다. 여기에 따라서 포성 · 징성(澄城) · 한성(韓城) 등의 주현에 대해서도 숭정 5년 1년간 매 무(畝)마다 1리(釐)를 면제한다는 명령이 내려졌던 것이다. 주국수는 이를 토대로 숭정 4년과 5년, 포성현 55리에 부과되어 징수할 액수와 함께, 요향(遼餉) · 균요(均徭) · 담전(膽田) · 우면(優免) · 담염(膽鹽), 그리고 녹량(祿糧)을 위한 존류은(存留銀) 명목으로 징수할 것들을 각각 항목을 나누어 산출해냈다. 총계액을 윤달을 포함한 13개월로 나누어 징수할 분량을 제시했고, 이를 기초로 전임자들의 체납분까지 명확히 계산해냈다. 전임자 두 명의 징수 실적을 월별 그리고 항목별로 철저하게 나누어 문서화시키고 나머지 분량을 숭정 4년분 자신의 고성 액수로 분리시킨 것이다.

그 결과, 숭정 5년(1632) 6월 5일에는 숭정 4년분의 책자를 만들어서 각 항목별로 10분 또는 9분 이상의 성적을 올렸음을 보고했다. 이렇게 자신이 고성에서 '처분면제의 예'(免參之例)에 부합함을 증명해냈고, 그 뒤의 재임기간에 대해서도 같은 식으로 회계장부를 작성하였다. 여기에 대해 상부에서는, "이 현은 평상시에도 전량을 거두기 어려운 곳인데 주지현은 해당 연도 분량을 완납하고 체납액 역시 상당부분 징수했다. 그럼에도 그 과정에서 매질과 혹형으로 백성을 괴롭히지 않았고 스스로 수납할 수 있도록 하여 '백성을 구휼하며 세금을 징수'(撫字催科)하는 공을 세웠다. 이

년 정월에는 다시 동북지역에 침입해 피해를 입혀서 백성은 지금은 호구지책도 없이 하루를 연명할 수도 없습니다. 어찌 전량을 완납할 수 있겠습니까? 누차 設法을 마련하여 권유했지만 現徵을 채우기가 거의 불가능한 상태입니다. [……]"

는 전곡을 다루는 자들이 마땅히 본받아야 할 바이다", 또 "상문(詳文)을 보니 해당 지현이 얼마나 고심하며 조세 납부에 힘써 완납하게 되었는지 잘 알 수 있다. 만약 전임관의 결손분으로 인해 처분을 받는다면 '공의'(公議)가 살아 있는 터, 어찌 용납할 수 있으랴"라는 등 상찬과 격려를 받았다. 숭정 7년에는 평가 등급 중 첫 번째인 '상상고'(上上考)의 인사평가를 얻게 되자 세량 업무가 더 번잡한 경양현(涇陽縣)으로 조번(調繁)하라는 명령을 받았다.

주국수가 과연 전란의 파란이 일고 있던 이 황폐한 지역에서 18만 냥의 세량을 징수함에 있어서 명실상부하게 '무자최과'(撫字催科)를 실현할 수 있었을지는 의문이다. 그러나 분기별 · 항목별로 세목을 완전히 구분한 '안월분징'(按月分徵)의 방법과 정확한 회계처리 등에서 보인 수완이 고성을 달성하는 데 상당한 역할을 했던 것으로 보인다. 한편 여기서 주목해야 될 점은 후임 지현의 입지가 미약할 경우에는 전임관의 체납분을 고스란히 이전하여 인수인계 받을 수밖에 없었던 것이 당시의 일반적인 관행이었다는 점이다.[83] 이런 측면에서 주국수의 사례는 진사 출신의 신임 지현 주국수가 상급기관들과의 관계에서 이미 상당히 유리한 입지를 점하고 있었음을 단적으로 보여준다.

주국수는 경양현으로 전보된 뒤에는 세량 징수 방법으로 '관수관해'(官收官解)를 가장 이상적인 형태라고 주장하고 실현에 옮기고자 했다.[84] 당

83 (淸)黃六鴻, 『福惠全書』(東京: 汲古書院, 1973) 卷3, 淸査之法, pp. 45~47. 이런 관행은 청말까지도 개선되지 않은 채 지속된 것으로 보이며 특히 지방관의 출신이 한미할 경우 더욱 불리한 입장에 있었다. 章學誠, 「上執政論時務書」, 『章氏遺書』(北京: 文物出版社, 1985) 卷29. "현재의 지방관은 주로 韋布書生[庶民 출신]이어서 前官의 虧項을 이어받게 되면 大吏의 명령대로 추종할 뿐이다" 등의 기사 참조.

84 明代의 漕糧 운반은 원래 軍民 간의 직접 交兌로 이루어졌다. 이로 인해 運軍이 백성들을 압박하여 피해를 입히는 일이 많았는데 '官收官解'는 州縣官이 직접 漕糧을 징수한 뒤, 운송

시 '관수관해'가 동림당 계열의 개혁파들에 의해 제기되었던 사실을 미루어볼 때, 주국수 역시 지역 단위의 세량 납부의 모순을 타결할 수 있는 개혁책에 관심을 갖고 있었음을 알 수 있다.[85] 경양현에서는 그가 지역 인사들과의 협조 하에 숭정 7년부터 화호(花戶) 1명의 1년분 각항 세금을 모두 합하고 이것을 은량으로 산출해서 화호가 직접 정해진 장소에 납입하는 '자봉투궤'(自封投櫃)[86] 방식을 실시했다는 사실을 이 지역의 지방지 기록에서 확인할 수 있다.[87]

주국수는 이처럼 부임지에서 고성 기준을 달성하기까지의 과정과 성과를 상주문 2편, 호부의 지시문서 2편 등 20여 편의 왕복 문서를 통해 피력하였다. 신(愼)·명(明)·근(勤)·인(仁)에 나열된 기타 업무 내용 역시 지역에 내린 포고문과 실제 왕래한 공문서를 중심으로 기록되었다. 여기서도 업무와 관련된 구체적인 인명과 지명을 나열해서 최대한 객관적인 증거를 제시하려고 한 것이 특징이다. 이중에는 심지어 '근'의 「기민구제」(賑饑民) 항목에서는 구제한 백성 5,393명을 극빈자 3,297명, 빈자 2,034명, 빈곤한 생원 62명으로 분류한 다음, "왕복명(王復明), 문씨(文氏) [……]" 등과 같이 한 사람도 빠지지 않고 명단을 나열한 사례까지 포함되어 있다. 지역에서 죽을 공급하는 죽창(粥廠)을 열어 굶주린 백성들을 구

군대에 交兌하게 해서 軍民의 직접 접촉을 막으려고 한 개혁책이다. 星斌夫編, 『中國社會經濟史語彙』(東京: 光文堂書店, 1975) 正篇, p. 361.

85 朱國壽, 「爲乞遵新旨, 以甦民困事」, 같은 책, p. 31.

86 明代 租稅의 銀納化가 확산되면서 특히 一條鞭法 시행 후에 성행한 조세 징수법의 하나이다. 縣의 要所에 銀櫃를 설치, 농민이 직접 납세하는 방식으로 銀額, 소속 里甲名 및 성명을 기재한 종이에 銀을 싸서 은궤에 투입하고 收票를 受領하며 糧長과 胥吏는 櫃頭로서 관리를 맡는 데 그친다. 星斌夫編, 『中國社會經濟史語彙』 續篇, p. 84. 한편 官收官解와 自封投櫃는 명말 사회경제적 모순을 타결하기 위해 제기된 均田均役法의 주요 실천 항목이기도 하다.

87 (宣統3年刊) 『重修涇陽縣志』 卷12, 列傳1, 官師.

제하던 중, 방법을 바꾸어 연봉(捐俸), 즉 자신의 급료를 갹출하고 지역 향신과 향약, 생원들의 출자를 받아 자금을 마련하여 극빈자는 각각 4전, 빈자는 3전씩을 지급하면서 그 명단을 작성했다는 것이다.

연속적으로 닥친 자연재해와 기근 속에 굶주린 백성들이 반란 대열에 합류하고 있던 섬서 · 사천지방에서 이런 일회성의 구제활동이 과연 선정의 결정적 증거가 될 수 있을까? 특히 '인' 항목은 당시 상황에서 실현 가능성이 거의 없는 공허한 내용들, 이를테면 '황제의 성유를 깨우쳐 강화에 힘쓴 것'(興聖諭勸講事), '문묘를 크게 수리하고 흥기시킬 일'(興文廟大修事), '인재를 고무하고 격려할 것'(興鼓勵人材事), '효자와 절부를 표창할 것'(興加意孝節事), '사학을 널리 흥기시킬 것'(興廣開社學事), '실용에 힘쓰도록 가르칠 것'(興訓練務實事), '나무를 심도록 권장할 것'(興勸種材木事) 등을 추진하려고 상부에 보고를 올렸다는 내용으로 채워졌다. 그럼에도 불구하고 이런 기록들까지 모두 열거하면서 『고성록략』은 명관 주국수의 면모를 증언하는 데 주력하고 있다. 『고성록략』이라는 자찬의 업무 보고 기록은 선정의 증거라기보다는 오히려 인사 담당자와 관료사회를 향한 선정의 각인 작업으로 받아들여질 뿐이다.

주국수의 이러한 노력은 일단 성공을 거둔 것으로 보인다. 지방지에는 그의 승진 사실이 나와 있지 않지만, 숭정 말년의 기록들에는 숭정 10년(1637), 진계신(陳啓新)을 탄핵하다가 처벌당한 공부주사(工部主事) 주국수라는 인물에 대한 언급이 실려 있는데 동일 인물로 보인다.[88] 명청 교체기를 지난 순치(順治) 10년(1654), 북경에 단기 체류하던 역사가 담천(談遷)

88 (淸)談遷, 『國榷』(續修本, 363冊) 卷70, 崇禎 10年 潤4月 乙丑, p. 487; 『罪惟錄』(續修本, 321冊) 卷17, 「毅宗烈皇帝」, p. 256에는 工部主事 주국수가 陳啓新을 탄핵하고 군주를 능멸한 혐의로 吏部에서 처벌하도록 한 기사가 실려 있다.

은 생생(生生) 주국수 선생이 방문했다는 짧은 기록을 남기고 있으나, 그에 대한 그 이상의 정보는 없다.[89]

89 (淸)談遷, 『北游錄』(淸代史料筆記叢刊 中華書局, 1997), 紀郵下, 壬申, p. 127. 이 기록에 의하면 주국수는 명대 兵部郎中, 청조에서는 陝西省糧道를 역임했다고 한다.

맺으며

숭정 4년에서 7년이라는 거의 동일한 시기를 배경으로 작성된 『고성록략』과 『고선처분시말』이라는 두 자료는 고성법 도입이 지방관들에게 어떤 영향을 가져왔는지 뚜렷이 보여준다. 『고성록략』의 저자 주국수의 경우, 전량의 감면과 함께, 전임관들과의 차별화된 분기별 세량징수법이 상급기관의 허가를 받으면서 무사히 고성을 통과할 수 있었다. 그럼에도 3년 조근고찰을 맞이하여 자신의 지역 통치상의 업적을 알리는 책자를 만들어 출판하였다. 이 책자가 고찰 과정에서 승진하는 데 도움이 되리라는 기대 속에 만들어진 것은 분명하다. 고성법은 기실 이런 종류의 여론과 평판이 인사를 좌우하는 관행을 근절하고자 하는 문제의식 속에서 시행되었음이 분명하다. 고성법의 창시자인 장거정은 여론이 아니라 실적을 중시해야 한다고 못 박은 바 있다.

그럼에도 그 취지를 완전히 역행하는 『고성록략』과 그 속의 「고성서」(考成序)라는 선전 문서가 출현한 것은 무엇을 의미하는 것일까? 이것은 결국 고성법이 고찰체계 속에서 움직인 제도라는 것, 그리고 고성법이 아무리 엄격하게 적용된다고 하더라도 현실 인사에서는 여전히 현지 평가가 주요한 몫을 차지했다는 것을 보여준다. 장거정 집정기간에도 고성법 시행과정에서 많은 갈등요소가 노정되었고 결국 미완으로 그칠 수밖에 없었던 데에는 이러한 지역으로부터 원심력도 큰 작용을 했던 것이다.

고성은 결코 기존 인사고과제를 대신한 전면적인 인사개혁안이 아니라 고만과 고찰 위에 또다시 실적 위주의 기준을 첨가한 형식으로 만들어졌다. 이것은 지방관 인사가 세 가지 제도가 혼합된 채 결정되었다는 것을 의미한다. 주국수는 고성의 결과조차도 '고찰'의 시선 앞에 제시함으로써 승진에서 유리한 조건을 확보하고자 했다. 앞의 4장에서 등장한 이진옥의 평가와 인사이동 역시 이와 유사한 모습을 보여준다. 이진옥 역시 주국수 · 정우원과 마찬가지로 숭정 연간, 고성법이 적용되던 시점에서 임기를 마치고 승진했다. 그가 7년의 임기를 마친 것은 두 차례의 고만이 적용되었음을 보여주지만, 이 과정에서 순안어사를 비롯한 상관들이 그를 수시로 '고찰'하고 있었음은 분명하다. 또한 조량 업무와 세금징수를 무난히 처리했고 승진한 사실로부터 고성법을 통과했음을 알 수 있지만 결코 고성법만으로 발탁된 것은 아닐 터였다. 정우원의 예에서 보듯이 고성은 어사로 발탁되기 위한 하나의 필요조건에 불과했다. 당시 개개인의 임관 기록에는 개개인의 인사행정 절차가 자세히 남아 있지 않지만, 승진과 발탁을 결정짓는 데는 여전히 순무와 순안어사에 의한 고찰의 영향력이 가장 컸던 것으로 보인다.

이 책에서 검토한 바와 같이 명대 인사제도는 고만과 고찰이라는 두 체계를 중심으로 운영되어 왔다. 장거정 개혁안은 16세기 중반 당시, 가장 압도적인 힘을 발휘했던 고찰제도의 여러 폐단을 시정하는 한편, 인물평가와 인사고과를 둘러싸고 분출되는 여론에 대해서 일정 부분 제제를 가하려는 데 목적이 있었다. 고만과 구임안이 다시 한 차례 개혁안의 기본

틀로 부상한 것은 그의 인사개혁안의 방향성을 잘 보여준다. 장거정 개혁안은 관료 개개인의 업무 실적을 중앙에서 관리하고 조정하는 방식으로 변형을 거쳤다. 즉 고찰의 폐단, 특히 순무 · 순안어사로의 권한 집중을 방지하면서 고만제와 장기근속을 통해 인사고과의 현지주의적 경향을 차단하고자 했던 것이다.

고성법은 주현관들에게 더욱 큰 시련을 안겨주었다. 거인 · 공생 출신에게는 행취제가 새로운 기회로 다가올 수 있었지만, 왕조 말기의 피폐한 경제상황에서 징세업무는 결코 수월한 일이 아니었다. 그때까지는 목민관의 '여론'을 업고 발탁되던 진사 출신 지방관 역시 이런 실적 위주의 풍토에 적응하기는 쉽지 않았다. 세금징수 실적이 노르마로 강제되면서 지역사회와 갈등이 빚어질 가능성이 더 높아졌던 것이다.

『고선처분시말』은 고찰만이 적용되었을 경우, 완벽한 목민관으로 평가받았을 것임에 틀림없었을 정우원의 실패를 통해 고성의 위력을 여실히 보여준다. 기존 현지 인사 과정에서 지역사회의 이익 보호를 통한 명망의 확보와 현지 인사 담당관들과의 밀접한 관계가 인사평가에서 큰 비중을 차지했다면, 숭정연간의 고성법은 여기에 세금징수 및 행정업무 실적이라는 새로운 기준이 포함된 것이다. 그러나 고성법을 통과한다고 해서 목민관의 평판을 주요한 평가기준으로 삼는 정기 고찰에서 우수한 성적을 내기는 어렵다. 두 자료는 관료 피라미드 최하층에 위치한 주현관들이 직면했던 이러한 딜레마를 남김없이 드러내준다.

고성을 실시한 목적은 분명히 재정의 충실을 도모함과 동시에 실적 파악을 통한 정확한 업무평가와 합리적인 행정에 있었을 터이다. 그러나 이를 수용하는 하급관료 측은 이러한 합리성과 객관성이 그대로 침투되기 어려운 상황, 즉 지역의 이익을 스스로 지키려는 지역사회의 자치적 경향과 그에 따른 압력에 그대로 노출되어 있었다. 뿐만 아니라 관료들 간의

인맥과 이해관계가 얽힌 고찰의 관행 속에서 승진을 도모해야 했다.[90]

이것은 고성이라는 제도의 합목적성이나 객관성과는 무관하게 현실에서 인사행정의 성격을 규정짓는 또 다른 주요한 원심력이 아니었을까. 이러한 요소는 명말 숭정연간의 인사제도를 그대로 채용했던 청대 초기에도 공통의 과제가 되었을 것임에 분명하다.

90 谷井陽子, 2002, pp. 59~60에서는 崇禎연간에 錢糧 징수에 관한 처분을 엄격히 하는 방침이 취해졌지만, 住俸과 강급 처분을 받은 지방관들이 처분 대상이 된 항목을 결산하면 開復(처분 취소)이 가능하므로 이것이 지방관에게 압력으로 작용하지 않았다고 보았다. 그러나 중앙의 大計에서 승진하려는 경우, 考選에서는 정우원의 경우처럼 '開復'에도 기한 등이 엄격히 적용되므로 이것이 결정적인 압력으로 작용한 것으로 보아야 할 것이다.

결론

명대 인사고과제의 영향

1. 목민관의 유산

중국의 왕조들은 관료제 운영의 긴 역사를 통해 관료의 선발 · 임용 · 평가에 있어 고도로 정교한 체계를 발전시켜왔다. 조직의 신진대사를 조절하는 선발제도와 인사고과제, 자정작용을 담당하는 감찰제도 등은 관료제 창시 이래 오랜 역사를 지니고 있다. 이러한 제도적 기반 하에서 구성원의 승진과 도태가 이루어지고 정기적으로 새로운 인원이 조직 내로 유입된다. 이와 같은 신진대사는 조직이 배타적 · 폐쇄적으로 흐르는 위험을 방지한다는 의미에서 관료제의 생명력을 유지하는 하나의 주요한 관건이 된다고 할 수 있다.

관료조직이 특정 신분 또는 지역에 독점되지 않고 일정한 개방성을 유지하려는 경향을 띠었던 것은 중국 관료제의 고유한 변화의 방향으로 볼 수 있다. 관료조직은 출입구를 전체 사회를 향해 개방함으로써 사회와 유기적 관계를 맺게 된다. 명청대에는 관료가 되는 진입로가 일찍이 없었던 규모로 사회 전반으로 확대되었다. 학교제가 관료 등용의 주요 경로로 설정되어 관료 충원의 길이 지방행정 단위마다 만들어졌던 것이다. 관료에의 동경과 관직에 대한 수요는 중국사 전체를 관통하고 있지만, 특별히 명청대에 더욱 커다란 사회적 중요성을 갖게 된 것은 과거제의 확산과 정착이라는 현상에 기인하는 바가 크다. 사회적으로 문호가 개방된 관료조직에서는 여기 적응할 수 있는 제도의 필요성이 대두된다. 명청대 지식인들 사이에서는 인사고과 체계가 곧 관료들의 가치규범과 행동양식을 결정짓고 행정의 질을 좌우한다는 생각이 지배적이었고 제도의 향방을 놓고 많은 모색이 이루어졌다.

명대의 고과제도는 감찰관에게 인사권을 부여함으로써 지방관의 통제와 감찰에서 임용 적체 문제에 이르기까지 체제가 안고 있던 주요 과제들을 현지에서 소화하는 방향으로 진행되었다. 이 책의 1부에서는 고찰이 같은 시기에 성립되었던 고만과 병존하면서도 고만의 영향력을 현저히 감소시켰음을 밝혔다. 고만은 관료에게 일정 임기를 보장하고 연공서열에 따른 평가로 안정감을 준다는 점에서 기존 관료집단의 지지를 받았다. 또한 고만에서 보장된 장기간의 임기는 지방관이 민생의 책임자가 되는 전제조건이라는 점에서 전통적으로 특별한 의의가 부여되었다. 그러나 현실에서는 고만으로 해결할 수 없는 심각한 문제가 발생하고 있었는데, 임용 가능한 관직 수는 한정되어 있는 데 반해 관료 후보자는 전국적으로 증가하고 있었던 것이다. 결국 감찰관에 의한 고찰은 관료조직의 최하단에 위치한 주현관의 이동을 가속화시켜 임기제를 파괴하는 결과를 낳았다. 비록 명조가 이와 같은 합목적성을 공식적으로 인정한 바는 없지만, 사실상 지방관에 대한 강화된 고찰과 관료의 수급 문제는 상호불가분의 관계에 있었다.

감찰관의 인사권을 강화시킨 명대의 독특한 제도 운영은 사회적으로도 적지 않은 영향을 미쳤다. 감찰권의 활성화란 관료에 대한 통제의 강화만이 아니라 더 나아가 전체 사회여론을 감찰활동의 영역으로 포괄한다는 것을 의미한다. 고찰에서 나타난 현지주의적 경향으로 인해 행정 현장에서는 지역사회의 자기주장이 여러 모습으로 얼굴을 드러냈다. 따라서 2부에서는 지방관 평가와 관련해서 사회의 원심력이라는 또 하나의 요소가 큰 영향력을 미치고 있었음을 조명했다. 지방관의 인품과 능력은 지방민의 주된 관심의 대상이 되었고 인사이동에 즈음하여 자신의 주장을 관철시키려는 세력들이 활동을 벌였다. 고찰이 중앙의 방침대로 움직이지 않았던 것은 멀리서 중앙의 여론을 움직이는 지방 지식인들과 비밀단체 등 다양한 세력의 개입이 작용했기 때문이다.

한편 이 과정에서 지역사회 여론의 행방과 그 형성 과정을 파악할 수 있는 다양한 성격의 문서들을 발견할 수 있었다. 특히 지방관의 인사이동에 즈음하여 증서문(贈序文)을 청탁하고 증여하는 풍조는 이 시기에 두드러지게 나타난 매우 특수한 현상이었다. 이들 증서문 중에는 관료 개개인에 대한 지역사회의 평가를 대변하거나 혹은 불리한 입장에 처해진 지방관을 지역에서 보호하겠다는 목적을 분명히 밝힌 경우가 적지 않았다. 이런 종류의 증서문은 여론 또는 공론의 이름으로 공개적 포폄이나 선전행위를 정당화시키고 있다. 여론을 표방한 문서들은 나아가 보다 넓은 사회여론 형성을 목적으로 해서 일종의 선전문처럼 퍼져나갔을 가능성도 충분히 예상할 수 있다.

지방관이 공적인 인사고과뿐만 아니라, 지방 여론의 평가를 받아야만 하는 상황은 지방관의 위상에도 변화를 가져왔다. 이 책의 4장에서는 목민관의 평가를 얻은 가선현 지현 이진옥(李陳玉)의 사례를 통해 그의 공무수행과 지역사회와의 관계 등을 검토했다. 진사 출신의 엘리트로 강남의 문화 중심지인 가선현에 부임한 초임관 이진옥에게는 이곳에서의 평가가 바로 관료로서의 성패를 결정하는 열쇠였다. 그러므로 그가 인사행정을 담당하는 상급기관과 감찰관을 의식했던 것은 당연한 일이지만 그 이상으로 지역사회의 여론의 향방에도 민감하게 대응했다. 이진옥은 행정업무에서 지역사회와의 공조와 협력을 우선시했고 자신의 노력과 업적이 지역에서 인정받을 수 있도록 여러 가지 방도를 취했다. 그 수단 역시 『고만사적책』(考滿事蹟册)이라는 대중을 향한 선전문서의 배포였다. 이런 사회적 분위기 속에서 자천 또는 타천의 유사한 문서들이 각 지역으로부터 무수히 배포되었던 것이다.

그러나 이와 같이 감찰관에게 인사권을 비롯한 정치 주도권을 부여함으로써 관료조직의 기강숙정과 신진대사 조절을 목표로 했던 명조의 정책 방향은 동시에 의도하지 않은 부작용들을 낳았다. 순안어사가 지방관화되면서 이들에 대한 지나친 권력 집중이 초래되었고 오직과 뇌물수수의 불협화음도 끊이지 않았다. 지방관의 입장에서는 자격과 출신에 따른 자의적 평가가 만연한 데 대한 불만이 커졌고 고찰의 공정성과 객관성에 대해서도 불신이 팽배했다. 이렇게 고찰제도에 대한 비판이 고조되는 가운데 명대 말기에는 새로운 개혁안이 등장했다. 장거정의 인사고과 개혁안은 고찰이 중심이 되었던 당시의 고과제를 개혁하여 고만과 장기근속을 근간으로 삼는 한편, 고성법이라는 새로운 요소를 도입한 것이었다.

고성법은 행정실적 위주의 평가 방식을 채택함으로써 지금까지 평판과 덕망이라는 애매한 기준이 적용되던 인사고과 방식을 개혁하려고 했던 혁신적 조처였다. 그러나 명말의 어려운 재정으로 말미암아 가중된 세금 때문에 고성법은 지방관과 백성들에게 '혹법'으로 인식된 공포의 대상이었다. 주현관들은 높게 설정된 징세와 행정처리의 기준을 달성하기 어려웠을 뿐 아니라 지역 이익을 지키려는 지역사회의 자치적 경향과 이에 따른 압력에 고스란히 노출되어 있었다. 한편 고성은 기존의 고과제를 완전히 대체한 제도가 아니었다. 특히 고찰의 영향력은 여전히 유지되었던 까닭에 관료들 간의 인맥과 이해관계 역시 인사고과에서 중요한 비중을 차지하고 있었다. 이것은 고성이라는 제도가 가지는 합목적성이나 객관성과는 무관하게 지방관의 인사이동을 좌우하는 중요한 힘으로 작용했다. 이러한 갈등관계는 명대 말기의 인사행정 체계를 채용했던 초기 청조에서도 비슷한 모습으로 나타났다.

결론적으로 명대의 인사고과 제도의 변천사에는 당시 사회의 갈등관계와 다양한 요구가 그대로 반영되어 있다. 관료조직에 진입하기를 갈망하는 관료예비군 집단, 각각의 이해관계에 따라 이합집산을 거듭하는 관료들, 지식인층과 지역사회 등의 다양한 움직임이 인사행정 및 고과정책에 영향을 미쳤다. 관료제는 점점 더 복잡해지는 사회적 요구와 갈등을 조직 내부로 수용해갈 수 있는지의 여부에 따라 존속 또는 파멸의 기로에 서게 되었다. 명조는 고찰을 통해 '민평', 곧 민중의 평가를 중요한 운영 원리로 적극 받아들임으로써 당시의 사회적 요구와 갈등을 적절히 봉합시키고자 했다. 이와 같이 목민관 또는 부모관 등의 전통이념이 명조에서 그대로 존속된 것은 최대한 백성들의 참여와 여론을 보장하려는 명조의 통치이념을 인사고과 정책 속에 실현하려고 했던 결과였다.

2. 청조의 선택

명대 인사고과제도가 남긴 역사적 영향을 평가하기 위해 명조를 이어 새로 등장한 청조 체제에서 이 문제가 어떻게 전개되었는지 그 향방을 살펴보자. 먼저 청조가 건국 초기에 선택한 인사고과제를 개관하면서 마지막 전통 왕조체제에서의 관료평가 문제를 소개한다. 이를 통해 전통 관료제의 인사고과 방식이 최종적으로 어떤 방향을 지향했는지를 확인할 수 있을 것이다. 청조는 만주족이 건립한 이민족 지배제국이었던 까닭에 명조와는 매우 이질적인 요소를 가지고 있었다. 역사상 중국 왕조의 영토로 수렴된 적이 거의 없던 신강, 티베트, 위구르 등의 내륙아시아 지역으로 영향력을 확대시키고 현재의 만주지역을 행정영역으로 하는 광역 지배체제를 수립한 청조의 위상은 분명 '북로남왜'(北虜南倭)의 위기에 시달리던 명조와는 뚜렷한 획을 긋는 이질적인 것임에 분명하다. 그럼에도 청조는 성(省) 단위로 구성된 명조의 옛 행정구역들을 통치함에 있어서는 이전 체제를 정당하게 계승한 중화제국임을 표방했고, 관료제 운영의 기본원칙 역시 전통을 고수한다는 입장을 공표했다. 건국 초기의 청조에서는 명대의 목민관적 이상이나 전통적 고과방식, 그 어느 쪽도 공식적으로 부정했던 일이 없었다.

그러나 이후 감찰권과 감찰관의 위상, 여론의 반영, 도덕주의의 계승이라는 문제에 있어 청조는 분명 명대와는 본질적 차이를 보였다. 여기서 특히 주목할 점은 순안어사제의 폐지 문제이다. 중앙과 지방을 연결하는 '언론'의 통로이며 인사고과를 포함한 지방행정의 주체였던 순안어사제가 청초에 일률적으로 폐지되었던 사실은 관찬(官撰) 사료에서 형식적으로 기술되어 있을 뿐, 청대사 연구나 심지어 어사제도 전반에 관한 연구에서도 크게 관심을 끌지 못했던 주제였다.[1] 명대 중엽 이래 순안어사가 순무와 함께 사법 · 행정 · 치안유지 등 지방행정의 핵심 역할을 담당했다는 점을 고려하면 순안어사의 파견 정지는 명청대 지방행정 체

1 중국 왕조의 어사제도를 종합적으로 서술한 高一涵, 『中國御史制度的沿革』(上海: 商務印書館, 1926)에는 순안어사 폐지에 대한 언급이 없다. 또한 Susan Naquin, Evelyn S Rawsky, *Chinese Society in The Eighteenth Century* (New Heaven: Yale Univ Press, 1987); 정철웅 역, 『18세기 중국사회』(신서원, 1998), p. 32에는 청대에도 총독 · 순무와 계통을 달리하는 감찰어사가 성을 순회 · 감찰한다고 기술되어 있으나 이것은 이미 순안어사가 폐지된 18세기에는 해당되지 않는 사항이다.

계의 본질적 변화를 의미하는 것으로 보아야 할 것이다. 또한 이것은 필연적으로 고찰제도 자체를 변화시키는 과정이었음에 분명하다. 명대 말기에 본격적으로 대두된 고성법이 청조에 보다 정비된 모습을 보인 것 또한 명대 고과제의 최종적 수렴이라는 점에서 주목된다. 이와 같은 일련의 과정을 통해서 청대의 고유한 인사고과제의 특징이 부각될 수 있을 것이다.

1) 습유 및 순안어사제의 폐지

청대 건국 초기의 관료제도는 명조에서의 원형을 그대로 채용해서 골격이 만들어졌고 이런 원칙은 고과제에도 적용되었다. 지방관에 대한 조근고찰(朝覲考察)과 중앙관료에 대한 경찰(京察)을 통해 정기적 인사이동을 실시하고자 했으며 인사행정의 주체도 명대와 동일하게 구성하였다.[2] 즉 중앙에는 도찰원과 이부가 인사행정의 최고결정 기관으로 자리 잡았고, 감찰관은 인사에 대한 감찰과 탄핵의 권한을 부여받았다. 지방에도 순무와 순안어사가 인사권을 포함한 지방행정의 실권을 장악하는 방식이 유지되었고 성적 평가는 고찰과 고만제도를 그대로 채용했다.[3] 감찰조직 구성면에서 볼 때, 순치(順治)연간(1644~1661)의 육과(六科)와 도찰원은 한

2 順治 3년(1646), 吏部의 奏請에 의해 지방관에 대한 朝覲고찰이 3년 주기로 행해지게 되었다. 京察은 명대와 마찬가지로 6년 1차의 원칙이 정해져 順治 9년(1652)에 처음으로 시행되었다. 京察, 大計의 내용과 절차에 대해서는 (淸)『世祖實錄』卷74, 10年 4月 庚子 및 『淸朝文獻通考』卷59, 選擧13; 『淸朝通典』卷22; 王慶雲, 『石渠餘紀』(北京: 北京古籍出版社, 2001), 「紀京察」, pp. 59~63, 「紀大計」, pp. 71~74 참조.

3 건국 초기의 고찰에서는 성적 평가를 위한 四格의 기준과 부적격한 관료를 걸러내기 위한 八法의 처분례가 적용되었다. 처분 규정은 『欽定大淸吏部處分則例』卷6, 考績下; 『大淸會典』卷11, 考功淸吏司 및 『淸朝文獻通考』卷59 참조. 중앙관료에 대한 경찰은 이보다 6년 후인 순치 9년(1652), 6년 1차의 원칙이 결정되었다. 그 뒤 몇 차례의 변화를 거친 뒤 雍正연간 子 · 卯 · 午 · 酉년의 3년 1회로 고정되었다. 『光緖大淸會典事例』卷78, 吏部, 「京察統例」 참조.

인(漢人) 문관들에 의해 장악된 것으로 나타난다.[4] 명대 말기, 혹은 청조 건국 초기에 실시된 과거를 통해 임용된 문관들이 감찰조직의 대다수를 차지함으로써 청대 초기 감찰관의 정책 건의나 활동은 당시 한화(漢化) 정책을 지향하던 정부 방침과 유사한 방향성을 보였다.[5]

이렇게 제도적으로는 고찰제의 외형을 갖추었지만 실제 감찰권이 영향력을 발휘하는 데에는 여러 가지 변수가 작용하고 있었다. 새로운 지배자로 등장한 만주인들의 만주 지상주의(至上主義)적 경향과 한인들에 대한 경계심으로 인해 명대와는 확연히 다른 정치적 환경이 전개된 것이다. 먼저 고려할 요소는 정기고찰 이후 과도관에 의한 감찰과 탄핵 절차인 '습유'(拾遺)를 시행할지 여부였다. 1부에서 검토했듯이 습유의 가장 큰 특징은 고찰의 전 과정을 과도관이 재차 감찰하고 문제가 된 사안은 조정 공론의 심의에 부쳐 인사를 공개하고 여론화시킨다는 것이다. 이것은 비단 감찰관 권한의 강화만을 의미하는 것이 아니라 관료사회의 여론에 의한 공개 정치를 이상으로 삼았던 명대의 독특한 정치풍토를 재현시키는 효과적인 방법이기도 했다.

순치 3년(1646) 최초의 조근고찰에서 과도관에게 습유권이 부여되었지만, 실제 시행에는 많은 장애가 따랐다. 당시 실권을 장악하고 있던 만주 대신들이 한인 감찰관의 습유 행사에 대해 부정적인 반응을 보이며 방해에 나선 것이다. 결국 이후에 조근고찰제가 폐지되는 과정에서 습유권도 자취를 감추었고 정책 공개와 여론 수용의 원칙은 심각한 손상을 입었다. 이 과정에서 한인 관료들은 감찰권의 영향력이 습유에 의해 좌우된다는

4 蘇樹蕃編, 『淸朝御史題名錄』(近代中國史料總刊), pp. 139~174.

5 청조의 체제 정비과정에서 漢人 과도관이 중요한 역할을 한 점은 종래의 연구에서도 지적된 바 있다. Adam, Y C Lui, *The Chinese Censors and the Alien Emperor, 1644~1660* (University of Hong Kong, 1978), pp. 34~51.

점 때문에 이를 수호하려고 했으나 역부족이었다. 중앙과 지방을 잇는 언론의 통로로 중시되었던 순안어사제의 경우도 마찬가지였다. 순안어사는 지방관의 고과를 직접 주도하는 주체라는 점에서 감찰관의 습유권 행사보다 그 파급력이 강했고, 따라서 이들의 파견을 둘러싼 문제 역시 보다 복잡하고 다양한 갈등을 드러냈다.

청대 초기의 순안어사에 대한 한인 지식인의 기록들 가운데는 일찍이 명대에는 찾아보기 힘들었던 호의적인 평가들이 발견된다. "마치 한대(漢代)의 소의(繡衣)와도 같이 그 권위는 대단히 엄중해서 준마를 타고 한번 군림하면 산악이 진동한다"는 위엄과 권위의 상징으로서 순안어사의 이미지가 자주 표현된 점은 특기할 만하다.[6] 이것은 건국 초의 무정부 상태에서 순안어사가 지방의 질서 회복을 위해 일정 역할을 담당했다는 데 대한 증언으로 볼 수 있다. 당시 지역사회가 전란과 내부적 갈등으로 질서의 공백상태에 있을 때 순안어사가 이를 수습하는 데 일정 역할을 담당했던 것이다. 순안어사가 군사 분쟁 지역에서 군정과 민정을 통괄하는 일종의 임시 지휘관으로서 활동했던 것은 앞서 1부에서 명대 호종헌(胡宗憲)의 예를 통해 살펴보았다.

특히 순치제의 친정이 시작되면서 순안어사 파견에 적극적이었던 점을 높이 평가하는 환영의 목소리들이 높았다. 이런 기록들에서 순안어사는 지방관과 토호들을 견제하고 기강을 바로잡을 수 있는 존재로 그려졌다. 순치 원년(1644) 5월, 8명의 순안어사를 경기(京畿)지역에 파견한 것을 효시로 몇 차례 한인 및 한군(漢軍) 출신이 순안어사로 임명되었다.[7] 이때 이

6 (淸)佚名, 『研堂見聞雜錄』(筆記小說大觀, 五編), pp. 2592~2599. 여기서는 순치 초년 張愼言 · 秦世禎 · 李森先 등 강남지역에 파견된 순안어사들은 流賊과 無賴輩로부터 지방민을 보호하고 질서를 회복하는 데 공헌했다고 한다.

7 앞의 결론 '각주 4' 참조.

들의 활동은 명대와 마찬가지로 지방행정과 지방관에 대한 감찰 및 평가가 위주였다.[8] 그러나 건국 초기의 순안어사 파견은 대단히 불안정했다. 이것은 관료조직의 미비에도 원인이 있지만 보다 직접적인 원인은 만주 관료들이 순안어사의 직무유기나 뇌물수수 등을 이유로 파견에 대해 부정적인 입장을 보인 데 있었다.

한편 건국 초부터 만주결(滿洲缺), 즉 만주인에게 할당된 보직 임명으로 인해 지방에는 이미 상당수의 만주 출신의 지방관들이 기용된 상태였다. 이들은 순안어사가 '산악을 진동시키는' 권위를 행사하는 데 결정적인 장애요소였다. 일례로 순안어사가 성적이 우수한 지방관을 천거하면서 물망에 오른 후보에게 금품을 내려 장려하는 관행이 있었는데 순치 초년, 한 어사가 만주인 지방관에게 은자를 하사하자 만주인은 크게 분노하면서 이를 던져버렸다.[9] 정복자의 일원으로 기존 관료제의 관행에 익숙하지 않은 만주인 관료들이 순안어사의 권위를 온전히 받아들이기는 불가능했던 것으로 보인다.

이런 변화와 함께 순안어사제에서 나타나는 구조적 약점도 문제시되었다. 이미 명대 말에도 7품의 순안어사가 현지 관료사회의 위계를 초월하여 권한을 행사하는 데 대해서 많은 비판들이 제기된 바 있다. 그리고 지방 여론을 수집하는 이들의 활동에는 각종 이익단체의 청탁이나 간섭이 끼어들 여지가 많았고 실무 담당의 서리와 아역(衙役)들이 거간 역할을 하

8 張偉仁主編, 中央語言研究院 歷史語言研究所 現存淸代內閣大庫原藏, 『明淸檔案』 2卷 A2－11, 「題報靑州賊熾請速殲滅」, A2－28, 「啓報撫臣公然遣牌馳驛請旨議處」, 「揭參印官行賄曲庇請旨究處並議敍發奸人員」. 또한 順天지방에 파견된 순안어사 柳寅東 역시 지방관 3명의 비리 적발과 세금 감면 문제 등을 건의했다. 『明淸檔案』 1卷 A1－61, A1－80, A1－143, 2卷 A2－126, A2－128.

9 (淸)劉獻廷, 『廣陽雜記』(淸代筆記叢刊) 卷1 p. 13. "巡按于諸有司卓異者, 薦之于朝, 次則奬之, 給之以銀兩而已. 順治初年, 一有司, 滿洲人, 按君奬之以銀, 大怒擲之于地."

며 폐단을 낳고 있었다. 결국 순치 12년(1656) 11월, 순천(順天)지방에 파견된 순안어사 고인(顧仁)이 뇌물수수와 무고 등의 혐의로 투옥되어 처형당하면서 폐지론은 급물살을 타게 되었다. 이 사건은 감찰기관에 대대로 서리 · 아역으로 암약하던 세력이 신임 순안어사와 파견 인원의 인선으로 갈등을 빚다가 만주 고관들에게 그를 모함한 데서 빚어졌다.[10] 이것은 순안아문에서 상시 행해지던 순안과 서리의 결탁 및 상호의존이라는 관례가 표면화된 결과였다.[11] 결국 적극적인 한화 정책을 펴며 감찰제를 수호하고자 했던 순치제가 죽고 만주대신의 섭정이 시작되면서 순안어사는 영구히 사라졌다. 이미 파견된 순안어사를 귀환하도록 했고 이들이 관장했던 인사 업무 등 모든 권한은 총독(總督)과 순무에게 위임하도록 했다.[12]

이 과정에서 한인 문관들은 순안어사가 폐지되면 지방장관인 총독과 순무의 전횡을 방지할 수 없으므로 필연적으로 권한 집중이 발생한다는 것을 이유로 반대했지만 역부족이었다.[13] 이후 각 성의 총독 · 순무는 순안어사를 배제한 상태에서 고과 업무를 전담하게 되었고 탄핵사건은 이들이 함께 책임을 지면서 처리하도록 결정되었다. 이때 인사행정과 사법 관련 임무에 종사하던 추관(推官)직도 함께 폐지되었다. 추관은 명 중기 이래 순안어사의 역할이 커지면서 주로 그 보좌역으로서 감찰의 실무를 담당해왔다. 추관직 폐지에 대한 청조의 공식 기록은 순안어사의 경우와

---

10 (淸)談遷, 『北游錄』 計聞下, 顧仁, pp. 407~409. 당시 북경에 머물고 있던 역사가 談遷은 공식 기록에 누락된 사실을 제시하면서 고인 사건이 많은 의문점을 지닌 疑獄 사건임을 시사하고 있어 주목된다.

11 李喬, 『淸代官場百態』(北京: 中國人民大學出版社, 1990), pp. 191~198. 『淸國行政法』, pp. 185~186.

12 (淸) 『聖祖實錄』 卷2, 順治 18年 5月 壬子, p. 68; 卷3, 順治 18年 6月 癸巳, p. 77; 吳振棫, 『養吉齋叢錄』(浙江古籍出版社, 1985), 卷2, p. 12.

13 (淸) 『世祖實錄』 卷138, 順治 17年 7月 庚辰, p. 1068; 卷142, 17年 11月 壬戌, p. 1094.

마찬가지로 간략하게 결정 사실만을 기술할 뿐이며 그 원인이나 의미에 대해서는 언급이 없다.[14] 그러나 당시 이 문제는 감찰권의 전반적 약화 과정으로 인식되었고, “추관을 없애자 군현의 세력가와 서리들은 득의만만하여 기뻐하고 손을 들어 반기지 않는 자가 없었다”는 등 비판적 평가가 대두되었다. 이와 같이 감찰의 실무역인 추관의 폐지로 인해 지방행정의 말단 차원에 이르기까지 감찰권이 완전히 제거된 것으로 받아들여진 것이다.[15]

이와 함께 강희(康熙)연간(1662~1722)을 전후하여 실제로 감찰기구의 축소, 그리고 감찰관의 권한을 제한하는 조치가 취해졌다. 강희 4년(1665), 육과급사중(六科給事中)의 인원을 반수로 줄였고 책임자인 도급사중(都給事中)의 권한도 제한되었다.[16] 같은 해 고만·고찰제도에도 근본적인 변화가 일어났다. 고만제도가 영구히 역사상에서 자취를 감추게 되었고, 이때를 기점으로 전 관료는 경찰(京察)·대계(大計)라는 변형된 고찰제도에 의해 평가받게 되었다.[17] 결국 만주대신 섭정기에 처음 나타난 감찰권 제

---

14 (淸) 『聖祖實錄』 卷23, 康熙 6年 7月 甲寅, p. 331에 따르면 河南省 등 11省의 左右布政使, 그리고 각 성 分守道 108員, 推官 142員의 직책을 폐지했다는 내용이 간략하게 기재되어 있다. 또한 (淸)王慶雲, 『石渠餘紀』(北京: 北京古籍出版社, 2001) 卷1, 紀進士, p. 36에는 推官직 폐지로 인해 進士의 관료 임용에 있어서 변화가 불가피해진 사실이 기록되었다.

15 (淸)儲方慶, 「裁官論」, 『淸經世文編』 卷18, pp. 445~446.

16 康熙연간(1662~1722)을 전후하여 감찰기구의 축소 및 감찰관의 권한을 제한하는 조치가 취해졌다. 康熙 4년(1664), 六科給事中의 인원을 반수로 줄이고 책임자인 都給事中도 掌印給事中으로 개칭하였다. 阮葵生, 『茶餘客話』 卷7(明淸筆記叢刊); (淸) 『聖祖實錄』 卷14, 4年 正月 己亥, p. 219 및 丙辰, p. 221 참조. 또한 雍正 2년(1724)에는 六科가 都察院에 통합되어 左都御史의 통제를 받게 되었다. 차혜원, 「淸代 言官의 정치적 기능: 六科와 都察院의 통합을 둘러싸고」, 『東洋史學硏究』 30, 1989 참조.

17 John R. Watt는 *The District Magistrate in Late Imperial China* (New York and London: Columbia Univ. Press, 1972), pp. 173~174에서 考滿이 雍正연간에 다시 실시되었다고 기술했다. 그 근거로 雍正元年, 平等供職의 지현으로 擧劾의 예에 들지 못한 知縣에 대해 督撫가 일괄적으로 考課 보고서를 제출하게 한 『欽定大淸會典事例』 卷80, ‘大計統例’의 규정을

한과 고과제 운용의 간소화 방향은 그 뒤 청조의 정책에 큰 영향을 끼쳤다. 강희제가 친정을 시작한 이후에도 황제는 조근고찰이 많은 경비와 노력을 소모시켜 민간에 부담을 주는 허식에 불과하다는 판단 하에 폐지 결정을 내렸다. 나중에는 포정사와 안찰사가 행사했던 부하 지방관들에 대한 고과권을 제한함으로써 모든 인사권을 총독 순무에게로 단일화하는 방안이 확정되었다.[18] 이러한 과정을 거치면서 그때까지 명맥을 유지하던 명대 고찰제의 형식 및 주체는 완전히 변화했다.

일련의 변화가 마무리된 18세기 중엽, 건륭(乾隆)연간(1736~1795)의 시점에서 청대의 인사고과제를 검토한 근래의 연구에서는 당시의 경찰 · 대계제가 어떠한 감시 작용도 없이 다만 '틀에 박힌 기계적인 수속과 절차'에 의해 운영되고 있다고 평가했다.[19] 곧 총독 · 순무와 중앙의 이부 사이를 오가는 기계적인 인사고과 업무는 관료들의 재능을 판별하고 상벌을 명확히 하여 관료들을 독려한다는 원래의 목적과는 거리가 먼 '기능하지 않는 규칙'들에 불과했다는 것이다. 이 때문에 건륭제는 폐지되었던 포정사 · 안찰사와의 직접 면담을 부활시키고 감찰관의 활동을 장려하는 등 상투적으로 굳어버린 인사고과 관행을 혁신하려 했으나 고위직 인사 이외에는 그 효과가 미치지 못했다고 한다. 즉 고찰제는 지금까지 살펴본 바와 같이 '한 사람 한 사람에게 묻고 일일이 세밀히 감찰'한다는 이념에

예로 들었다. 그러나 이것은 知縣의 임기만료가 아니라 정규 大計를 위한 관례로 고만과는 관계가 없는 사항이다. 考滿 폐지 결정에 대해서는 (淸) 『聖祖實錄』 卷14, 康熙 4年 正月, 丁酉, p. 218 참조. 京察 · 大計 체제의 복원도 같은 시기에 이루어졌다. (淸) 『聖祖實錄』 卷14, 康熙 4年 正月, 辛亥, p. 220 참조.

18 (淸) 『聖祖實錄』 卷125, 康熙 25年 2月 庚辰, p. 1675.

19 Kuhn, Philip A., *Soul Stealers: The Chinese Sorcery Scare of 1768* (Cambridge, Mass.: Harvard University Press, 1990); 이영옥 역, 『영혼을 훔치는 사람들: 1768년 중국을 뒤흔든 공포와 광기』(서울: 책과 함께, 2004), pp. 304~320.

서 출발했지만 나중에서 틀에 박힌 기계적인 수속과 절차로 전환되는 긴 과정을 거쳤고 이로 인해 좁게는 감찰권, 그리고 넓게는 황제의 독재 권력조차도 개입하기 어려운 타성에 젖어버리게 된 것이다.

2) 고성법의 전개

청대 고과제를 논의할 때 또 하나의 주요 요소로서 징세 및 사법 업무에 대한 엄격한 책임 추급을 골자로 하는 고성법 적용 문제를 빼놓을 수 없다. 청조는 건국 초기 재정 · 행정상의 결손을 극복하기 위해 고성을 적극적으로 도입하여 지방관 개개인에 대한 세금징수 실적, 치안유지, 도인(逃人) 검거, 그리고 지역에 따라서는 조운 및 염세 징수 등의 업무처리 결과를 승진과 강등에 반영하도록 했다. 지방관들에게 큰 영향을 주는 탁이(卓異), 즉 성적 우수자 추천제도 반드시 고성법 기준을 통과하도록 했다. 이 중 세금징수는 명대에 비해 그 기준이 대단히 강화되어 전액 징수를 달성하지 못한 경우에는 반드시 승진을 차단하도록 했다.[20] 또한 치안유지 관련의 '도안'(盜案)의 해결 역시 주요 평가요소로 간주되었다. 치안이 불안정한 지방에서는 당연히 처리 안건이 폭주했으므로 지방관들이 강등 처분이나 면직을 당하는 일이 빈번하게 발생했다.[21]

건국 초기에는 고성법이 전에 없이 엄격하게 집행되었고, 처벌 범위가 지방관뿐만 아니라 일반 세금체납자에게 까지 확장되었다. 주현관이 고

---

20 考成의 처분 기준은 『欽定大淸會典事例』 卷127, 吏部處分例, pp. 643~645, 卷173, 戶部, 田賦, 催科考成, pp. 1199~1202 참조.

21 특히 直隸지방과 같이 유민이 많이 유입되고 旗民의 혼거로 치안이 불안한 지역에서 강력사건이 폭주하였다. 康熙년간의 「盜案處分定例」에는 성 안뿐 아니라 도로와 村莊 등에서 발생한 사건도 고성법에 포함시켰다. 해당 지방관은 문서가 도착한 뒤 1년 내에 안건을 해결해야 했고 기한을 어기면 降級, 調用 처분을 받게 된다. 于成龍, 「請寬盜案處分以惜人才疏」, 『于淸端政書』(文淵閣本, 1318冊) 卷5, p. 682.

성 기준을 채우기 위해 지방민의 원성을 사는 일이 자주 발생했고 이로 인해 당시의 지식층 및 한인 관료들은 고성법에 대해 대단히 부정적 평가를 내렸다.[22] 그러나 당시에도 고성법만으로 인사고과가 결정되었던 것은 아니고 총독과 순무가 감찰 결과와 여론을 평가에 반영하는 형태로 고찰제도 역시 고성법과 병존하는 상태에 있었다.

급기야 관료들은 고성법을 피하기 위해 완납해야 할 세금 항목을 다른 재정 항목과 대체하여 납부하는 편법을 쓰기 시작했고, 지방 관료조직에서는 이것을 서로 묵인해주는 현상도 벌어졌다.[23] 이런 가운데 강제 징수가 불가능하거나 세금 독촉으로 인해 야기될 지역사회의 반발이 두려워 고성에 실패한 지방관들이 '명망'에 의지하여 재기하는 경우도 속속 등장한다.[24] 이것은 숭정연간의 기록들에서 나타나는 갈등관계가 그대로 이어지고 있음을 보여준다. 성공의 사다리를 올라야만 하는 무수한 하급 관료들의 절실한 이해관계가 얽혀 있는 한, 청조의 고성법 역시 합리적인 관료제 운영원리로서 자리 잡기에는 많은 무리가 따랐다.

다른 한편으로 청대 고성법의 영향을 제한했던 한 가지 요인으로 '제조'(題調)의 영향을 들 수 있다. 현지의 총독·순무에게 관료 임명권 일부를 이양하는 제조법이 시행되면서 명대보다 지역 내 수평 인사이동이 엄청난 비율로 늘어났다.[25] 이것은 고성법 적용을 불가능하게 만들었는데

---

22 차혜원, 「淸代의 행정개혁과 淸官論의 전개: 康熙年間 前半을 중심으로」, 『역사학보』 172(서울: 역사학회, 2001. 12), pp. 202~203 참조.

23 小野達哉, 「淸代官僚制下における考成と挪移の關係」, 『東洋史研究』 64-2(京都: 東洋史研究會, 2005. 9).

24 『吳縣志』(中國方志叢書, 臺北: 成文出版社) 卷64, 名宦; 차혜원, 2001, pp. 212~214. 康熙연간, 청렴함과 도덕성으로 이름 높았던 陸隴其·郭琇 등의 명관들이 지현 시절, 한결같이 고성법에 저촉되었다가 청관의 '명성'에 힘입어 과도관의 반열에 올랐다.

25 차혜원, 「청대의 인사행정과 現地주의: 題調의 성립을 전후하여」, 『중국학보』 47집(서울: 중국학회, 2003. 9); 「18世紀, 淸朝의 地方官現地任用과 候補制」, 『東洋史學研究』 90(서울: 동

역으로 해석하자면 고성을 피하는 하나의 방편으로 이용되었을 가능성도 높다. 또한 청대 지방관 인사의 상당 부분은 총독·순무의 비밀 보고서를 통해 비공식·비공개적 성격으로 이루어졌기 때문에 자의적인 인사가 이루어질 가능성이 점점 커졌다.

청조가 명대 고만·고찰제의 영향에서 벗어나기까지는 이처럼 긴 모색 과정을 거쳤다. 청조는 순안어사 및 추관직의 폐지를 통해 고찰을 수행하는 인원을 감축했고, 감찰과 여론의 이름으로 사회의 다양한 움직임이 고찰 과정에 개입할 요소도 봉쇄하였다. 이 조처는 감찰권의 약화라는 조류와 불가분의 관계에 있다고 할 수 있다. 종래 감찰관에게 인사권을 부여했던 명대의 고찰제도 하에서는 인사 문제가 정치적 쟁점으로 확대되는 일이 적지 않았다.

감찰관이 주도하는 여론은 중앙에서는 황제 권력에 대해, 그리고 지방에서는 총독·순무의 자의적 권력 행사를 견제함으로써 관료들 자신이 관료조직 운영의 주도권을 쥐는 주요한 수단이 될 수 있었다. 특히 감찰관이 인사 과정을 최종적으로 감찰하여 공론에 의해 탄핵활동을 벌이는 습유권은 이들의 정치적 입지를 강화시키는 데 큰 역할을 했다. 그러므로 순안어사제와 습유의 폐지는 관료 상호간의 견제와 균형이라는 명대 이래의 정치적 전통의 단절을 의미하는 것이었다. 청조는 언로 개방의 명분과 공개정치의 추상적인 가능성보다는 보다 간소하고 효율적인 방식을 선택했던 것이다. 이로 인해 지방관의 인사고과는 총독과 순무에게 그 권한이 집중되었고 조근고찰의 폐지 이후 주현관과 중앙정부는 공간적·행정적으로 더욱 소원해졌다. 이러한 공백을 메우기 위해 선택된 것은 하나의 성이 하나의 행정단위가 되어 그 내부에서 자기 완결적 인사를 행하는

양사학회, 2005. 3) 참조.

방식이라고 할 수 있다.

한편 명대에 발생했던 순무 · 순안어사의 권한 강화는 감찰권의 유무라는 차는 있지만 성(省)이라는 광역 행정단위에 보다 큰 권한을 부여했던 것이므로 청대의 총독 · 순무 권력의 성장을 예고하는 측면을 갖고 있다. 특히 고과제 운영에서는 증가하는 관료예비군의 관직 수요를 지방행정 단계에서 일정 부분 소화시켜야 할 역할이 주어졌다. 즉 중앙의 일괄적 운영만으로는 수용될 수 없는 사회적 수요를 현지에서 분담하는 경향은 이미 명대에도 나타나고 있었다. 사실 중국왕조의 지방행정 제도는 한나라부터 명청대에 이르기까지 인구나 행정 수요와는 무관하게 거의 고정되어 있었다. 한대의 주(州) · 군(郡) · 현(縣)에서 명청대의 성(省) · 부(府) · 현(縣)에 이르기까지 일관되게 3단계의 지방행정 구조가 유지되었고 지방을 총괄하는 행정기관 숫자도 백 수십 개 정도로 변하지 않았다.[26] 최하급 행정단위인 현은 중국 영토가 변경까지 확대되었던 시기에도 약 1,500개 이하였고, 대부분 1,200개 정도로 변화가 없었다.

이와 같이 영역 확대와 인구 증가에도 불구하고 지방행정 단위와 체계가 거의 고정되었다는 사실은 명청대의 지방행정을 이해하는 중요한 관건이 될 수 있다. 청대의 인구 폭발과 영토 확대 등에서 단적으로 볼 수 있듯이 중국 대륙은 기존 왕조 지배체제의 한계를 넘는 사회적 성장에 직면했다. 여기에 대한 대응 방법으로 중앙정부는 각 성의 총독과 순무에게 더 많은 권한을 부여하여 지방의 행정수요를 감당하게 했다. 이와 동시에 이들 성급(省級) 장관의 오직(汚職)이나 부정부패에 대해 전례 없이 엄격한 사찰과 통제가 이루어진 것은 특기할 만하다.[27] 감찰권의 쇠퇴로 주현관

26 佐竹靖彦, 「作邑自箴: 官箴と近世中國の地方行政制度」, 滋賀秀三編, 『中國法制史: 基本資料の研究』(東京大學出版會, 1993), p. 384.

27 차혜원, 「18세기, 淸朝의 貪汚案과 題補制」, 『明淸史硏究』 27(서울: 명청사학회, 2007. 4) 참조.

급에 대한 중앙의 통제가 사문화되어버렸고, 그 대신 정부는 총독과 순무들을 통한 통제와 조정을 꾀하는 방법을 선택했던 것이다.

관료조직의 수요공급 측면에서 보면 청조는 연납제(捐納制)의 확대로 인해 명대보다도 더 방대한 관료예비군을 창출하게 된다. 청조가 이후에 실시하는 관료 후보의 지방분산, 현지 채용 등은 청조가 변화하는 사회환경에 적용하기 위해 선택한 하나의 전략으로 이해할 수 있을 것이다.[28] 행정의 분산을 통해서 고도의 효율을 추구하는 청조의 체제는 중앙과 지방의 18개 성을 잇는 고리에 문제가 발생할 경우에는 갑자기 조정 능력을 잃어버릴 수 있다. 이 점은 그 후의 역사 전개과정을 이해하는 데 하나의 중요한 단서가 될 것이다.

3. 현대 중국의 민평

과거 명대에서 청대로 이어지는 중국 관료제의 인사고과 문제를 검토하는 과정에서 자연히 오늘날 중국 정치체제에서 이 문제가 어떻게 운영되고 있는지 관심이 옮겨가게 된다. 현재의 중국 정부는 과거의 유산들, 특히 20세기 초까지 존속했던 청제국으로부터 미증유의 영토와 인구, 그리고 이를 관리할 거대 관료조직의 운영이라는 과제를 이어받았음에 분명하다. 그러나 오랜 관료제 운영의 역사가 과연 어떤 식으로, 어느 정도 현재에 영향을 미치고 있는가라는 문제는 매력적이기는 하지만 쉽게 추론 가능한 영역은 아니다. 체제와 이념, 사회구성 면에서 과거 역사와 한

28 近藤秀樹, 「淸代の銓選: 外補制の成立」, 『東洋史硏究』 17－2(京都: 東洋史硏究會, 1958) 참조.

획을 그은 현재 중국정부의 행정 자료를 획득하여 인사행정 현황을 분석하는 작업은 분명 필자의 역량이나 이 책의 범위를 벗어나는 일일 터이다.

다만 최근 중국에서 한창 진행되는 관료와 당원들에 대한 공개적 · 대중적 평가를 지향하는 움직임에서 과거의 관료제 운영 경험에서 제기되었던 주요 문제들이 재현되는 인상을 강하게 받게 된다. 민평, 혹은 민평관(民評官)이라는 이름의 이 움직임은 종래 정치와 행정, 그리고 이를 담당한 관료에 대한 평가가 주로 체제 내부의 공적 인사행정인 관평(官評)에 의해서만 이루어진 점을 반성하고 이를 극복하기 위한 개혁으로 설명된다.

여기에 관한 정부의 입장이나 각 지역과 행정단위 별로 진행되는 개혁 사례는 신문 · 잡지 등의 대중매체를 통해 대대적으로 홍보되고 있다. 이 기사들에 의하면 '민평'의 현실화는 일찍이 1998년경에 심양(沈陽), 주해(珠海), 남경(南京)과 항주(杭州) 등지에서 '정무공개', '만인의 정부 평가'(萬人評政府), '청문회'(听証會), '공민 만족도 조사'(公民滿意度調査) 등 인민의 만족도 여부를 측정하는 활동을 통해 개방식 평가와 행정관리가 시도된 데로 거슬러 올라간다. 이들 활동은 예외 없이 대단히 좋은 평판을 얻었다고 한다.[29] 즉 민평은 정부에서 일괄적으로 원칙과 방식을 정한 것이 아니라 현, 시 등 지역 행정단위의 주체적인 자구 노력이라는 점이 강조된다.

2000년대로 접어들면서 전국 각 처에서 실행된 다양한 형태의 민평관 운동과 그 실적이 화려하게 홍보되고 있다. 중국 전역의 행정단위들은 민

29「從官評官到民評官」, 新華网長春(http://www.cina.com.cn, 2004年 4月 20日, 記者: 李亞彪, 馮瑛冰, 趙蔚).

의를 묻기 위해 전화로 앙케이트 조사를 하거나 현지 시민들에게 직접 당위원회나 당간부, 또는 공무원의 복무 태도에 대한 채점표를 작성하게 하는 등 다양한 방법을 동원하여 여론을 수렴했다는 실적을 각종 매체를 통해 속속 공표했다.[30] 특히 지역 행정단위에서 인민평의원제를 두어 지도간부들을 정기적으로 평가하고 그 결과를 공개하는 방법은 인민이 '당'의 지도를 평가하고 감독할 권리를 보장한 것으로 호평을 받았다.[31] 이런 추세들을 종합하면 민평은 지역단위의 관료 평가만이 아니라 당간부, 나아가 국가행정 전반에 대한 민중의 직접 평가와 정치참여를 유도하는 일종의 정치운동으로 그 성격이 확장된다.

이 운동의 전개과정에서 정부는 대단히 적극적인 태도로 임했다. 민평은 종종 중앙정부의 일방적 주도가 아니라 지역 기관들이 중심이 되었다고 설명되지만, 사실 정부 측은 시작 단계부터 시종 대대적인 지원과 홍보로 이 흐름을 뒷받침해주고 있었다. '지방정부 쇄신안'을 공모하여 민평관 시행방책을 수상작으로 선정하기도 했고, 민평관의 활성화를 공식 연구과제로 삼아 민간 전문가, 학자들에게 그 의의와 효과를 이론화 · 체

30 冷作進 · 項常靑 · 王勇, 「開展“民評官” 實現了“官爲民”」, 『山東人大工作』(濟南: 2002年 4期); 한편 산동성 德州市 등에서는 공무원 평가에서 시민들의 전화 설문조사 결과를 반영했고, 내몽골 자치구에서도 15개 鄕 · 鎭 간부에 대한 심사평가에서 이들에게 고마움을 느낀 군중의 의견을 民主評議 항목으로 넣어 총 점수에 60% 반영하기로 했다고 한다.

31 2004년 天津시 공산당위원회는 민중이 주체가 되는 평가, 즉 '民主測評'은 보다 많은 수의 기층 민중을 대상으로 해야 한다고 역설했다. 周凌華, 「“官評官”與“民評官”」, 『黨課』 140期(中共天津市委支部生活社, 2004. 7), p. 146. 그 이후 계속 전국 각처에서 유사한 성과들이 일일이 헤아리지 못할 만큼 많이 보고되고 있다. 몇몇 사례로, 「民評官“邳州實驗”: 對領導干部三檔測評」, 『中國共産黨新聞網』(2008年 12月 8日); 沈泉涌, 「讓“官評官”變爲“民評官”」, 中共江西省委, 『當代江西』(南昌: 2009年 4期); 毛超峰, 「將“官評官”轉變爲“官評民評」, 『人民論壇』,(北京人民日報社, 2009年 14期) 등 참조.

32 劉曉鵬, 「“評官評政”納入科學軌道」, 『人民日報』(北京: 2008年 6月 11號); 「績效平價推動政府“靜悄悄的革命”」, 『中國靑年報』(北京: 2009年 4月 27日).

계화시키는 작업을 진행했다.[32] 민간사회를 대표한다는 이들 전문가 집단들은 민평이 관료 인사와 정책평가를 위한 필수불가결한 방법일 뿐 아니라 민중에게 권력을 반환하여 민주 역량을 극대화시킨 진일보된 정책이라고 평가했다. 여기서 지방정부 쇄신과제를 기획하고 조직화시킨 주체들, 이를테면 중국 공산당 간부 양성기관인 중앙당교(中央党校) 교수 왕장강(王長江) 등의 활동은 정부 측의 입장을 그대로 대변했다고 보아야 할 것이다. 지역의 특수성을 반영한 요구들이 민평의 토대를 이루며 대중운동 방식으로 이 운동이 전개되었다는 주장들은 액면 그대로 받아들이기는 어렵다.

2009년에 접어들어 이런 움직임은 더욱 뚜렷이 공식화되었다. 4월, 중국 공산당 중앙조직부는 민중의 만족도와 의견을 조사하는 체계를 도입하고 그 결과를 인사평가에 적극적으로 반영하기로 결정했다. 정부는 개혁개방 정책이 성공적으로 정착한 지금, 국가 발전의 지표 자체가 지금까지 중시되었던 GDP 중심의 성장 일변도를 벗어나야 한다고 밝혔고 대중언론들 역시 여기 부응하는 논평들을 발표했다. 보다 혁신된 중국, 통합된 중국을 건설하기 위해서는 행정과 정치 책임자를 평가하는 데 있어서 민생보장과 사회 각 방면의 조화로운 발전을 고려한 종합지표를 도입해야 한다는 것이다.[33]

이처럼 민평관 방식은 혁신과 통합이라는, 앞으로 중국이 지향해야 할 이중의 과제를 선양할 목적이 저변에 깔려 있음에 분명하다. 이런 관제캠페인은 정부 정책의 신뢰성을 높이는 한편, 개혁·개방이 급물살을 타면서 상대적으로 경시되어온 사회 통합과 관민 화합을 겨냥한 것으로 보

33 앞의 결론 '각주 32' 「績效平價推動政府 "靜悄悄的革命"」, 『中國青年報』(北京: 2009年 4月 27日) 참조.

인다. 즉 빈부격차와 지역 간 갈등, 다양한 소수집단들을 융합해야 할 과제를 안고 있는 현재 중국 사회에서 민평은 정치에 대한 불만과 비판을 체제 내로 수렴하고 지지를 끌어낼 수 있는 중요한 분출구로 중시되고 있다. 이런 가운데 각종 대중매체에서 발표되는 민의 수렴 활동이 과연 대표성이 있는지, 법률과 상충되는 면이 없는지, 단순히 요란한 정책 홍보에 그치는 것이 아닌지 등의 비판이 제기되기도 했지만 극소수에 불과했다.

민평은 흔히 과거 정치관행과의 단절, 혹은 일찍이 없었던 획기적인 움직임으로 평가된다. 앞서 왕장강은 이 운동이 인민민주정치를 확대하고 민주화를 촉진하는 중요한 방법으로, 중국 수천 년 역사상 처음 있는 획기적인 움직임이라고 단언했다. 즉 중국 봉건왕조들이 어사와 이부(吏部)를 설치한 것은 중앙정부가 백관을 감찰하기 위한 수단에 불과했고, 신중국 성립 이후에도 관원의 임면은 상부가 주관하는 내부 평가가 위주가 되었다는 것이다. 이런 관평관(官評官) 방식에서는 관료가 민중이나 지역사회에 대해 직접 행정적 책임을 지지 않은 채, 민중 위에 군림하고 홀대하는 악습이 생겨나기 쉽다고 한다.[34]

그러나 이 책에서 검토한 명대 고과제 운영에서 제기되었던 문제점들을 상기시켜볼 때, 과연 현재의 민평이 과거 관료제의 경험이나 중국 정부의 정치 및 행정 방향과 완전히 다른 성격의 혁신 방안인지는 의문이 남는다. 물론 14세기 말엽 명조가 제도화했던 바, '현지 백성들의 여론을 남김없이 수집하여 목민관을 올바르게 평가한다'는 민평 수집활동과 현재 중국 사회의 움직임을 아무런 매개 없이 곧바로 연결 짓기는 곤란하다. 그럼에도 이상적인 관료와 간부를 평가하는 저울이 실적과 여론이라

34 앞의 결론 '각주 29' 참조.

는 상반된 가치를 놓고 흔들리고 있음을 양쪽의 민평 수렴과정에서 동시에 발견할 수 있다. 명조의 전제정치 하에서도 관평은 민평을 바탕으로 해서 비로소 정당성을 확보할 수 있었던 것이다.

체제에서 주도하는 관평이 사회와 유리된 채 진행될 경우, 봉건 왕조체제하에서도 민심은 점차 이반되고 결국 정치의 파탄을 가져오게 된다. 명대 고찰 과정에서 부각된 민평은 지역민의 평가에 기초한 이상적인 모습을 관료에게 요구하고 이를 정부 주도의 엄격한 감찰활동의 기준으로 삼는 데서 힘을 발휘했다. 이런 전통은 목민의 자격을 갖춘 유덕자에 의해 정치가 시행됨을 알리는 지표임과 동시에, 위정자의 정통성과 덕성을 증명해주는 근거이기도 했다. 그리고 현재와 과거의 민평은 무엇보다도 민간의 자율적 요구가 아니라 정부 주도로 발의되고 추진된다는 점에서 본질적인 유사성을 보여준다. 과거 민평의 정당성을 뒷받침해주었던 공의(公議), 공론(公論)이 자율성을 갖거나 체제에 대해 저항적인 성격을 띠지는 않았던 것처럼, 현재의 민평에서도 현 정부나 체제에 대한 비판적 요소를 찾아보기는 어렵다.

관료의 평가 문제와 관련해서 볼 때에도, 간부급 관료들의 부정부패와 오직 사건은 관료조직에 막대한 힘이 이양되었던 명청시대와 현재의 중화인민공화국이 공통으로 안고 있는 심각한 문제점이다. 이것이 일괄적인 감찰의 강화나 엄벌주의로만 해결될 수 없다는 점 역시 과거와 현재가 동시에 증언해주고 있다. 점차 깊어가는 불신을 메우고 지역 행정단위의 일탈을 막을 대안으로써 민평은 두 체제가 불가피하게 선택한 대안으로 보인다.

한편 현재 중국의 대중매체들이 앞 다투어 보도하는 최고 지도자들의 온정적 · 시혜적인 선정과 그 지도에 따라 당간부들이 멸사봉공의 자세로 헌신하는 모습에서도 역시 과거의 목민관상이 기묘하게 혼재되어 있다.

이 때문에 민평으로 대표되는 체제의 도덕 재무장이 민주적 여론 수렴보다는 과거의 전통 쪽으로 더 많이 경사된 것이 아닌지 반문해보게 된다. 민평이 합리적인 시스템으로 정착되거나, 혹은 시민 주도의 주체적 정치문화로 전개되기보다는 정부 주도의 대중매체를 통해 '민의'에 호소하는 즉자적이고 감성적인 방식을 택한다는 점에서 더욱 그렇다. 만약 민평이 문자 그대로 자율적 · 민주적으로 형성된다면 현재와 같이 체제 측의 공리적 목표를 추인하는 쪽으로 흐르기는 어려울 터이다. 민평의 물꼬가 터진다면, 오히려 잠복해 있던 갈등과 모순이 예기치 않은 방향으로 방출되어버릴 위험성이 커진다. 예컨대 1989년의 천안문사태의 기억은 분명 중국 체제에 깊은 상흔으로 남아 있다.

오랜 기간, 관료제와 관료문화는 많은 변천을 거듭하면서 문화적 · 정치적으로 통합된 '중국'을 형성하고 유지해왔다. 과거 관료제 운영에서 만들어진 목민관이라는 이상적 관료상은 민의의 반영을 전제로 한 존재였다. 이 속에는 관료제 운영이 사회적 공감과 참여 없이는 유지되기 어렵다는 역사적 경험들이 융합된 까닭에 시대 변화에도 불구하고 오랜 세월 역사의 한 부분을 차지해왔다. 그러나 한편 민의라는 무게추는 개인과 집단의 다양한 이해관계가 얽히는 가운데 체제 측의 예상대로 작동하지는 않으며 관리와 조정의 대상이 되기도 어렵다는 사실을 과거 역사상은 뚜렷이 증명해준다. 청렴한 위정자와 민중의 지지를 받는 간부라는 정치적 이상을 향한 현재 중국사회의 노력에 대해 기대와 우려를 함께 갖는 것도 그 때문이다.

참고문헌

I. 인용문헌

經部

「尚書正義」, 唐 孔穎達撰, 北京大學出版社, 1999.

史部

(萬曆)「大明會典」, 明 申時行等撰, 續修四庫全書 789~792冊 所收.

(崇禎)「松江府志」, 書目文獻出版社, 1991.

(天啓)「渭南縣志」, 東京東洋文庫用國立國會圖書館藏.

(光緖)「嘉善縣志」, 中國方志叢書 59號 所收.

「嘉善縣纂修啓禎條款」(淸順治七年刊本), 明 曹爾坊撰(淸 卞璟修), 國立故宮博物院, 1997.

「嘉靖以來內閣首輔傳」, 明 王世貞撰, 「明代傳記叢刊」 42冊 所收, 明文書局, 1991.

「江南通志」, 文淵閣四庫全書 510冊 所收.

「慶元條法事類」, 宋 吏部七法司(日本 靜嘉堂文庫所藏), 古典硏究會, 1968.

「瓊州府志」, 中國方志叢書 47號 所收.

「古今治平略」, 明 朱健撰, 續修四庫全書 756~757冊 所收.

「考成錄略」(崇禎刻本), 明 朱國壽撰, 北京圖書館古籍珍本叢刊 第60卷 所收.

「國榷」, 明 談遷撰, 中華書局, 1958.

「國朝典彙」, 明 徐學聚撰, 書目文獻出版社, 1996.

「唐會要」, 宋 王溥, 世界書局, 1967.

「大明律釋義」, 明 應檟撰, 續修四庫全書 863冊 所收.

「東林列傳」, 明 陳鼎撰, 「明代傳記叢刊」 5冊 所收, 明文書局, 1991.

「萬曆疏鈔」, 明 吳亮等撰, 續修四庫全書 469冊 所收本.

「萬曆野獲編」, 明 沈德符撰, 中華書局, 1980.

「明經世文編」, 明 陳子龍撰, 中華書局, 1962.

「明史紀事本末」, 淸 谷應泰撰, 文淵閣四庫全書 364冊 所收.

「明史」, 淸 張廷玉等撰, 中華書局標點校勘本.

「明實錄」(臺灣中央研究院 歷史語言研究所 影印本): 「太祖實錄」, 「太宗實錄」, 「仁宗實錄」, 「宣宗實錄」, 「憲宗實錄」, 「孝宗實錄」, 「世宗實錄」, 「穆宗實錄」, 「神宗實錄」, 「光宗實錄」.

「明儒學案」, 淸 黃宗羲撰, 中華書局, 1985.

「明會要」, 淸 龍文彬撰, 續修四庫全書 793冊 所收.

「撫畿奏疏」, 明 汪應蛟撰, 東京內閣文庫藏 明刊本.

「福惠全書」, 淸 黃六鴻撰, 汲古書院, 1973.

「北游錄」, 淸 談遷撰, 淸代史料筆記叢刊 所收 中華書局, 1997.

「山居功課」, 明 楊東明撰, 日本內閣文庫藏, 明萬曆四十年刊本.

「三巡奏議」, 明 胡宗憲撰, 山毛利氏藏明刊本, 山根幸夫解說, 東京古典硏究會, 1964.

「三垣筆記」, 明 李淸撰, 元明史料筆記叢刊 所收, 中華書局, 1997.

「西臺奏議」, 淸 楊雍建撰, 道光 25年(1845) 海寧楊文蓀述鄭齋重刊本.

「石渠餘紀」, 淸 王慶雲撰, 近代中國史料叢刊 75 所收, 北京古籍出版社, 1985.

「御製大誥」, 明 太祖 朱元璋敕定, 續修四庫全書 862冊 所收.

「硏堂見聞雜錄」, 淸 佚名, 筆記小說大觀 五編 所收, 新興書局, 1975.

「吳縣志」, 中國方志叢書 18號 所收, 成文出版社, 1969.

「于淸端政書」, 淸 于成龍, 文淵閣四庫全書 1318冊 所收.

「臨城縣志」, 康熙 30年(1691)刻本.

「廿二史箚記」, 淸 趙翼撰, 洪氏出版社, 1978.

「鄭華亭考選處分始末」(淸康熙57年抄本影印), 明 鄭友元撰, 北京圖書館古籍珍本叢刊 第12卷 所收.

「諸事職掌」, 續修四庫全書 748冊 所收.

「罪惟錄」, 淸 査繼佐撰, 續修四庫全書 321冊 所收.

(宣統)「重修涇陽縣志」, 天津六吉里內華新印刷局排印本.

「重修華亭縣志」, 中國方志叢書 45號 所收, 成文出版社, 1970.

「茶餘客話」, 淸 阮葵生撰, 叢書集成初編, 上海商務印書館.

「淸經世文編」, 淸 賀長齡等撰, 中華書局, 1992.

「淸國行政法」, 汲古書院, 1972.

「淸實錄」(新文豊出版公司 影印本): 「世祖實錄」, 「聖祖實錄」.

「淸朝文獻通考」, 商務印書館, 1936.

「淸朝通典」, 商務印書館, 1935.

「靑浦縣志」, 中國方志叢書 16號 所收, 成文出版社, 1970.

「治譜」, 明 佘自强撰(陳龍正評), 續修四庫全書 753冊 所收.

「吳中水利全書」, 明 張國維撰, 文淵閣四庫全書 578冊 所收.

「漢書」, 後漢 班固撰, 中華書局標點校勘本.

「皇明制書」, 明 張鹵撰, 續修四庫全書 788冊 所收.

「皇明條法事類纂」(東京大學附屬圖書館藏), 明 戴金撰, 古典硏究會, 1966.

「欽定大淸會典」, 新文豊出版公司, 1976.

子部

「廣陽雜記」, 淸 劉獻廷撰, 淸代筆記叢刊 1 所收, 齊魯書社, 2001.

「大學衍義補」, 明 丘濬撰, 文淵閣四庫全書 712冊 所收.

「林居漫錄」, 明 伍袁萃撰, 偉文圖書出版社, 1976.

「明夷待訪錄」, 淸 黃宗羲撰, 沈善洪主編 「黃宗羲全集」 1 所收, 里仁出版社, 1987.

「四庫全書總目」, 淸 紀昀等撰, 中華書局, 1964.

「四友齋叢說摘抄」, 明 何良俊撰, 中華書局, 1985.

「西園聞見錄」, 明 張萱撰, 北京哈佛燕京學社 排印本, 民國29年(1940).

「雙溪雜記」, 明 王瓊撰, 四庫全書存目叢書 239冊 所收.

「湧幢小品」, 明 朱國禎撰, 續修四庫全書 1173冊 所收.

「日知錄集釋」, 淸 顧炎武撰, 黃汝成集釋, 上海古籍出版社, 1985.

「春明夢餘錄」, 淸 孫承澤撰, 北京古籍出版社, 1992.

「陔餘叢考」, 淸 趙翼撰, 河北人民出版社, 2009.

集部

「葛端肅公集」, 明 葛守禮撰, 四庫全書存目叢書 第93冊 所收.
「弇州續稿」, 明 王世貞撰, 文淵閣四庫全書 1282冊 所收.
「高子遺書」, 明 華允誠撰, 文淵閣四庫全書 1292冊 所收.
「幾亭全書」, 明 陳龍正撰(康熙乙巳佘一元刊本), 「四庫禁燬書叢刊」 12~13集 所收, 北京出版社, 2000.
「祁彪佳文稿」, 明 祁彪佳撰, 書目文獻出版社, 1991.
「談遷詩文集」, 淸 談遷撰, 遼寧教育出版社, 1998.
「大泌山房集」(萬曆39年刻本), 明 李維禎撰, 四庫全書存目叢書 150~153冊 所收.
「落落齋遺集」(明崇禎間刻本), 明 李應升撰, 四庫禁毁叢刊 第50冊 所收.
「牧齋初學集」, 淸 錢謙益撰, 續修四庫全書 1390冊 所收.
「石隱園藏稿」, 明 畢自嚴撰, 文淵閣四庫全書 1293冊 所收.
「安雅堂稿」, 明 陳子龍撰, 續修四庫全書 1388冊 所收.
「袁中郎全集」, 明 袁宏道撰, 四庫全書存目叢書 174冊 所收. 심경호 外 譯, 「역주 원중랑집」 1~10권, 서울, 소명출판, 2004.
「張居正集」, 明 張居正撰(張舜徽主編), 湖北人民出版社, 1984.
「藏密齊集」, 明 魏大中撰, 續修四庫全書 1374冊 所收.
「章氏遺書」, 章學誠撰, 文物出版社, 1985.
「張太岳集」(復旦大學圖書館藏 明萬曆刻本), 明 呂坤撰, 上海古籍出版社, 1984.
「亭林文集」, 淸 顧炎武撰, 四部叢刊所收.
「趙忠毅公文集」(崇禎十一年刊本), 明 趙南星撰, 「四庫禁燬書叢刊」, 北京出版社, 1998.
「退思堂集」(明崇禎年刊本), 明 李陳玉撰, 日本尊經閣文庫藏本.
「海瑞集」, 明 海瑞撰, 中華書局, 1981.

II. 공구서와 참고자료

「新刊眞楷大字全号縉紳便覽」(中華再造善本, 國家圖書館所藏), 北京, 國家圖書館出版社, 2009.
「歷史學事典」, 東京, 弘文堂, 2005.

張偉仁主編, 中央語言研究院 歷史語言研究所 現存淸代內閣大庫原藏, 『明淸檔案』 1 · 2 册, 臺北, 聯經出版事業公司, 1986.
鄭天挺 · 孫鉞, 『明末農民起義史料』, 上海, 中華書局, 1954.
星斌夫編, 『中國社會經濟史語彙』 正篇 · 續篇, 東京, 光文堂書店, 1975.

冷作進 · 項常青 · 王勇, 「開展“民評官” 實現了“官爲民”」, 『山東人大工作』, 2002－4.
毛超峰, 「將“官評官”轉變爲“官評民評」, 『人民論壇』, 2009－14.
周凌華, 「“官評官”與“民評官” 中共天津市委支部生活社」, 『黨課』 140, 2004.
沈泉涌, 「讓“官評官”變爲“民評官”」, 『當代江西』, 2009－4.
「“民評官”必須以保障知情權和參与權爲前提」, 『中國青年報』(2009年 4月 27日).
「“評官評政”納入科學軌道」, 『人民日報』(2008年 6月 11號); 『人民日報』(2009年 7月 8號).
「民評官“邳州實驗”: 對領導干部三檔測評」, 『中國共産黨新聞網』(2008年 12月 8日).
「從官評官到民評官」 新華网長春(2004年 4月 20日, 記者: 李亞彪, 馮瑛冰, 趙蔚).
「民評官“邳州實驗”: 對領導干部三檔測評」, 『中國共産黨新聞網』(2008年 12月 8日); 沈泉涌, 「讓“官評官”變爲“民評官”」, 中共江西省委, 『當代江西』(南昌: 2009年 4期); 毛超峰, 「將“官評官”轉變爲“官評民評」, 『人民論壇』,(北京人民日報社, 2009年 14期).
劉曉鵬, 「“評官評政”納入科學軌道」, 『人民日報』(北京, 2008年 6月 11號); 「績效平價推動政府“靜悄悄的革命”」, 『中國青年報』(北京, 2009年 4月 27日).

Ⅲ. 연구논저

단행본

오금성, 『중국사회경제사 연구: 명대 신사층의 형성과 그 사회경제적 역할』, 서울, 일조각, 1986.
윤정분, 『中國近世經世思想研究: 丘濬의 經世書를 중심으로』, 서울, 혜안, 2002.
조영록, 『중국근세정치사연구』, 서울, 지식산업사, 1989.

高一涵, 『中國御史制度的沿革』, 上海, 商務印書館, 1926.

唐新, 『張江陵新傳』, 臺北, 臺灣中華書局, 1968.

靳潤成, 『明朝總督巡撫轄區研究』, 天津古籍出版社, 2000.

梁方仲, 『明代糧長研究』, 上海, 上海人民出版社, 1957初版.

楊鐸, 『張江陵年譜』, 中國史學叢書 所收, 長沙, 商務印書館, 1938.

韋慶遠, 『張居正和明代中後期政局』, 廣東高等教育出版社, 1999.

尹韻公, 『中國明代新聞傳播史』, 重慶, 重慶出版社, 1990.

李喬, 『清代官場百態』, 北京, 中國人民大學出版社, 1990.

李文治, 『晩明民變』, 國立中央研究院 社會科學研究所總刊, 上海, 中華書局, 1948.

張哲郎, 『明代巡撫研究』, 東京, 國立編譯館, 1995.

張治安, 『明代監察制度研究』, 臺北, 五南圖書出版有限公司, 2000.

朱東潤, 『張居正大傳』, 北京, 百花文藝出版社, 2000. 이화승 譯, 『장거정평전』, 서울, 에게, 2010.

陳翊林, 『張居正評傳』, 上海, 中華書局, 1936.

溝口雄三, 『公私』, 東京, 三省堂, 1996.

———, 『中國の公と私』, 東京, 研文出版, 1995.

夫馬進, 『中國善會善堂史研究』, 京都, 同朋舍, 1997.

濱島郭俊, 『明末江南農村社會の研究』, 東京, 東京大學出版會, 1982.

星斌夫, 『大運河發達史: 長江から黃河へ』, 東洋文庫 410, 平凡社, 1982.

———, 『明代漕運の研究』, 日本學術振興會, 1963.

小野和子, 『明季黨社考: 東林黨と復社』, 京都, 京都大學學術出版會, 1997.

小川尙, 『明代地方監察制度研究』, 東京, 汲古書院, 1999.

井上進, 『中國出版文化史』, 名古屋大學出版會, 2002.

川勝守, 『中國封建國家の支配構造』, 東京, 東京大學出版會, 1980.

Adam, Y C Lui, *The Chinese Censors and the Alien Emperor, 1644~1660*, University of Hong Kong Press, 1978.

Chung-li Chang, *The Chinese Gentry: Studies on Their Role in 19th Century Chinese Society*, Seattle: Univ. of Washington Press, 1955; 장중례 外 譯, 『中國

의 紳士』, 서울, 신서원, 1993.

F. W. Mote, *Imperial China 900~1800*, Harvard University Press, 1999.

Ho, Ping-ti, *The Ladder of Success in Imperial China, Aspects of Social Mobility, 1368~1911*, Columbia University Press, 1962; 조영록 外 譯, 『중국과거제도의 사회사적 연구』, 서울, 동국대학교출판부, 1987.

Hucker, Charles O., *The Censorial System of Ming China*, Stanford: Stanford Univ. Press, 1966.

John R. Hicks, *A Theory of Economic History*, Oxford: Clarendon Press, 1969; 김재훈 譯, 『경제사 이론』, 서울, 새날, 1998.

John R. Watt, *The District Magistrate in Late Imperial China*, New York and London: Columbia Univ. Press, 1972.

Kuhn, Philip A., *Soul Stealers: The Chinese Sorcery Scare of 1768*, Cambridge, Mass.: Harvard University Press, 1990; 이영옥 譯, 『영혼을 훔치는 사람들: 1768년 중국을 뒤흔든 공포와 광기』, 서울, 책과함께, 2004.

Max Weber 著, 금종우 外 譯, 『지배의 사회학』, 서울, 한길사, 1981.

Max Weber 著, 박성환 譯, 『경제와 사회 I』, 서울, 문학과지성사, 1997.

Susan Naquin, Evelyn S Rawsky, *Chinese Society in The Eighteenth Century*, New Heaven: Yale Univ Press, 1987; 정철웅 譯, 『18세기 중국사회』, 서울, 신서원, 1998.

논문

차혜원, 「清代 言官의 정치적 기능: 六科와 都察院의 통합을 둘러싸고」, 『東洋史學研究』 30, 1989.

———, 「嘉善縣 知縣 李陳玉: 明末의 한 地方官과 地方社會」, 『黃元九教授定年紀念論叢, 東아시아의 人間像』, 서울, 혜안, 1995.

———, 「明末, 地方官の人事異動と地方輿論」, 『史林』 79－1, 京都, 史學研究會, 1996.

———, 「明代における人事考課政策の變化: 考滿と考察の關係を中心として」, 『東洋史研究』 55－4, 京都, 東洋史研究會, 1997.

———, 「清初 考課제도의 성격 변화: 巡按어사의 폐지를 전후하여」, 『東洋史學研究』

66, 서울, 1999.

———,「淸代의 행정개혁과 淸官論의 전개: 康熙年間 前半을 중심으로」,『역사학보』 172, 2001.

———,「청대의 인사행정과 現地주의: 題調의 성립을 전후하여」,『중국학보』 47, 서울, 중국학회, 2003.

———,「崇禎年間(1627~1644), 州縣官人事와 考成法」,『中國史硏究』 33, 중국사학회, 2004.

———,「18世紀, 淸朝의 언론통제와 관료사회: 言官 謝濟世案의 意味」,『東方學志』 125, 서울, 2004.

———,「18世紀, 淸朝의 地方官現地任用과 候補制」,『東洋史學硏究』 90, 서울, 동양사학회, 2005.

———,「18세기, 淸朝의 貪污案과 題補制」,『明淸史硏究』 27, 서울, 명청사학회, 2007.

서인범,「明 중기 捐納制에 대하여: 연납액의 지역차 및 그 비중 등을 중심으로」,『東洋史學硏究』 72, 2000.

———,「명 중기 捐納入監에 대하여」,『역사학보』 185, 2005.

高壽仙,「明代官員考核標準與內容考析」,『明史論文集』(第五屆明史國際學術討論會暨中國明史學會第三屆年會論文集), 合肥, 黃山書社, 1994.

梁爾銘,「明代巡按御史監察職權硏究: 以《按粵疏稿》爲中心」(華南師範大學 碩士論文), 2005.

路遠志,「明代監察制度特点的歷史思考」,『河北大學學報』 2006－1.

孟森,「奏銷案」,『明淸史論著集刊』 下册, 北京, 中華書局, 1986.

茅海建 · 宋堅之,「張居正綜核名實的思想和他的考成法」,『中國古代史論叢』 2, 福建人民出版社, 1981.

王世華,「論明代地方監察制度的演變」,『明史硏究』 2集, 1992.

劉文瑞,「試論明代的州縣吏治」,『西北大學學報』, 西安, 2001－2.

鮑彦邦,「明代漕粮折色的派征方式」,『中國史硏究』, 1992－1.

馮賢亮,「陳龍正: 晚明士紳社會生活的一個側面」,『浙江學刊』, 2001－6.

谷光隆,「明代監生の研究: 任官の方途について」 1 · 2,『史學雜誌』 73－4 · 6, 1964.

———, 「明代銓政史序說」, 『東洋史研究』 23－2, 京都, 東洋史研究會, 1964.
谷井陽子, 「明朝官僚の徵稅責任: 考成法の再檢討」, 『史林』 85－3, 京都大學文學部史學研究會, 2002.
溝口雄三, 「いわゆる東林派人士の思想: 前近代期における中國思想の展開」, 『東洋文化研究所紀要』 75, 東京, 1978.
堀地明, 「明末紹興における祁彪佳の救荒活動」, 『九州大學東洋史論集』 35, 2007.
宮崎一市, 「清初における官僚の考成: 清初財政史の一齣」, 『釧路論集』 1, 北海道教育大學, 1980.
近藤秀樹, 「清代の銓選: 外補制の成立」, 『東洋史研究』 17－2, 京都, 東洋史研究會, 1958.
金弘吉, 「明末清初の稅糧滯納に關する一考察」, 『待兼山論叢』 23, 大阪, 大阪大學文學部, 1989.
大木康, 「明末江南における出版文化の研究」, 『廣島大學文學部紀要』 50－1, 1991.
大野晃嗣, 「最近の明代官僚制研究」, 『中國史學』 13, 京都, 中國史學會, 朋友書店, 2003.
夫馬進, 「明末反地方官士變」, 『東方學報』 52, 京都, 1980.
小島毅, 「中國近世の公議」, 『思想』 889, 東京, 岩波書店, 1997.
小山正明, 「明代の糧長について」, 『東洋史研究』 27－4, 1969.
小野達哉, 「清代官僚制下における考成と挪移の關係」, 『東洋史研究』 64－2, 京都, 東洋史研究會, 2005.
———, 「清初, 地方官の考課制度とその變化: 考成と大計を中心にして」, 『史林』 85－6, 京都大學文學部史學研究會, 2002.
植松愼悟, 「後漢時代における刺史の '行政官化' 再考」, 『九州大學東洋史論集』 36, 2008.
岸本美緖, 「明末清初の地方社會と '世論'」, 『明清交替と江南社會: 十七世紀中國の秩序問題』, 東京, 東京大學出版會, 1999.
———, 「市民社會論と中國」, 『歷史評論』 527, 東京, 1994.
岩見宏, 「晩明財政の一考察」(岩見宏, 谷口規矩雄編), 『明末淸初期の研究』, 京都大學人文科學研究所, 1990.
岩井茂樹, 「明末の集權と治法主義: 考成法のゆくえ」, 『明淸時代の法と社會』(和田博德教授古稀記念論叢), 東京, 汲古書院, 1993.

———, 「中國專制國家と財政」,『中世史講座』 第6卷, 學生社, 1992.
奧山憲夫, 「明代巡撫制度の變遷」, 『東洋史研究』 45－2, 京都, 1986.
劉曉東, 「科擧危機與晩明士人社會的分化」, 濟南, 『山東大學學報』, 2002－2.
井上進, 「樸學の背景」, 『東方學報』 64, 京都, 京都大學人文科學研究所, 1992.
佐竹靖彦, 「作邑自箴: 官箴と近世中國の地方行政制度」, 滋賀秀三編, 『中國法制史: 基本資料の研究』, 東京大學出版會, 1993.
川勝守, 「明末淸初における打行と訪行」, 『九州大東洋史論集』, 1982.
青木敦, 「淳熙臧否とその失敗: 南宋の地方監察制度の二つの型」, 『東洋文化研究所紀要』 132, 東京, 1997.
和田正宏, 『明淸官僚制の研究』, 東京, 汲古書院, 2002.

R. Bin. Wong, "Great Expectations: 'The Public Sphere' and the Search for Modern Times in Chinese History", 『中國史學』 3, 中國史學會(日本), 1993.
James B. Parsons, *The Ming Dynasty Bureaucracy: Aspects of Background Forces*, edited by Charles O. Huncker, *Chinese Government in Ming Times*, Columbia University Press, 1969.

찾아보기

ㅇ

ㅈ